国家社会科学基金资助项目（10BGL040）

# 转型与变革

## 大学生就业保障制度体系建设

马廷奇 著

中国社会科学出版社

**图书在版编目(CIP)数据**

转型与变革：大学生就业保障制度体系建设/马廷奇著.—北京：中国社会科学出版社，2017.3

ISBN 978 - 7 - 5161 - 9793 - 6

Ⅰ.①转… Ⅱ.①马… Ⅲ.①大学生—职业选择—研究 Ⅳ.①G641

中国版本图书馆 CIP 数据核字(2017)第 015290 号

| | | |
|---|---|---|
| 出 版 人 | 赵剑英 | |
| 责任编辑 | 周晓慧 | |
| 责任校对 | 无 介 | |
| 责任印制 | 戴 宽 | |

| | | |
|---|---|---|
| 出 版 | 中国社会科学出版社 | |
| 社 址 | 北京鼓楼西大街甲 158 号 | |
| 邮 编 | 100720 | |
| 网 址 | http://www.csspw.cn | |
| 发 行 部 | 010 - 84083685 | |
| 门 市 部 | 010 - 84029450 | |
| 经 销 | 新华书店及其他书店 | |

| | | |
|---|---|---|
| 印 刷 | 北京明恒达印务有限公司 | |
| 装 订 | 廊坊市广阳区广增装订厂 | |
| 版 次 | 2017 年 3 月第 1 版 | |
| 印 次 | 2017 年 3 月第 1 次印刷 | |

| | | |
|---|---|---|
| 开 本 | 710 × 1000 | 1/16 |
| 印 张 | 17.5 | |
| 插 页 | 2 | |
| 字 数 | 255 千字 | |
| 定 价 | 63.00 元 | |

# 内容提要

　　保障和促进大学生充分就业，不仅是民生也是国策。近年来，大学生就业问题以及大学生就业难之所以成为党和政府、社会各界与普通民众广泛关注的话题，是因为大学生能否顺利就业，不仅关系到经济健康发展与社会和谐稳定，也关系到千万个家庭的幸福和对高等教育的期待。大学生就业难的直接表现就是每年都有大批高校毕业生不能及时就业或就业质量不高。当然，大学生就业难的原因是多方面的，既有高等教育人才培养方面的原因，也有外部就业环境方面的原因，现实中主要表现为毕业生待业人数逐年递增与就业岗位需求失衡、产业结构与高等教育人才培养结构失衡、毕业生自身素质与岗位需要失衡，等等。从系统论的视角来看，这些原因还只是大学生就业难的表象，大学生就业难在本质上可以归结为大学生就业制度改革滞后与不适应。

　　当前，中国大学生就业制度仍然处于转型时期，一是大学生就业体制依然受到传统的高等教育管理体制的制约，大学生就业制度不健全；二是制度之间缺乏整合，大学生就业的不同责任主体之间缺乏有效协同。大学生就业难原因的复杂性决定了就业保障的难度和复杂性，实践中，大学生就业保障是一项系统工程，随着大学生就业体制由政府"包分配""包就业"向"政府调控、学校推荐、毕业生与用人单位双向选择"的就业体制转变，大学生就业由原来政府作为单一权力主体向由政府、高校、用人单位、社会中介组织以及大学生等多元权力"共治"的格局转变。因此，大学生充分就业有赖于一整套运行有效、多元主体协同的制度体系作为保障，当前，大学生就业保障制度体系建设势在必行。

从研究视角来看，本书将大学生就业保障制度体系建设置于高等教育大众化、高等教育体制改革、经济结构调整与经济发展模式转换、政府职能转变、市场经济背景下的大学生就业市场发育等背景下进行考察，研究和分析大学生就业保障制度体系建设的理论与大量实践问题；从大学生就业保障体系的内容来看，包括人才培养的市场适应性制度、大学生就业政策的调控制度、大学生就业市场制度、大学生就业体制转变、结构性失业治理制度等；从大学生就业多元利益相关者之间的关系来看，一方面，不同利益责任主体要各安其位、各司其责，另一方面，不同利益责任主体之间要相互协同、相互合作。从中国高等教育改革与发展的历程来看，中国大学生就业保障制度是伴随着市场经济的发展以及高等教育管理体制改革而逐渐形成和发展的，是中国高等教育管理制度的重要组成部分。由于受传统的高等教育管理体制"惯性"的影响，实践中，大学生就业保障制度体系还很不完善，体制机制运行不畅，具体表现为大学生就业政策干预过多与执行不力并存，大学生就业市场发育缓慢与缺乏规范并存，高校人才培养体量过大与社会需求脱节并存，就业市场化与政府干预过多以及社会服务体系不健全并存，利益主体的多元化与责权模糊以及缺乏协同机制并存。

本书主要运用调查研究、政策分析、比较分析以及多学科分析等方法，在揭示大学生就业保障制度问题与实践困境的基础上，借鉴美国、英国大学生就业保障制度体系的实践经验，得出中国大学生就业保障制度体系建设要致力于促进大学生发展，提升大学生就业能力；改革人才培养模式、调整高等教育结构，增强大学生就业的社会适应性；加快大学生就业市场建设，破除劳动力市场分割，让大学生自由流动就业；加快政府职能转变，健全大学生就业政策激励，建设大学生就业的服务型政府，为大学生就业营造公平竞争的制度环境；建立政府、高校、社会、市场多中心治理机制，形成责权明晰、运行高效、分工协作的大学生就业治理体系。

# 目　　录

# 第一章　绪论：研究定位的选择

## 一　研究背景与意义

### （一）研究背景

大学毕业生作为国家高层次人才资源以及高层次专业人才的后备力量，其就业问题近年来一直受到政府以及社会各界的高度关注。大学生能否充分和及时就业关系到国家以及经济社会的长远发展、社会公平与和谐稳定，以及高等教育的可持续发展。在现代市场经济环境下，大学毕业生"完全就业"实际上很难实现，失业或不能完全就业不可避免，但并不是说对大学生失业问题就可以听之任之，或对解决大学生就业问题无能为力。可行的做法是，通过建立就业保障制度体系减少大学生失业，促进大学生有效就业。从世界范围来看，建立和完善大学生就业保障制度体系，是各国通过经济发展以及产业结构调整增加就业岗位之外，促进大学生充分和减少失业的基本途径。中共十八届三中全会通过的《中共中央关于全面深化改革的若干重大问题的决定》指出："促进以高校毕业生为重点的青年就业……结合产业升级开发更多适合高校毕业生的就业岗位"；"政府购买基层公共管理和社会服务岗位更多用于吸纳高校毕业生就业"；"健全鼓励高校毕业生到基层工作的服务保障机制，提高公务员定向招录和事业单位优先招聘比例"；"实行激励高校毕业生自主创业政策，整合发展国家和省级高校毕业生就业创业基金"；"实施离校未就业高校毕业生就业促进计划，把未就业的纳入就业见习、技能培训等就业准备活动之中，对有特殊困难的实行全程就业服务"①。这是中国新时期具有高度战略性和策略性的大学生就业保障体系建设的指导性意见。从实践层面而言，建立大学生就业保障制度体系既可以稳定大学生就业大局，维护社会和谐稳定，又可以提升大学生对就业前景的心理预期，保持高等教育事业的健康发展。因此，构建大学生就业保障制度体系既是一项有利于社会经济可持续发展的"战略之策"，也是应对持续存在的大学生就业压力的"燃眉之需"。

1. 就业保障制度体系建设是实现大学生充分就业的需要

建立大学生就业保障制度体系的首要目标是满足就业困难学生群体的就业需求，帮助他们及时就业。市场配置人才资源的体制机制，使得大学毕业生由传统的"等待分配"转向"主动选择"，大学生就业不是等来的，或者认为，只要毕业就能够就业，"毕业即失业"必然成为不得不面对的事实存在。大学生顺利就业一方面要靠自身综合素质、专业能力以及就业技能，另一方面要给予就业困难毕业生群体必要的失业保障和就业保障。

其一，保障失业大学生的基本生活，增强大学毕业生的自立意识。目前，虽然政府相关部门制定和实施了失业大学生救助制度和低保政策，但是大多数失业学生碍于情面或由于申请程序繁琐而不愿接受失业救济和低保金的照顾。不少大学毕业生宁可在家"啃老"也不去领"低保金"和"救济金"。而通过建立制度化的就业保障模式，就会产生一种制度或政策引导力和约束力，使学生充分运用所提供的条件，比如参加培训和实习，提高就业技能，为将来顺利就业创造机会；在相关制度或政策支持下，社会各界、高等学校对毕业生尤其是就业困难群体的关心与帮助能够更有效地落到实处；通过提供基本生活保障制度，使大学生意识到不能仅仅依靠父母，毕业后就应该经济独立、自谋发展。这种自立意识和自我发展意识有助于促使毕业生积极搜寻工作，早日实

---

① 《中共中央关于全面深化改革的若干重大问题的决定》，《求是》2013 年第 22 期，第3—22 页。

现就业。

其二，有利于减缓大学生就业心理负荷，缩短失业持续时间。近年来，经济下行、产业结构调整滞缓导致对毕业生需求减少，与此同时，大学毕业生人数逐年递增，两相比较，毕业生难以及时就业或持续性失业就成为常态。在这种背景下，不少毕业生对就业失去信心，甚至有不同程度的就业恐惧心理。就业受挫导致不少毕业生心理失衡，行为出现偏差，主要表现为既难以正确认识自我和调节就业预期，又难以充分利用就业资源，积极面对就业困境。建立大学毕业生就业保障制度体系，主要目的就在于给予毕业生更多的就业心理支持和资源援助，使他们在就业过程中始终都能够得到必要的就业帮助，从而使他们能够自觉调整就业心态，重新认识自己，弥补就业技能缺陷，尽快适应人才市场的需求，缩短失业时间。

2. 就业保障制度体系建设是保障高等教育健康发展的需要

当前，中国高等教育发展确立了以就业为导向的改革与发展思路。2012 年，《教育部关于做好全国普通高等学校毕业生就业工作的通知》明确提出："探索建立高校毕业生就业和重点产业人才供需年度报告制度，健全专业动态调整和预警、退出机制，对就业率连续两年低于60% 的专业，调减招生计划直至停招。"2013 年 11 月，教育部专门下文要求，各高校要在本校校园网、就业网、全国大学生就业公共服务立体化平台或其他媒体上发布本校毕业生就业质量年度报告，并"把高校毕业生就业质量年度报告的相关信息，作为招生计划安排、学科专业调整、教育教学改革等方面的重要参考"①。实际上，教育部诸多政策指向表明，大学毕业生就业率的高低是涉及高校生存与发展、质量与效益的主要指标。构建大学生就业保障制度体系，对高校招生与就业、人才培养与教育教学改革、学科专业结构调整与资源配置可以起到"牵一发而动全身"之功效，不仅有利于高校提高人才培养质量，也有利

---

① 《教育部办公厅关于编制发布高校毕业生就业质量年度报告的通知》，http：//www.moe.edu.cn/publicfiles/business/htmlfiles/moe/s5972/201311/159491.html。

于找准高校改革与发展的切入点。

其一，毕业生就业率高低成为高校竞争力的重要标志。教育部相关政策规定，在对新建本科院校和高职院校的教学评估中，要加大毕业生就业状况指标的权重。[①] 当前，毕业生就业率已经成为影响高校竞争力和社会声誉的重要参考指标。这主要基于以下两个原因：一是就业率直接影响高校招生的数量和质量。严峻的就业形势使得学生和家长在填报志愿时非常关注所报专业的就业率和未来就业前景，因此，各学校在进行招生咨询和专业介绍时，也非常注重介绍本校各专业特别是优势专业的就业率和就业去向。就业率的高低成为高校争夺优质生源的重要筹码，毕业生的就业状况也成为评价大学办学效果和人才培养质量的重要依据。二是就业率影响大学在排行榜上的位置。大学排行榜是社会了解大学办学水平的便捷渠道，由于社会各界对大学生就业问题的关注，就业率和就业质量便成为大学排行榜的重要指标。2009 年，麦可思教育数据咨询公司推出了以就业能力为核心的大学排行榜[②]，帮助高考生和家长在相应的分数范围内选择更好的大学和专业。虽然就业率的高低不等同于就业质量的高低，但在很大程度上能够反映人才培养的质量和水平。构建大学生就业保障制度体系的主要目的就在于提高大学生就业率，保障大学生就业质量。

其二，大学生就业保障制度体系建设是高等教育健康发展的保障。自 1999 年实施扩招政策以来，中国高等教育迅速向大众化以及后大众化阶段发展，政府加大了对高等教育财政性经费的投入，高等教育办学规模增长迅速，越来越多的适龄青年有机会接受高等教育。2015 年，全国各类高等教育在校生总规模达到 3647 万人，高等教育毛入学率达到 40.0%，高等教育总规模世界第一，高等教育毛入学率高于世界平均水平。当前，中国高等教育发展不再是高等教育供给数量不足与人民群众基本教育需求的矛盾，而是优质高等教育资源短缺与人民群众选择

---

① 刘奕湛：《教育部出台措施力促 2010 年高校毕业生就业》，新华网（http://news. xinhuanet. com/edu/2009 - 11/24/content_ 12533400. htm），2009 年 11 月 24 日。

② 《2009 系列麦可思就业能力排行榜》，http://learning. sohu. com/s2009/dxsjy2009/。

性需求之间的矛盾①，并由此引发了人们对人才培养质量问题的关注，其中来自就业市场的反馈信息是反映大学生就业质量和就业状况的主要观测指标，高校可以据此来调整学科专业结构，改革人才培养模式，整合学校办学资源，提高人才培养质量。同时，也只有人才培养的高质量、毕业生顺利实现就业，才能使高校获得更多办学资源、社会支持和优质生源。近年来广泛开展的无论是专业评估还是教学评估，归根结底就是人才培养质量的评估，或者是对所培养毕业生社会适应性或就业能力的评估。因此，大学生就业保障制度体系建设旨在保障人才培养质量，只有保障人才培养质量，才能保障大学生顺利实现就业，进而保障高等教育的健康发展。

3. 大学生就业保障制度体系建设是构建和谐社会的需要

和谐社会建设是一个庞大的社会系统工程，需要政治、经济、文化等社会要素的协调与配合。和谐社会是各阶层和睦、人才各尽其能、各得其所的社会，是人们的聪明才智、创造力得到充分发挥和全面发展的社会，是经济与社会协调发展的社会，是追求公平竞争和良性运行的社会。其中，"实现充分就业是构建和谐社会的基本要求之一，公平就业是构建和谐社会的基石"②。大学毕业生是充满活力、富于创造性的群体，是全社会最可宝贵的人才资源，是建设和谐社会的重要依靠力量。因此，在构建和谐社会的进程中，尤其要关注大学生就业问题，保障大学毕业生顺利实现就业，实现人才资源的现实价值。

从现实意义而言，就业不仅是大学生个人社会生存与发展的基本条件，也是关乎社会健康和稳定发展的民生工程。尤其是近年来随着大学生就业难问题的凸显，大学生就业公平失衡问题已成为各级政府、教育部门、高校和社会各界关注的热点；就业公平失衡并非单一性的简单问题，一旦出现不测，就会引发连环问题的出现，甚至引发社会骚动，最

---

① 钟秉林：《转变发展方式，推进高等教育内涵式发展》，《光明日报》2016 年 2 月 25 日第 1 版。

② 万著：《当前我国大学生就业政策述评》，《黑龙江高教研究》2008 年第 5 期，第 129—131 页。

终对社会稳定和政府执政能力构成重大威胁。① 因此，建立大学生就业保障制度体系不仅有助于使学生及其家庭及时回收高等教育投资成本，而且有利于优化人才资源配置，减少人才资源的闲置或浪费，提升人才资源对经济社会发展的支撑度；建立大学生就业保障制度体系，可以最大限度地降低失业率和失业风险，不仅有利于平抑大学生因"毕业即失业"所产生的就业挫折情绪，减少一般家庭的学生和家长渴望通过知识改变命运的挫败感，而且有利于避免因大学生失业而导致的仇视社会的极端观念和行为，有利于维护社会和谐稳定。大学毕业生是高层次人才资源，是思想最活跃但同时也是最"不安分"的社会群体，如果成为知识阶层的"新失业群体"，尤其是大学生失业率达到一定界限时，就可能会影响大学生健全人格的形成和发展，导致社会不和谐因素的增加。从人才资源配置的市场机制来看，就业保障体系不健全将破坏社会公平正义，引发新的社会矛盾和社会分化。

## （二）研究意义

### 1. 理论意义

国内外关于大学生就业保障制度问题的相关研究，涉及教育学、社会学、经济学和管理学等多个学科。从国内研究而言，教育学视角主要关注高校在人才培养以及就业能力培养过程中的角色与作用；社会学视角注重学生个体行为对就业的影响，如就业期望、就业能力和失业效应等；经济学视角大多是从劳动力市场的角度分析大学生人才资源的配置效率与机制；管理学界对大学生就业保障体系问题的研究还比较欠缺，尤其是从公共物品供给以及公共治理的视角研究大学生就业保障制度体系的成果还比较薄弱。实际上，大学生就业保障体系是受多种因素影响的复杂的经济和社会现象，是社会保障体系的重要组成部分。多学科视角的分析，有助于从整体的角度全面理解大学生就业保障问题，关注经

---

① 林成华、洪成文：《大学生就业公平失衡的社会危机与化解对策研究——基于政府责任的视角》，《中国高教研究》2014 年第 7 期，第 8—13 页。

济因素之外的其他社会因素与大学生就业保障的相互关系，避免单一学科的研究"视角盲区"。实际上，大学生就业保障是教育经济学和劳动经济学研究者始终高度关注的问题之一。从理论意义上看，本书研究将有助于深化社会学的政策分析理论和社会保障理论，丰富和完善社会学的理论宝库。用政策分析的方法对大学生就业保障制度进行研究，不仅可以为当前大学生就业保障的政策行动提供理论依据和支持，而且对于把握大学生就业保障制度的时代特征、发展趋向、拓宽应用经济学研究视野、丰富大学生就业理论具有重要的理论意义。

2. 实践意义

大学毕业生作为高校的教育"产品"，毕业生"销路受阻"意味着高等教育向社会提供的"产品"和用人单位的需求之间出现了失衡。从系统论的观点看，保障大学生就业的责任主体有三个：一是充当劳动力市场"守夜人"角色的政府；二是作为毕业生提供者的高等学校；三是毕业生接收者的社会或用人单位。就业是民生之本、安国之策，实践中，只有使责任主体各司其职、协调合作，才能使大学毕业生顺利就业。因此，深入探讨中国大学生就业保障制度体系，以及相关责任主体之间的关系及其运行机制，分析其存在的问题及其成因，对于不断完善中国大学生就业制度和就业促进政策，解决大学生就业过程中所存在的制度性障碍和问题，具有重要的现实意义。本书针对大学生这一群体就业的特殊重要性出发，从利益相关者之间责任关系的视角，探讨和分析大学生就业问题以及大学生就业保障制度建设的理论及其实践，对于保障大学生就业权益和就业质量，有效配置大学生人才资源，促进大学生充分就业，具有重要的现实针对性。

## 二　研究文献综述

大学生就业问题不只是中国所独有的问题，西方发达国家同样也存在大学生失业问题，尤其是西方国家高等教育进入大众化或普及化阶段后，大学生就业状况始终与经济发展状况及其对人才的现实需求联系在一起。在中国计划经济条件下，"计划分配"掩盖了大学生人才资源配置的低效率，大学生就业没有成为"问题"；随着高等教育大众化以及大学生就业制度的转型，大学生就业难、大学生失业问题逐渐成为政府和社会各界广泛关注的民生话题，也成为社会科学工作者研究的学术性问题和社会焦点问题。

## （一）国外大学生就业保障的相关研究

在西方发达的市场经济国家，大学生就业状况以及大学生就业机制安排总体良好。尽管如此，例如美国、日本、西欧等已进入后工业化阶段的国家和地区，也经历过或正在经历大学毕业生就业市场的巨大波动以及供需失衡。在这种背景下，如何保障大学生就业也是国外社会保障制度建设以及高等教育研究领域重要的理论和实践问题。从现有文献来看，国外学者大多是基于劳动力市场理论和人力资本理论的视角来研究和分析大学生就业问题的。总体而言，国外关于大学生就业问题的研究成果中比较有代表性的观点主要有以下几个方面。

1. "过度教育"或"知识失业"

第二次世界大战以后，西方发达国家大力投资于教育，但 20 世纪 70 年代中后期以后，经济发展的停滞，以及高等教育的持续扩张，导致知识劳动力供给膨胀，教育过度（Overeducation）现象开始出现。80 年代以后，与传统的人力资本理论所主张的教育程度与就业机会、劳动报酬呈正相关不同，西方学者更多地关注知识失业的市场、教育以及制度因素。弗雷克斯·巴切尔（Felix Buehel）和马里特·汉（Maarten VanHam，2003）根据市场分割理论进行的实证研究表明，工作机会的空间分布和个体空间流动性是影响过度教育的重要原因。① 瑟罗（Thurow，1972）的工作竞争理论认为，工作技能并非通过学校教育而获得，

---

① Buchel Felix and Vanham Maarten. "Overedueation, Regional Labor Markets, and Spatial Flexibility," *Journal of Urban Economics*, 2003 (3)：482-493.

而主要是在工作岗位上形成的。[①] 博伊、柯克兰（Boys & Kirkland，1988）等通过研究发现，不同专业类型对就业机会及薪酬带来的影响远远大于高校类型差异所带来的影响。[②] 哈尔托赫（Hartog，2000）指出，增加教育的投入不一定能获得等值的额外收入。[③] 随后，卡德（Card，2001）同样指出，教育与收入在一般情况下是呈正相关性的，但对于受教育过度的劳动者来说，这一结论并不成立。[④] 有学者提出，治理"知识失业"的关键是要建立保障制度与政策：一是要运用财政金融政策，刺激经济增长，增加就业机会；二是要通过调节劳动力市场的供给，促进"知识失业者"的就业；三是要改革高校教育模式，强化教育与职业岗位的适切性（relevance）。

2. 预期工资

大学生合理的工资预期水平有助于获得与自身相匹配的工作。多米尼兹和曼斯基（Dominitz and Manski，1996）通过对威斯康星州110名高中生和大学生收入预期的合作研究发现，大学生通常对自身竞争力估计过高，普遍预期工资比市场能提供的实际工资要高，当大学生群体的预期工资普遍比市场所能提供的实际工资高时，大学生就会出现失业现象。因此，他们认为，大学生过高的工资预期是产生大学生失业的原因。[⑤] 持同样观点的相关文献还有贝茨（Betts，1995）发表的关于美国加利福尼亚1269名在校生收入预期的报告[⑥]，以及欧盟十国等在1999—2001年对高校学生就业预期开展的联合调查研

---

① L. C. Thurow and R. E. B. Lucas, "The American Distribution of Income : A Structural Problem," Joint Economic Committee of the United States Congress, Washington, D. C. , 1972.

② J. C. Boys & J. Kirkland, *Degrees of Success* (London: Jessica Kingsley Publishers, 1988).

③ J. Hartog, "Over-education and Earnings: Where Are We, Where Should We Go?" *Economics of Education Review*, 2000 (2): 131-147.

④ David Card, "Estimating the Return to Schooling: Progress on Some Persistent Econometric Problems," *Econometrica*, 2001 (5): 1127-1160.

⑤ Jeff Dominitz, Manski and F. Charles, "Eliciting Student Expectations of the Returns to Schooling," *Journal of Human Resources*, 1996 (1): 1-26.

⑥ Julian R. Betts, "What Do Student Know about Wages? Evidences from a Survey of Undergraduates," *Journal of Human Resources*, 1995 (2).

究。尽管这些研究方法各异，研究重点也各有侧重，但都获得了较
为一致的研究结论，即大学生通常都会高估自己的预期收入，并且
他们相互之间的收入预期存在相当大的差异；收入预期会受到性
别、家庭背景、学校、专业、年级、成绩和求职信息来源等多重因
素的影响。

3. 供求关系

在发达的市场经济国家，市场机制较为完善，对就业问题的研究大
多数是从劳动力市场的视角出发，是从需求、供给和供求匹配三个角度
来进行分析的。希金斯（Niall O'Higgins，2002）认为，从需求、供给
的角度看，工作岗位与就业结构存在问题；从供求匹配的角度看，就业
服务是关键，具体表现在劳动力市场信息服务平台和高校、政府与社会
协作开展的就业服务上。① 以美国劳动经济学家 R. B. 弗里曼（Richard
B. Freeman，1980）为代表的学者，从劳动力供给与市场需求入手，发
现大学生劳动力供大于求的原因是"婴儿潮"时期出生了大批人口，
他们在同一时间段完成了高等教育，进入劳动力市场，产生了明显的同
群效应（co-hort effects），进而对就业市场带来了巨大的就业压力。②

**（二）国内大学生就业保障的相关研究**

在中国，对大学生就业问题的研究尚处于初步探索阶段，主要集中
在对大学生失业原因的分析、大学生就业保障制度存在的问题以及大学
生就业扶助制度建设的路径选择三个方面。

1. 从经济学、社会学角度对大学生失业原因的研究

第一，大学生失业与高等教育大规模扩招有关。部分学者从毕业生
劳动力的供给角度出发，认为大学生就业问题源于 1999 年以来的高校

---

① Niall O' Higgins, "Trends in the Youth Labor Markets in Developing and Transition Coun-
tries," paper prepared for the Youth Employment Workshop, World Bank, Washington D. C. ,
2003.

② R. Freeman, "The Facts about the Declining Economic Value of College," *Journal of Hu-
man Resources*, 1980 (15)：124-142.

"扩招"政策，认为毕业生数量上的急剧扩张导致了供大于求。第二，教育结构和就业机制与劳动力市场需求结构之间的不协调。闵维方（2000）、曾湘泉（2009）等认为，并不存在大学毕业生过剩问题，大学生就业问题主要源于"扩招"后的高等教育结构改革滞后，导致人才供求错位、结构性失业。① 杨德广（2003）等认为，大学专业设置、培养模式、教育体制改革滞后与人才市场尚不完善导致了大学生就业难。② 第三，社会体制性因素所导致的就业障碍。余桔云（2006）认为，相关人事制度阻碍了大学生自由流动就业，导致大学生就业难。③ 第四，劳动力市场的制度性分割对大学生就业的影响。应松宝（2007）认为，劳动力市场分割对大学生就业有重要影响。他认为，大学毕业生就业市场存在多重分割，高等教育与劳动力市场分割相互作用、相互影响。④ 张留禄（2009）等从经济与产业结构不合理、城乡地区不平衡等方面探讨大学生就业难的主要影响因素。⑤ 孟大虎（2005）认为，由于人力资本是在风险和不确定的环境中形成的，如果在主要劳动力市场和次要劳动力市场就业的差异程度很大，那么很多大学生宁可采取自愿失业行为也不愿意进入次要劳动力市场。⑥ 赖德胜（2001）⑦、鲍威（2007）⑧、张岳伦（2009）⑨ 等从劳动力市场的特征出发，运用劳动力

① 曾湘泉、王霆：《高校毕业生结构性失业原因及对策研究》，《教育与经济》2009 年第 1 期，第 1—4 页。

② 杨德广、刘岚：《关于大学生就业问题的理性思考》，《中国高教研究》2003 年第 8 期，第 53—55 页。

③ 余桔云：《大学生就业难的成因及对策》，《金融与经济》2006 年第 4 期，第 71—73 页。

④ 应松宝：《论大学生就业市场分割与高等教育的相互作用》，《中国高教研究》2007 年第 3 期，第 35—37 页。

⑤ 张留禄：《大学生就业中的政府责任研究》，《河南社会科学》2009 年第 3 期，第 96—98 页。

⑥ 孟大虎：《风险条件下的个人选择与大学生就业》，《复旦教育论坛》2005 年第 1 期，第 70—73 页。

⑦ 赖德胜：《劳动力市场分割与大学毕业生失业》，《北京师范大学学报》2001 年第 4 期，第 69—76 页。

⑧ 鲍威：《民办高等教育与大学毕业生就业新市场的形成》，《清华大学教育研究》2007 年第 1 期，第 52—61 页。

⑨ 张岳伦：《大学生选择性失业的归因分析——从二元制劳动力市场分割理论的视角》，《高等工程教育研究》2009 年第 3 期，第 70—73 页。

市场搜寻理论和分割理论，分析劳动力市场的信息不对称和二元制劳动力市场分割对毕业生就业构成的影响。第五，大学生就业指导系统存在的问题对大学生就业的影响。黄林楠（2003）等通过对 2000 余学生的调查结果显示，学校对就业工作的重视程度不够，在求职过程中指导教师与毕业生沟通和个别咨询不够。① 王保义（2004）通过与德国大学生就业指导进行全方位的比较分析，认为中国大学生就业指导与德国存在较大差距，就业指导在大学生就业过程中没有充分发挥应有的促进或保障作用。②

综观国内对大学生失业原因分析的现有文献，可以归纳出以下具有代表性的观点。第一，大学生作为高层次专门人才供给的增量和增率比较大，而毕业生的质量及结构却不能很好地适应社会发展的需要。第二，整个劳动力市场（包括高层人才的劳动力市场）的运行出现了体制性和功能性障碍，主要表现在人才市场和劳动力市场之间信息沟通不畅通，价格供求调节机制没有很好地发挥作用上。第三，人才市场的多重分割，使大学生就业空间受到很大限制，特别是在中西部地区和农村等偏远地区，由于缺乏制度保障和政策支持的长效机制，目前还不能非常有效地吸引大学毕业生就业。这些研究结论对于剖析和正确看待大学生就业问题的实质，进而为从制度层面提出解决问题的方案提供了理论依据。

2. 大学生就业保障制度存在问题的研究

尽管中国就业保障制度建设取得了长足发展，但目前仍处于初创时期。从大学生就业保障的实践效果来看，现行制度体系还存在着很多问题。刘晨昊（2010）认为，中国大学生失业保障制度尚存在一系列问题，无法有效地履行其职能，主要表现为大学生失业保障制度的主动性差，缺乏对异地求职学生的关照与支持，且存在服务不够人性化、对领

---

① 黄林楠、魏有兴、蒋菊：《关于大学生就业指导的调查与分析》，《高等工程教育研究》2003 年第 5 期，第 39—42 页。
② 王保义：《中德大学生就业指导比较研究》，《高等工程教育研究》2004 年第 4 期，第 62—66 页。

取失业保险金者的限定标准不够严格等问题。[①] 刘璞（2010）认为，大学生在就业过程中社会保障制度不完善，保障水平不平衡。[②] 赵小兰（2007）等指出，中国高校毕业生就业保障体系还远未建立起来，这主要表现在政策之间缺乏有效衔接，保障就业的整体功能未充分发挥效应和未考虑高校毕业生这一群体的特殊情况。[③]

　　3. 大学生就业扶助制度建设路径的研究

　　第一，失业保险说。宣杰（2005）通过对大学生失业原因的分析，提出针对大学生群体的特点建立大学生失业保险制度，并将大学生纳入失业保险体系。[④] 汪青雨（2007）等认为，大学生就业保障应做好失业保险、失业救济和补充失业保险等工作，采取多重保障形式为大学生失业者提供基本生活保障。[⑤] 第二，社会救助说。谢勇（2007）通过对失业保险制度和失业救助制度的优缺点的比较和分析，认为为失业大学毕业生提供失业救助较为适合，并就目前中国大学生就业的实际情况，提出了相关的政策建议。[⑥] 李庆九（2009）认为，大学生失业是由于社会、高校、用人单位、学生本人等多重因素造成的，提出要将高校失业毕业生这一特殊群体纳入社会失业人员范畴，由国家发放失业救济金，这样能减轻失业毕业生家庭的负担，为失业毕业生创造宽松的就业环境。[⑦] 第三，社会津贴说。在大学生就业保障模式选择上，唐钧（2006）认为，为了维护社会公平，应采取社会津贴的方式向大学生发

---

　　① 刘晨昊：《对我国大学生失业保障制度构建的思考——以加拿大与英国的经验作为启示》，《北方经贸》2010 年第 6 期，第 22—25 页。

　　② 刘璞：《大学生就业社会保障体系的建立与完善》，《继续教育研究》2010 年第 12 期，第 69—71 页。

　　③ 赵小兰、耿永志：《试析高校毕业生就业保障体系的构建》，《河北师范大学学报》2007 年第 5 期，第 59—61 页。

　　④ 宣杰：《大学生失业保险问题探讨》，《技术经济与管理研究》2005 年第 2 期，第 78—80 页。

　　⑤ 汪青雨、何晖、徐艳红：《大学生就业保障机制的构建思路与对策》，《内蒙古农业大学学报》2007 年第 6 期，第 200—202 页。

　　⑥ 谢勇：《大学毕业生失业保障：制度选择与政策启示》，《现代教育科学》2007 年第 5 期，第 117—119 页。

　　⑦ 李庆九：《大学生就业保障途径的探索》，《吉林省教育学院学报》2009 年第 4 期，第 135—136 页。

放基本的生活保障，而且社会津贴要具有"弹性"，可以根据具体情况酌情调整。[①] 刘旭东（2007）提出的失业救助津贴与社会津贴类似，但是失业救助津贴的标准比社会津贴要适当地高一些，但是最长时间不应超过 6 个月。[②] 另外，林毓铭（2007）提出了两种保障模式说，他认为，政府保障与市场保障模式可以解决大学毕业生失业时所遭遇的暂时性经济困难；这两种保障模式各有其优点与不足，在一定程度上可起到互补的作用，政府有责任推动这两种保障模式的健康发展。[③]

综观大学生就业问题已有的研究文献，尽管出现了一些开拓性、有见地的成果，但对大学生就业保障制度体系的研究还相当薄弱，特别是从利益相关者的责任履行与责任关系的视角对大学生就业保障制度体系的现状、特征、问题及原因等还缺乏系统、深入的研究。实践中，如何处理好政府、高校、市场与社会之间的责任关系，建设具有中国特色的大学生就业保障制度体系，是本书所要重点聚焦和试图解决的理论和实践问题。

# 三 核心概念界定

既然我们把"大学生就业保障制度体系"作为研究对象，就需要对相关概念有明晰的界定。在现有研究文献中，由于研究的角度不同和关注的问题不同，对大学生就业保障制度的理解、解释也有很大差异。对大学生就业保障制度进行研究，如果对相关概念不进行反思与理清，研究就缺乏可靠的基础。因此，从学理的角度对相关概念进行界定，是对大学生就业保障制度体系进行研究的起点。

---

① 唐钧：《失业大学生"纳入低保"是个政策误区》，《广州日报》2006 年 6 月 6 日。

② 刘旭东：《建立大学生失业救助津贴制度的思考》，《沈阳师范大学学报》2007 年第 2 期，第 147—150 页。

③ 林毓铭：《大学生失业的政府保障模式与市场保障模式》，《高等教育研究》2007 年第 8 期，第 94—98 页。

### （一）大学生就业保障制度

在就业理论和就业政策研究中，"就业保障"是一个出现频率较高的关键词，主要是指鼓励和支持劳动者就业，或者是解决劳动者失业问题的政策和措施。例如，可将失业保险和积极的就业政策称为就业保障，也可将帮助就业困难群体（如大学生、残疾人、农村转移劳动力等）就业的支持性政策称为就业保障。本书研究的大学生就业保障制度是指解决大学生就业问题的目标和途径的统一，既包括鼓励和支持大学生就业的体制机制、政策措施，也包括实现大学生就业的目标体系、责权体系、组织管理体系等。

大学生就业保障制度建设是一项社会系统工程，政府、高校、社会等利益相关者起着不可或缺的作用。在这一系统中，政府起着政策导向、宏观调控和市场规制的作用，高校担负着培养就业主体和教育引导的责任，社会发挥着支持和保障的作用。大学生就业保障体系中利益相关主体和不同要素相互协同，相互支持，围绕实现大学生充分就业这一目标形成制度合力。概括而言，大学生就业保障制度是指由政府、用人单位、高校、中介组织、学生等利益相关者在大学生就业过程中责权关系、体制机制、管理体系与政策法规等一系列制度体系的总合。

### （二）大学生就业政策

所谓就业政策，顾名思义，就是关于就业方面的政策，是由政府制定的在特定时期关于劳动力市场治理和促进就业所采取的行政行为或规定的行为准则，它是关于就业问题的相关条文、文件、法令等的总称。[①] 就业政策是政府公共政策的重要组成部分，制定就业政策是国家和政府促进就业工作，解决"就业难"问题的重要手段。从涵盖范围来看，有总体就业政策和具体的就业政策；从促进机制来看，有就业供

---

① 陈振明：《公共政策分析》，中国人民大学出版社 2003 年版，第 43 页。

给政策、就业需求政策和就业供需匹配政策。就业政策从政府、高校、社会、用人单位等方面对就业工作和就业活动进行指导、管理和调控。从功能导向而言，大学生就业政策是政府为促进大学生就业而制定的，是大学生就业活动和就业工作的纲领性文件。从具体内容上看，大学生就业政策主要包括招考录用、就业指导服务、创业扶持以及就业市场法规、就业准入与派遣接收政策，等等。

### （三）大学生失业及其类型

#### 1. 自愿性失业

自愿性失业是指大学生既具有就业能力，又不乏就业机会，但就业机会难以满足其心理预期而宁愿暂时选择失业，是对现有工作机会不满意所产生的特殊失业现象，或者称之为可以避免的失业现象。从本质上说，自愿性失业是与个人价值观和就业心理预期关系很大的一种失业现象；影响自愿失业的原因包括个人以及社会的就业观念和个人的就业心理准备。[①] 或者说，自愿性失业是一种不满意于已有工作机会而继续寻找工作的失业现象，是一种特殊的失业现象。[②]

高等教育是一种投资，受教育者及其家庭为接受高等教育需要付出相当数量的金钱和机会成本，目的是将来能够收回教育投入，获得教育收益，因此高校毕业生及其家庭也必然希望毕业后能够快速实现就业，找到合适的就业岗位。大学生作为较高层次的人才群体，往往都有很高的就业心理预期，这也是由毕业生作为"经济人"和"社会人"的本质所决定的。获取经济收入和实现职业理想是毕业生在选择工作岗位时考虑最多的因素。一般来说，大学毕业生虽然最终都能够找到某个工作岗位，但这个岗位不一定符合其就业心理预期，甚至与就业心理预期差别很大，或者作为"经济人"所追求的经济收益目标暂时得不到较为

---

① 倪宁：《大学生就业促进政策的失业治理针对性研究——基于政策文本的内容分析》，《高等教育研究》2014 年第 5 期，第 41—48 页。
② 赖德胜、孟大虎等：《中国大学毕业生失业问题研究》，中国劳动社会保障出版社 2008 年版，第 135 页。

满意的实现。大学生在就业过程中，经济收入、社会地位、发展环境是毕业生最为看重的职业选择的影响因素，也在很大程度上决定着毕业生是否会选择自愿性失业。

2. 摩擦性失业

导致摩擦性失业的关键因素就是就业信息不够充分，导致不能及时就业。在信息充分情况下，毕业生通常都可以找到相对满意的工作岗位。但由于就业信息闭塞和信息分割，大量空闲岗位招聘不到合适的毕业生，毕业生也难以根据就业信息找到合适的就业岗位；也就是说，毕业生和就业岗位难以及时匹配和对接。一般来说，高校毕业生对就业单位的未来发展前景、职业发展空间、薪资待遇以及社会地位都有一定的期望；与此同时，用人单位对高校毕业生的能力素质也有一定要求，但在中国经济体制以及就业体制的转型时期，人才市场及其保障体系、市场机制还很不完善，大学毕业生与用人单位都是在不完全信息状态下相互"盲目"搜寻，导致就业与招聘工作效率低下，供求双方难以及时匹配，这就导致大学毕业生摩擦性失业。可以说，产生摩擦性失业的各种原因都与中国的市场机制，尤其是与人才市场机制不健全有关。[①]

3. 结构性失业

学术界关于结构性失业的解释有两种：一是就业能力结构失业，或"高等教育改革的滞后性失业"，集中体现为"高等教育专业设置不合理，培养模式单一，高校人才培养与社会用人单位的实际需求脱节，大学毕业生存在就业能力的岗位适应性缺陷，从而导致职位空缺和失业共存的结构性失业状态"[②]。二是多重因素结构性失业，集中体现为"由于经济结构的变化，劳动力供给与需求在职业、技能、产业、地区分布

---

[①]　倪宁：《大学生就业促进政策的失业治理针对性研究——基于政策文本的内容分析》，《高等教育研究》2014 年第 5 期，第 41—48 页。

[②]　王霆、曾湘泉、杨玉梅：《提升就业能力解决大学生结构性失业问题研究》，《人口与经济》2011 年第 3 期，第 49—56 页。

等方面的不协调引起的失业"①，具体包括观念性结构性失业、地域性结构性失业、行业性结构性失业和技能性结构性失业等。

综合上述两种观点，我们认为，结构性失业是在市场需求结构改变的情况下，劳动力因其年龄、性别、所属区域、知识水平、能力诸多障碍性因素，致使很难适应需求结构的变化而造成的失业，主要表现为部分毕业生无法满足用人单位岗位的需求而成为失业者，而用人单位由于招聘不到合适的就业者而导致岗位空缺，二者共同构成毕业生结构性失业的主要特征。

### （四）就业指导与服务体系

#### 1. 大学生就业指导体系

由教育部全国高等学校毕业生就业指导中心组编写的《大学生就业指导》（1998）认为："就业指导有广义和狭义之分。广义的就业指导是指为劳动者选择职业、准备就业以及在职业中求发展、求进步等提供知识、经验和技能。狭义的就业指导是给要求就业的劳动者传递就业信息，帮助劳动者求职与择业，为他们与职业的结合'牵红线'，做'月老'。"② 简言之，就业指导就是指职业中介、咨询或教学培训机构，通过对求职者和用工单位提供职业咨询和指导服务，帮助求职者进行科学的职业选择，帮助用工单位招工，进而达到劳动力与职业的优化组合。③ 大学生就业指导体系是指高校为促进大学生就业所采取的教育引导、职业规划、咨询服务等工作体系的总称，是高校教育体系的重要组成部分；大学生就业指导不仅是就业管理者和专职就业教育工作者的责任，也包括专业任课教师和学校各级管理者的责任；大学生就业指导体系不仅包括毕业年级学生或毕业前就业的前期阶段，而且包括大学生教育发展的全过程。

---

① 靳希斌：《教育经济学》，人民教育出版社1997年版，第126页。
② 覃宪儒、罗诚：《从系统论观点谈高校就业指导工作》，《高教论坛》2006年第1期，第153—156页。
③ 黄安余：《经济转型中的中国劳动力市场》，上海人民出版社2010年版，第338页。

2. 大学生就业服务体系

就业服务属于公共服务的范畴，是指以政府为主导，社会各方参与，由就业服务机构具体实施，帮助劳动者获得就业岗位和提升就业能力，帮助用人单位招聘合格就业者的一系列服务性工作的总称。公共就业服务具有公共产品的性质，完善的就业公共服务，目的在于解决劳动力供给与劳动力需求双方的均衡和协调，其内容包括提供就业信息服务、就业咨询服务、就业指导服务、职业介绍服务、就业培训服务、就业委托服务和就业管理服务等。[①]

大学生就业服务体系则是指由政府、高校、用人单位和中介机构支持和参与，针对大学生就业而建构的分工不同而又相互协同的就业服务体制机制、政策和制度的统称，具体基本职责包括就业管理、失业管理、职业培训、职业指导、职业介绍等。从较为理想的状态而言，大学生就业服务体系是一个集管理、服务、教育、研究于一体的开放性系统工程，包括健全的服务机构、高素质的就业指导人员、科学实用的课程体系、专业化的大学生就业市场、发达的就业信息网络等基本要素。[②]

# 四　研究思路与方法

20 世纪 80 年代以来，大学生就业保障制度体系建设一直是中国高等教育体制改革的主要内容之一。经济社会转型、市场经济发展以及就业市场的发育，意味着大学生就业保障制度必须进行一系列新变革。但任何改革都有一定的"路径依赖"，这就要求了解大学生就业问题所处社会背景，即政治与经济体制、经济发展状况，以及高等教育改革与发展对大学生就业所产生的推动与制约作用。因此，大学生就业保障制度体系建设不仅是一个理论性问题，而且是一个基于现实需要的重大实践

---

① 陈建刚：《完善我国就业公共服务体系的几点建议》，《中国行政管理》2005 年第 5 期，第 109—111 页。

② 严碧峰：《关于构建大学生就业服务体系的研究》，西北大学 2010 年硕士学位论文。

性问题。

## （一）研究内容

大学生就业是一项社会管理与公共服务工程。要切实解决大学生就业问题，必须充分发挥政府、高校、社会和市场的作用，形成政府、高校、社会、市场与学生等不同主体的责任分别承担、有效协同与相互支撑的就业保障制度体系。本书将在理论研究、现状分析和比较研究的基础上，提出大学生就业保障的目标模式、制度设计与路径选择。

### 1. 理论研究

在借鉴现有的国内外就业、失业理论与就业保障实践经验的基础上，综合运用管理学、经济学、社会学、教育学等多门学科知识，论证建立大学生就业保障制度体系建设的必要性及可行性。

### 2. 现状分析

调查研究中国大学生就业困境的现状、特点、成因及影响。包括调查大学生就业竞争力与教育模式的相关性，就业困境产生的市场、政府、社会以及高校人才培养模式等因素，分析就业难的特点及深层原因，为大学生就业保障制度体系的设计奠定现实基础。

### 3. 政策分析

对中央、教育部及地方政府各部门现行的关于促进、服务、保障大学生就业的相关政策进行梳理，并通过案例分析和实地调研，评价和比较现行政策执行的实际效果，作为大学生就业保障制度调整与设计的客观依据。

### 4. 比较研究

借鉴发达国家（美国、英国等）在高等教育大众化过程中大学生就业保障制度，特别是如何建构政府与高校、市场、社会的责任关系等方面的经验和教训，作为设计中国高校毕业生就业保障制度体系的参考与借鉴。

5. 制度建构

提出中国大学生就业保障制度体系的目标模式和制度设计，具体包括利益相关者的责任关系制度、政策执行与援助制度、高校服务与保障制度、市场规范与监管制度、劳动保障与社会援助制度，等等。

具体而言，本书按照"问题提出"→"理论研究"→"比较研究"→"现实分析"→"政策分析"→"制度建构"→"结论与建议"的思路进行研究（如图 1－1 所示）。

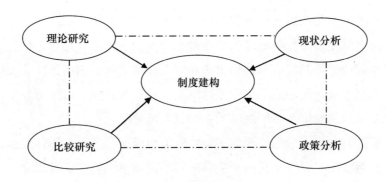

图 1－1　研究思路框架图

## （二）研究方法

基于"理清现实问题"的方法论原则，本书主要运用文献研究、政策分析、调查研究和比较研究等方法。

1. 文献研究法

检索与梳理管理学、经济学、社会学、教育学等多门学科关于大学生就业理论与就业保障制度实践研究方面的相关文献，整理、分析与借鉴学术界的研究成果和研究方法，为本书深化研究提供支撑。

2. 政策分析法

搜集、整理中央和地方政府部门、教育行政管理部门、劳动与社会保障部门、民政部门以及高校出台的有关促进大学生就业，特别是有关就业援助与保障方面的政策，分析政策的价值与目标取向，总结已经取得的经验，找出现行政策体系及其实践环节的缺失与不足。

### 3. 调查研究法

调查采用问卷和深度访谈的方法进行。本课题组分别在全国范围内选取 12 所高校，委托辅导员、班主任或任课教师向学生发放网络问卷或纸质问卷 1300 份，回收 1150 份，回收率为 88.46%，并对调查问卷数据进行描述性统计，分析大学生就业问题的现状与基本趋势；通过深度访谈或实地调研的形式，向政府、高校、企业等大学生就业相关管理人员了解大学生就业工作以及就业保障制度实践的现实状况。

### 4. 比较分析法

本书主要采用纵向比较和横向比较相结合的方法。纵向比较主要通过中国大学生就业保障制度的历史形态与现实状况进行比较论证，弄清大学生就业保障制度变革的历史进路以及现实病因；横向比较主要通过总结与借鉴英美两国大学生就业保障制度的实践经验，对比分析中国大学生就业保障制度改革所面临的新问题与新要求。

需要特别指出的是，因为大学生就业市场运行及其保障问题颇为复杂，已经超出了单一学科的研究范畴，所以本书综合运用管理学、经济学、教育学、法学、政策学等学科的相关理论多角度地考察大学生就业问题。当然，这些理论在运用过程中存在着学科交叉现象。由于研究者的学科背景，笔者更多地关注教育学、管理学研究视角的分析逻辑。同时，本书坚持从多学科视角以大学生就业问题的分析为中心，探讨大学生就业保障制度的实践困境与建构策略；从经济转型与产业结构调整的视角探讨大学生就业问题产生的深层次归因与促进大学生就业的有效途径；从专业结构调整与人才培养模式改革的视角分析高校在大学生就业过程中所承担的社会责任。

## 五　小结

大学生就业既是国策，也是民生；大学生就业问题既关系到每一个大学生的未来发展和千万个家庭的幸福，也关系到经济社会的健康发展和社会的和谐稳定。因此，大学生就业工作不能"顺其自然"，更不能"无为而治"，必须建立大学生就业保障制度体系，为大学生就业提供较为"安全可靠"的环境。本书研究就是在这种背景下展开的。虽然目前学术界关于大学生就业问题的研究已经有了较为丰富的研究成果，但在关于大学生就业制度保障体系方面的系统化研究还较为薄弱。本书拟在分别研究大学生就业政策、就业指导与服务、就业体制机制、就业市场规制等相关内容的基础上，对政府、高校、社会、市场等多元相关利益主体在大学生就业过程中的责任及其关系机制进行研究，进而对建立和完善具有中国特色的大学生就业保障制度体系有所裨益与帮助。

# 第二章　大学生就业保障制度
# 体系建设的现实境遇

当前，大学生就业面临着激烈的人才市场竞争，大学生在就业过程中必须接受用人单位严苛的选拔性招聘。这是市场机制配置大学生人才资源的基本规律及其实践表征。同时，中国高等教育在进入大众化阶段后，由于计划体制的"惯性"、人才市场发育滞后及其保障制度不健全，大学生就业难问题逐渐凸显出来。近年来，政府与社会之所以如此关注大学生就业问题，是因为这不仅是高等教育发展本身的问题，也不仅是学生家庭和学生个体的行为，而且是影响社会和谐稳定与经济健康发展的重大现实问题。[①]

与西方国家相比，中国大学生就业问题既带有共性，也具有特殊性。共性主要表现在大学生就业问题都是在高等教育规模扩张或进入大众化阶段后产生的，大学生就业状况与社会经济发展状况密切相关；特殊性主要表现在大学生就业的管理体制机制不同、经济发展状况不同、人才市场成熟度不同、对待大学生就业的社会文化心理不同。那么，如何结合中国经济社会环境变化以及高等教育发展的制度环境的变化，推进具有中国特色的大学生就业保障制度体系建设，既是提升大学生人才资源配置效率的需要，也是保障社会健康发展的需要。

---

① 马廷奇：《大学生就业保障制度的实践困境与创新路径》，《江汉大学学报》（社会科学版）2014 年第 6 期，第 116—120 页。

# 一  大学生就业保障制度体系的基本特征

习近平总书记指出，"实现中国梦必须走中国道路"，要解决中国的问题，必须有中国特色的理论体系、实践道路、制度体系，这也就是习近平总书记所说的理论自信、道路自信和制度自信。教育事业作为中国特色社会主义事业的重要组成部分，"开辟了中国特色社会主义教育发展道路"，形成了中国特色的社会主义教育制度。① 大学生就业制度体系作为教育制度或高等教育制度体系的重要组成部分，同样是中国特色社会主义教育道路的基本保障，"合理使用高校毕业生人才资源是落实科教兴国战略的重要措施之一"。中国特色的大学生就业保障制度体系建设，既是一个重要的理论问题，也是一个重大的实践问题。

## （一）大学生就业保障制度体系是高等教育制度体系的重要组成部分

大学生就业制度体系是中国高等教育制度体系的重要组成部分，是随着高等教育体制改革、制度改革而不断完善和发展的。1985 年颁布的《中共中央关于教育体制改革的决定》指出，"当前高等教育体制改革的关键，就是改变政府对高等学校统得过多的管理体制"，同时，"要改革大学招生的计划制度和毕业生分配制度。改变高等学校全部按国家计划统一招生，毕业生全部由国家包下来分配的办法"，并根据国家计划招生、用人单位委托招生、国家计划外招收少数自费生三类不同的招生计划，分别实行不同的毕业生分配办法。在这三类招生计划中，国家计划招生是主体，实行"由本人选报志愿、学校推荐、用人单位择优录用的制度"。此后，高等教育管理体制改革全面展开，主要包括

---

① 刘复兴：《中国特色社会主义教育发展道路的几个基本问题》，《教育研究》2014年第 7 期，第 4—8 页。

高等教育办学体制改革、高等教育管理体制改革、高等教育投资体制改革、高考和毕业生就业制度改革、高等学校后勤管理改革五个方面。其中，高校毕业生就业制度是高等教育管理体制改革的内容之一。1993年《中国教育改革和发展纲要》进一步明确了"改革高校毕业生'统包统分'和'包当干部'的就业制度，实行少数毕业生由国家安排就业，多数由学生'自主择业'的就业制度"的大学生就业改革思路。2002年国务院办公厅转发教育部等部门《关于进一步深化普通高等学校毕业生就业制度改革有关问题意见的通知》，根据中国高等教育进入大众化阶段后大学生就业面临的新问题，确立了"市场导向、政府调控、学校推荐、学生与用人单位双向选择的就业机制"①。2010年颁布的《国家中长期教育改革与发展规划纲要（2010—2020）》，把"提高人才培养质量""加强对大学生的就业指导服务""推进创业教育"作为推进大学生就业工作的着力点。② 这是新时期大学生就业制度改革的进一步深化。

中国高等教育制度既有世界高等教育制度的共性和一般性，也是基于中国国情的现实选择，是与中国经济发展体制、政治与行政管理体制相适应的制度选择，具有中国的特色与特殊性。因此，大学生就业制度也是具有中国特色的大学生就业制度，既有中国特色高等教育制度体系的特征，又具有中国特色大学生就业制度体系的特征，反映了中国大学生就业改革的基本规律。可以说，经济发展和高等教育发展的国情是中国特色的大学生就业制度改革的背景，大学生就业制度改革必须依据中国国情。中国特色大学生就业制度体系建设必须建立在对中国高等教育制度的社会经济背景、内涵特征、制度体系、实践经验等方面的认识和研究基础上。

---

① 《关于进一步深化普通高等学校毕业生就业制度改革有关问题的意见》，http：//www. moe. edu. cn/publicfiles/business/htmlfiles/moe/moe_ 24/200501/5531. html。

② 《国家中长期教育改革和发展规划纲要（2010—2020 年）》，《人民日报》2010 年 7 月 30 日。

### （二）大学生就业制度是伴随着高等教育管理体制改革的制度选择

在长期实践中，尤其是在改革开放以后，我们党在开创中国特色的社会主义道路的过程中，逐步探索形成了中国特色的高等教育政治和行政管理体制。当然，中国大学生就业制度不可能处于高等教育政治和行政体制之外，而必须符合与适应中国政治与行政体制的制度选择。首先，党对高等教育的政治领导既有利于保证高等教育的政治方向，也有助于保证大学生和谐稳定就业、调动各方面积极性。近年来，无论是教育部等部门每年发布的大学生就业工作"通知"，还是大学生就业制度改革的政策文件，不仅是党中央、国务院高度重视大学生就业这一"民生工程"的重要体现，也是党和政府政治自觉性的体现。国务院或教育部明确要求高校把大学生就业工作列为"一把手"工程，要求各级党团组织加强大学生就业宣传力度，解决大学生就业难题，树立正确的择业观和就业观。其次，中国高等教育管理体制改革的方向是"落实和扩大高校办学自主权"，这既有利于实现高校在大学生就业工作中的主体地位，也有利于打通人才培养与社会需求之间的隔离状态。《国家中长期教育改革和发展规划纲要（2010—2020 年）》提出"建设现代大学制度"；"以简政放权和转变政府职能为重点，深化教育管理体制改革，提高公共教育服务水平"；"积极发挥行业协会、专业学会、基金会等各类社会组织在教育公共治理中的作用"。表现在大学生就业体制改革方面，政府不再是大学生就业责任的唯一主体，而是由政府、高校、中介组织等多主体保障大学生就业；大学生就业机制由以行政机制为主转向以市场机制为主，大学生就业市场开始不断发育成熟和发展壮大，但并不是把大学生就业完全交由市场，各级政府、高校、社会用人单位等利益相关者对大学生就业担负着义不容辞的责任。2012 年，党的"十八大"提出"以人为本""提高教育质量"的要求，大学生就业工作也要以学生为中心，提高就业质量与效率。这些方针和政策成为中国大学生就业制度体系建设的指导方针和政策指南。

中国特色的大学生就业保障制度实践是在中国特色的高等教育政治

体制和管理体制的制度保障下形成和发展的。一方面，中国特色的大学生就业制度体系的建设过程是前所未有的制度改革过程，是在大学生就业实践中不断进行制度创新的过程。同时，中国特色大学生就业制度体系是中国高等教育制度改革的成果，也是中国特色高等教育制度体系的主要标志。另一方面，中国特色的大学生就业制度改革是中国高等教育管理体制改革的突破口，大学生就业制度体系建设是推动高等教育体制改革、建设现代大学制度体系的重要推动力。同时，中国大学生就业制度转型与变革，是市场因素不断增加、政府或政治因素不断减弱的过程；当然，市场因素的扩张也不是一个自生的过程，国家或政府在制定市场赖以运作的制度规则中扮演着关键性角色。① 这是观察和理解中国高等教育体制以及大学生就业制度变革的历史和现实逻辑。

### （三）大学生就业制度体系是高等教育健康发展的制度保障

如何理解中国特色的大学生就业制度体系的内涵与特征，既是一个重要的学术问题，又是一个重要的政策问题。无论是从相关政策取向还是从学术界的研究成果来看，大学生就业工作涉及面广、影响大，不仅关系到社会和谐稳定与经济健康发展，而且关系到高等教育改革与发展。国务院办公厅、教育部等部门每年下发的大学生就业工作"通知"或相关政策文件都不约而同地指出大学生就业对于经济社会发展的重要性。比如，"高校毕业生是国家宝贵的人才资源"；"毕业生就业创业工作是教育领域重要的民生工程"；"做好高校毕业生就业创业工作，对于保持就业形势稳定，促进经济社会健康发展具有重要意义"；"紧紧围绕促进国家经济发展和社会稳定大局……努力实现高校毕业生充分就业"。同时，每年的"通知"都相继把"推进创新创业教育""提高人才培养质量""引导高校转型发展""调整高等教育结构"等作为推进

---

① 戚务念：《把国家带回分析的中心：当前大学生就业研究的新视角》，《现代大学教育》2014 年第 3 期，第 63—69 页。

大学生就业工作的主要措施或配套工作来抓。实际上，这些措施不仅是促进大学生就业的政策，也是深化高等教育改革的方向选择。

实践中，中国特色的大学生就业制度体系建设过程是与高等教育规模发展以及高等教育大众化过程相伴的。也就是说，没有大学生就业制度作保障，就不可能有高等教育的大发展，因为随着高等教育的大发展，必须改革原有的传统的大学生就业模式和制度体系，由政府安置就业转向由市场配置大学生人才资源的机制转变。同时，大学生就业制度体系建设过程也是高等教育深化改革的过程。随着大学生就业体制机制的变革，高校必须打破封闭的人才培养模式，因而就不得不关注大学生就业问题；要培养社会"适销对路"的人才，就必须关注和处理好规模扩张与提高质量的关系，人才培养必须关注社会需求，必须主动进行人才培养模式改革、调整人才培养结构体系。从系统论角度而言，中国特色的大学生就业制度体系是以就业市场化为核心的制度规范体系，由基本层面的制度、具体层面的制度以及相关法律法规组成。公平就业制度、市场化制度是基本层面的制度，对大学生就业有着重大影响和导向作用；人才培养制度、社会保障制度、政策激励制度、就业服务制度、多元主体协同制度则是大学生就业的具体制度，推动着高等教育的全面协调发展。从理想状态而言，不同层面的制度作为一个整体共同构成相互衔接、相互联系的中国特色的大学生就业保障制度体系，但在实践中，现行的大学生就业制度体系远没有达致理想的境界，主要表现在制度体系不完善、不同制度不协调两个方面。

因此，整体设计、系统推进中国特色大学生就业保障制度体系建设，可以与时俱进地推动中国高等教育的改革与发展。党的十八届三中全会提出"深化教育领域综合改革"的重大历史任务。深化高等教育领域的综合改革，建设现代大学制度是关键，是重点。其中，大学生就业制度是制约高等教育发展的关键领域和薄弱环节，不仅关系到能否促进大学生充分就业，也关系到能否顺利推行高等教育改革与发展。中国特色大学生就业制度体系建设应注重经济社会发展与高等教育人才培养的有机结合，注重高等教育人才培养资源配置与引导社会教育资源开发的有机结合，注重统筹政府、高校、社会之间的协同与大学生就业制度改革目标的有机结合，注重人才培养体系与大学生就业创业服务体系的有机结合。

## 二 大学生就业保障制度体系建设的环境与困境

中国特色的大学生就业制度既是一种理想的制度，也是一项有待探索和完善的制度实践。中国特色的大学生就业制度体系的探索和实践必须立足于中国国情和现实的高等教育发展环境，必须立足于解决世界上最大规模高等教育的大学毕业生就业问题。因此，大学生就业制度体系建设要在客观地认识大学生就业的现实环境以及制度困境的基础上，探索建设中国特色的大学生就业保障制度体系的可行性方略。

### （一）中国大学生就业保障制度体系建设的现实环境

教育部统计资料显示，2004 年中国高校毕业生为 280 万，2005 年为 338 万，2006 年为 413 万，2007 年为 495 万，2008 年为 559 万，2009 年为 611 万，2010 年为 631 万，2011 年为 660 万，2012 年为 680 万，2013 年为 699 万，2014 年为 727 万……这是一组还在不断攀升的高校毕业生数字（见图 2 - 1）。2004—2014 年，中国高等教育大众化进程迅速推进，大学毕业生人数迅速增长，2009 年以前，毕业生增长最快，都在 50 万以上，其中 2007 年增加最多，为 82 万，增长率为 16.6%；2010 年以后，毕业生增长有所放缓，但每年增长数字也都在 20 万人以上。规模迅速增长的毕业生就业，一方面使中国改革相对滞缓的大学生就业体制机制面临着前所未有的冲击，就业难倒逼着大学生就业制度进行根本性的改革；另一方面，严峻的就业形势与不断攀升的就业人数使政府和社会各界更加关注大学生就业问题，也使得大学生就业保障制度体系建设的紧迫性更加凸显。

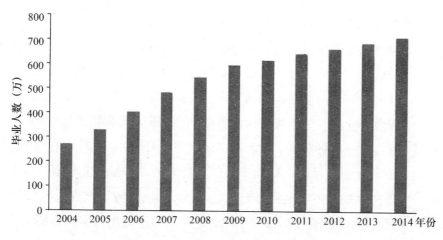

**图2-1 2004—2014年高校毕业生人数统计**

就中国高等教育发展的经验和轨迹来看，高等教育发展与大学生就业制度转型是相辅相成的，一方面，高等教育发展必然要求大学生就业制度的转型，以适应高等教育快速发展的需要；另一方面，大学生就业制度转型必然要求大学生人才资源供求关系的变化，同时对高等教育发展模式和人才培养模式产生深刻影响。随着大学生就业制度的转型，市场机制开始在大学生就业过程中发挥基础性甚至是决定性作用，但大学生就业的"市场失灵"可能导致大学生就业风险和就业成本攀升。① 在这种背景下，大学生就业保障制度体系建设就显得格外重要和迫切。

1. 就业环境压力凸显了大学生就业保障制度体系建设的必然性

近年来，中国大学毕业生人数逐年攀升，大学生就业压力有增无减，这是公认的事实。但值得关注的是，近年来中国经济虽然面临着下行压力，但实现了"新常态"下的经济平稳增长，产业结构不断升级改造，与此同时，大量新工作岗位被创造出来，然而，在大学生就业市场上仍有不少大学生找不到工作，或不能及时就业，这也是不争的事实。总体而言，中国大学生就业表现出自身典型的转型期特征，其中与

① 马廷奇：《大学生就业保障制度的实践困境与创新路径》，《江汉大学学报》（社会科学版）2014年第6期，第116—120页。

大学生就业的制度环境的变革不无关系。

就业环境是影响大学生就业的难以控制的因素，在高校人才培养模式不变，或高等教育人才供给模式不变的情况下，就业环境的变化会导致大学生就业市场的供需波动和矛盾，进而导致大学生失业或难以及时就业。从根本上说，大学生结构性失业、难以及时就业都是大学生就业环境产生急剧变化的反映。从宏观层面而言，大学生就业环境的变化体现为"双转型"的特征，即从传统的农业向工业和服务业转型，以及从计划经济体制向市场经济体制的转型①。这一双转型过程大概从20世纪80年代开始，至今仍然处于深化转型的过程之中。实践证明，这一外部环境的变革不仅推动了以提升大学生就业能力为核心的高校人才培养模式的改革，而且也推进了大学生就业制度的转型与变革。

随着市场经济体制的完善与发展，尤其是近年来以金融危机为标志的经济环境的深刻变化，大学生就业环境又表现出新的形态：一是产业结构调整与经济发展模式转换；二是大学生就业从行政机制向市场配置机制转换。大学生就业环境的变化必然要求就业保障制度进行相应的变革。目前，传统的就业制度体系的"惯性"还强势存在，而新的就业制度体系还很不完善，这在一定程度上造成大学生就业压力和就业困境。一方面，产业结构与经济发展模式的急剧变革凸显了大学毕业生对新的就业岗位的不适应性，导致大学生结构性失业；另一方面，市场发育不成熟、市场机制不完善使大学生人才资源难以实现最优化配置，导致大学生制度性失业。因此，完善和发展与就业环境变化相适应的就业制度是当前中国大学生就业保障制度体系建设的当务之急。

2. 就业市场不公平凸显了大学生就业保障制度体系建设的必要性

大学毕业生是宝贵的人才资源，大学生充分就业既关系到"科教兴国"战略的实施，也关系到家庭与学生的教育投资收益。近年来，大学生就业问题之所以如此突出，是因为大学生人才资源对于社会经济

---

① 曾湘泉等：《"双转型"背景下的就业能力提升战略研究》，中国人民大学出版社20101年版，第1页。

发展的特殊重要性与就业环境不确定性之间的矛盾。虽然中国高等教育总规模居世界第一，但国民接受高等教育的总体比率依然偏低，大学生人才资源的大量闲置无疑会增加社会成本，降低经济发展的劳动生产率。与此同时，受到当前经济危机和经济发展放缓的影响，大学生就业需求相对减少，"毕业即失业"已经不是个别现象。因此，如何从更开阔的视野规划和协调高等教育发展与经济发展之间的关系，提高大学生人才资源配置的效率，是大学生就业保障制度体系建设的重要课题。

同时，大学生群体的弱势地位和就业环境不公平也凸显了大学生就业保障制度建设的紧迫性。与没有接受高等教育的同龄人相比，大学生在就业市场上具有相对优势，但与具有一定职场经验的从业人员和熟练劳动力相比，大学生又处于弱势群体的地位。因此，大学生就业不仅同样需要就业支持和就业援助，而且要建立针对不同毕业生需求的个性化的就业保障体系。比如，用人单位比较看重大学生的社会实践或实习经历，因为具有一定的工作技能可以尽快适应职业岗位的需要。因此，加强实习实训不仅是目前高校教学改革的基本内容，而且是提升大学生就业能力的必要途径。2008年，教育部明确要求，各地政府要"鼓励和扶持一批规模较大并有一定社会影响力的企事业单位作为就业见习单位，为有见习需求的未就业毕业生提供见习机会"；"对有培训需求的高校毕业生，要提供参加职业培训和技能鉴定的机会"。同时"高校要统筹安排毕业生参加实习实训，积极与政府、行业、企业共建一批实践教学和实习实训基地"。

值得关注的是，近年来，大学生就业市场出现了越来越严重的"唯身份"和"唯社会资本"倾向，用人单位不是看重学生的素质和岗位适应力，而主要根据毕业院校、性别、学历层次以及社会关系等来决定是否聘用。调查表明，有几乎一半的大学毕业生认为人力资本和社会资本同样重要[①]；尽管学术界对就业市场是否存在对女大学生的歧视还

---

① 苏丽锋、孟大虎：《人力资本、社会资本与大学生就业：基于问卷数据的统计分析》，《复旦教育论坛》2012年第2期，第27—33页。

有分歧，但无论是就业机会还是工资待遇等方面都存在事实上的性别差异，性别不平等甚至已经成为社会的集体无意识现象。① 调查显示，高校女大学生遭受的就业歧视现象不容乐观，在参与调查的1000名高校女大学生中，有超过60%的受访者认为，在面试过程中是因为性别原因而遭到淘汰的。② 因此，大学生就业保障制度建设就是要完善大学生尤其是弱势大学生的就业保障体系，维护大学生基本的就业权益。

3. 就业保障不确定性凸显了大学生保障制度体系建设的紧迫性

随着市场经济的发展，大学生人才资源的配置方式由行政分配转向市场调节。在就业方式上，大学生主要通过市场选择就业岗位；在就业时间上，大学生初次就业搜寻时间有所延长；在就业结构上，大学生就业单位性质趋于多样化，公有企事业单位不再是大学生就业的唯一选择。与此同时，计划经济时期遗留的户籍分割、区域与行业分割限制了大学生就业市场的效率，制度性地导致大学生就业难或难以及时就业。尤其是在当前大学生就业市场"供大于求"的环境下，大学生在雇佣关系中常常处于弱势地位，用人单位违反劳动法侵害大学生就业权益的现象时有发生。因此，作为公共政策的供给方，政府应该充当维护大学生就业权益的保护者和执行者。一个对大学生权益实施良好保护的大学生就业市场，是大学生公平公正就业和高等教育健康发展的制度保障。

从系统论视角来看，大学生就业难是一个复杂的社会、经济现象，受到大学生供求、宏观经济环境、产业结构、高等教育结构、劳动力市场发育程度以及大学生就业政策等多种因素的影响。忽略这些影响因素的综合性，将大学生就业问题简单地归于某一个因素是不科学的。大学生就业难一方面需要综合治理，另一方面需要加强大学生就业市场建设。实践表明，大学生就业市场的发展使雇佣双方获得了更多的相互选择的自主权利，有助于提升人才资源的配置效率。在这种背景下，如何保障就业市场有效运行和防范市场失灵就是大学生就业市场建设必须关

① 余秀兰：《认同与容忍：女大学生就业歧视的再生与强化》，《高等教育研究》2011年第9期，第76—84页。

② 邱玥：《女大学生：如何过"就业歧视"这道坎儿》，《光明日报》2014年5月5日。

注的关键问题。或者说，没有规制和缺乏管制的就业市场不一定就是最理想的就业市场模式。比如，就业社会保险缺失、身份工资形成机制、性别歧视、就业信息屏蔽，等等，实际上，这些同样会损害大学生的就业权益。

实践中，由于缺乏社会保障，大学生一旦失业或难以就业，又难以利用社会保险或救助机制，就无法从容地参加就业技能培训和重新求职；由于离职成本较低以及灵活就业的人数增加，企业招聘成本和用于重复培训高流动人员的费用上升[①]；扶持和保障大学生就业的各项政策措施落实不到位，有法不依、执法不严，以及侵害大学生就业权益的现象时有发生。从这个意义上说，大学生就业市场并不是越少规制越好，相反，大学生就业市场需要更多的运行制度保障。当然，市场规制并不是达至政府直接管理市场运行的僵硬状态，而是如何在规制和控制之间寻求最佳平衡。

**（二）大学生就业保障制度体系实践的体制性困境**

从系统论的视角来看，大学生就业制度改革是受多种因素影响和多种诱因主导的进程。结合当前中国经济社会发展转型期的特点，本节主要从就业市场障碍、经济高增长与低就业的矛盾、经济结构调整的要求等方面，从政府、高校、社会等不同利益相关者的视角，对大学生就业保障制度体系在实践过程中的制度性困境进行分析。

1. 大学生就业市场发育与体制机制不畅的矛盾

中国大学生就业制度的变革是与劳动力市场的发育密切相关的，或者说，大学生就业制度变革过程就是由计划向市场配置人才资源转变的过程。实践中，大学生就业市场形成与发展的重要特点就是大学生就业市场发育与高等教育发展的一致性。一方面，高等教育发展正是充分利用了大学生人才资源的市场配置机制，通过就业市场机制和就业结构调

---

① 刘军强：《增长、就业与社会支出——关于社会政策的"常识"与反"常识"》，《社会学研究》2012 年第 2 期，第 126—148 页。

整，支撑了中国高等教育大众化进程。另一方面，高等教育发展的阶段性变化又对发展大学生就业市场提出新要求，提供新动力。就大学生就业市场发展的进程而言，当前正处于向高等教育大众化深化转型的阶段，大学生就业规模逐年扩展是这一阶段的典型特征。因此，如何从"量"和"质"两方面进一步扩展市场的职能，使市场在大学生人才资源配置中发挥决定性作用，是大学生就业市场建设与改革的新方向。

值得注意的是，由于传统的就业体制机制的惯性，大学生供求总量矛盾与结构性矛盾日益突出，大学生就业压力逐年增大。从理想状态而言，维持一个灵活有序的劳动力市场是扩大就业和充分配置人才资源的必要条件。但无论是在体制还是运行机制上，大学生就业市场还很不完善，具体表现为就业市场难以实现充分竞争、就业市场制度性分割难以得到根本破解、缺乏公平的就业环境、大学生就业空间拓展受到限制，等等。因此，促进大学生就业市场发育，完善市场机制，应该成为大学生就业保障制度体系建设的首要课题。当然，在大学生就业市场发育过程中，往往面临着不同的就业市场保障模式选择。由于大学生市场供大于求的状况的客观存在，因此是否有利于扩大就业应该成为大学生就业制度选择的重要标准。近年来，与大学生就业相关的户籍、保险等社会保障体系逐步建立，实施了"三支一扶计划""志愿服务西部计划""毕业生应征入伍计划""中小企业吸纳毕业生""农村教师特岗计划"等就业促进政策，在一定程度上有助于防止"市场失灵"和减缓就业压力。同时不可否认的是，一些过渡性的就业促进政策和措施，由于具体操作不当和补偿机制不健全，不但没能解决大学生就业的深层次矛盾，而且还干预了就业市场的运行，阻滞了大学生就业市场的健康发展。

2. 经济持续高增长与大学生低就业的矛盾

近年来，中国经济快速发展，GDP 年均增速接近 10%，即使受全球金融危机的影响，GDP 增速也在 8% 左右，如此高的经济增长理应带来大学生就业需求的大幅度增长，但事实是每年都有大批学生不能及时就业，就业率逐年不升反降。当然，我们可以用待就业大学生规模的逐年增长来解释大学生就业难问题，但这种解释显然难以令人信服，因为同一时期在全国范围内出现了大面积的"民工荒"现象。为什么在劳动力市场出现如此尖锐的结构性矛盾？究其原因，一方面，大学生就业难与就业保障制度改革滞后密切相关。虽然大学生就业制度实现了由计划调控向市场配置的转变，公共服务体系不断完善，但在具体的保障制度设计上，还远远不能适应市场经济体制下大学生就业的实际需要，实践中仍需要大学生就业保障制度不断创新，消除各种类型的制度扭曲，完善大学生就业激励机制，促进经济增长与大学生就业增长的良性互动。[1]

另一方面，大学生就业难与中国产业结构密切相关。伴随着中国城市化、工业化以及出口经济和二元经济的发展，逐渐形成了以劳动密集型产业为主的产业结构。由于劳动密集型产业不需要劳动者具有较高的文化素质，体力型劳动力需求相对旺盛，大学毕业生需求则相对较低，由此导致"民工荒"和大学生就业难并存的现象。[2] 同时，由于产业结构具有相对稳定性，如果没有强劲的外部动力，产业结构很难在短期内自动调整。在这种背景下，大学生就业问题仅靠就业市场调节机制是很难实现的，或者说"市场失灵"不可避免。所以，这就要求从多元利益相关者之间关系的视野，建立政府、社会和市场"三位一体"的大学生就业保障制度。其中，政府发挥不可或缺的作用，因为不同的投资和经济发展规划，以及不同的产业发展政策偏向，就会产生不同的就业拉动效果。实践中最为关键的问题是切实推进产业结构转型，重视第二产业的升级改造以及加快第一、第三产业中高技术含量行业的发展。值得指出的是，重视政府的作用不是政府干预微观经济活动，也不是直接干预就业市场运行，而主要是通过产业结构调整化解大学生就业市场的结构性矛盾。

---

[1]　郜风涛：《中国经济转型期就业制度转型》，华中科技大学 2009 年博士学位论文。

[2]　苏剑、盛磊：《刘易斯拐点、大学生就业难和"民工荒"问题研究》，《广东商学院学报》2010 年第 3 期，第 4—8 页。

### 3. 产业结构转型升级与技能型人才短缺的矛盾

全球范围的金融危机对中国的重要启示是，必须把改变经济发展方式作为确定不移的战略选择。2011 年公布的《我国国民经济和社会发展十二五规划纲要》把经济结构战略性调整与科技进步和创新作为转变经济发展方式的主攻方向。从理论上说，产业结构决定着各生产要素在产业部门的配置，不同的资源配置结构决定着生产资源的使用效率。因此世界范围内每一次经济危机之后都要经历产业结构的一次重大调整，落后产业被淘汰，新产业成为新经济增长的"引擎"[①]。实践中，尽管产业结构升级与科技进步、社会需求、制度安排和资源禀赋等因素密切相关，但最为根本的是就业劳动者素质的提升。产业升级的目的是提高劳动生产率，特别是全要素生产率，其演变方向最终体现为对劳动者人力资本的更高要求。这一点也可以从日本经济发展历程中得到反证。日本经济之所以在 20 世纪 70 年代中期以后出现减速和 90 年代以后的停滞，难以继续保持像欧洲和美国在技术创新前沿上的经济增长，与这一时期日本高等教育发展速度和规模放缓，以及高素质人才难以满足经济发展的需求有很大关系。[②] 因此，产业结构升级不仅可以促进大学生就业，也有赖于大学生人才资源的支撑。当前，在国家投资和产业发展政策的引导下，中国产业发展开始转入依靠转型升级推进持续发展的新阶段。可以预见，随着世界范围内的经济复苏以及中国产业升级改造，大学生就业难将会在很大程度上得以缓解。

也许，上述判断可能是理论上的一厢情愿的假设。美国在过去十几年的经济周期中，经济增长总是与就业增长相伴起伏的，经济恢复往往并没有带来就业率的上升，甚至还出现了多次"无就业经济复苏"现象。[③] 针对中国大学生就业的相关研究也表明："高新技术企业的增多

---

① 唐清泉、李海威：《我国产业结构转型升级的内在机制研究——基于广东 R&D 投入与产业结构的实证分析》，《中山大学学报》（社会科学版）2011 年第 5 期，第 191—199 页。

② 蔡昉、王美艳：《中国人力资本现状管窥——人口红利消失后如何开发增长新源泉》，《学术前沿》2012 年第 6 期（上），第 56—72 页。

③ 蔡昉、王美艳：《如何实现保增长与保就业的统一》，《理论前沿》2009 年第 11 期，第 10—13 页。

并不必然带来具有较高素质劳动力的就业数量增加，产业升级也并不必然出现大学生就业数量的增加，有相当一部分高新技术企业吸纳的劳动力并非如政府所期望的是诸如大学生等高素质人才。"① 当然，对于无就业率上升的经济复苏原因的解释固然很多，其中既与经济衰退时期的产业调整有关，也与采用新技术后对劳动力需求的减少有关。不过，从业者的就业技能落后于产业升级的需求是导致这一现象的主因。事实上，这种技能性失业现象已经在中国大学生就业市场上表现得非常普遍。

长期以来，中国高等教育专业调整滞后于产业结构调整，教学内容和人才培养模式与生产需求脱节，人才培养的封闭性与人才市场的灵活性形成鲜明反差。尤其是在经济结构全球性调整背景下，一方面，产业结构与生产方式快速转型升级需要大量高级技能型人才，另一方面，高校人才培养模式改革滞后，毕业生专业素质与就业技能难以满足市场需要，从而导致大学生就业难与企业招聘难并存的局面。因此，促进大学生就业不能仅仅满足于高校人才培养后的"输出"工作，如何搭建人才培养与就业市场之间的"立交桥"，建立"人才培养—就业促进—社会需求"之间的协调联动机制是大学生就业保障制度建设的重要课题。

## 三　大学生就业保障制度体系建设的主要内容

在市场经济条件下，大学毕业生主要是凭借个人素质、就业能力接受人才市场选择与竞争的，从而实现双向选择和自主择业，而不是仅仅依靠政府行政手段"安排就业"；用人单位以工作条件、发展机会以及收入待遇吸引毕业生就业；高校作为人才资源的"供方"，主要为毕业生"自主择业"提供服务和就业指导。因此，大学生就业是一项系统

---

① 朱勤：《产业升级与大学生就业能力构成要素实证研究——基于浙江省 327 家企业的问卷调查》，《中国高教研究》2014 年第 5 期，第 81—84 页。

的公共管理与公共服务工程，不仅有赖于政府、高校、市场与社会用人单位等相关责任主体职能的充分发挥，而且有赖于各相关责任主体之间的协同与配合。大学生就业保障体系建设就是要建设大学生就业相关主体的责任及其责任关系机制，大学生就业保障制度体系的中国特色主要表现在不断完善大学生人才资源市场的基础上，确立体制合理、责权明晰、相互协同的大学生就业体制机制。

## （一）就业政策：不可或缺的导向

伴随着市场经济的建立和高等教育体制改革，中国大学生就业制度逐渐从计划分配向市场配置转型。在转型过程中，政府不再直接干预高校大学生就业事务或大学是就业去向，而是依靠市场"无形之手"的调节和配置。但发挥市场配置大学生人才资源的重要作用，并不是政府放手不管，而是转变政府职能和管理大学生就业的方式。其中，通过政策调控大学生就业是不可或缺的方式，一是因为传统的就业体制仍然具有很强的"惯性"，政策在很大程度上可以起到行政性"牵引"作用；二是大学生就业问题涉及面广、社会影响大，"市场失灵"现象不可避免，就业政策可以起到引导和规避作用。实践中，大学生就业政策可以分为就业总政策和具体就业政策两个方面。

大学生就业总政策主要是指为促进高校毕业生就业而确定的基本方针和原则，总政策旨在引导认清就业形势，确保就业在高校工作中的中心地位；完善高校毕业生就业工作管理体制，调节高等教育人才培养结构；拓宽毕业生就业渠道，鼓励人才合理流动，引导大学生到基层就业；加强就业援助，完善离校毕业生待就业政策；规范劳动力市场就业秩序，转变用人机制，加强就业中介组织机构建设；发挥市场作用，建立高校毕业生就业社会服务体系；提升高校毕业生的就业能力，加强毕业生思想教育和就业指导，等等。就实践效果而言，这些政策在引导大学生就业体制机制改革，拓宽大学生就业渠道，防范大学生就业风险，促进大学生有效就业等方面发挥了重要作用。

大学生就业具体政策包括毕业生就业过程中工作程序的规定、就业工作的实施办法与具体的就业基本要求，以及各地在遵循国家法律法规的前提下根据地方实际情况所制定的具体政策措施。一是大学生就业保障政策。中国进入高等教育大众化阶段以来，每年都出台一系列通知、文件、意见、规定来保障大学生就业，主要政策内涵包括将大学生就业工作纳入本地区就业工作整体规划，在宏观调控和增加就业岗位等方面进行统筹安排；加强劳动力市场的管理，规范招聘制度，公开招聘信息，消除就业歧视，为高校毕业生就业创造良好的环境[1]，建立与社会主义市场经济、政治和科技体制改革相适应的教育新体制，积极支持和鼓励集体企业、私营企业、联营企业和股份制企业接收毕业生。[2] 为了实现毕业生充分就业，2002 年，教育部等部门开始允许毕业前仍未落实就业单位的毕业生可以将户口、档案在原所在学校继续存放两年，两年内落实就业单位的仍可继续派遣就业。[3] 2003 年，国务院办公厅发文要求，加强对失业大学生的就业登记和组织管理工作，对生活困难而又未就业的高校毕业生，在失业求职阶段给予生活和就业方面的帮助。[4] 在短期内无法就业或就业后生活仍有困难的，民政部门要提供最低生活保障或临时救助，要对就业困难的贫困学生进行重点帮扶，可适当给予经济补助，加强对离校后未就业毕业生的就业服务和社会保障工作。[5] 在国家政策规定范围内，切实落实用人单位的用人自主权，省会及省会以下城市要取消进人指标、户口指标等限制；取消限制高校毕业生合理流动的各项政策规定，允许高校毕业生跨

---

① 《关于贯彻落实国务院办公厅〈关于做好 2003 年普通高校学校毕业生就业工作的通知〉若干问题的意见》，http：//www. cnlsslaw. com/list. asp？unid = 1019，2003 - 06 - 04。

② 《国务院关于做好 1998 年普通高等学校毕业生就业工作的通知》，http：//www. chinalawedu. com/falvfagui/fg22598/3677. shtml，1998 - 05 - 17。

③ 教育部、公安部、人事部、劳动保障部：《关于进一步深化普通高等学校毕业生就业制度改革有关问题的意见》，http：//www. moe. edu. cn/publicfiles/business/htmlfiles/moe/moe_441/200501/5510. html。

④ 《关于贯彻落实国务院办公厅〈关于做好 2003 年普通高校学校毕业生就业工作的通知〉若干问题的意见》，http：//www. cnlsslaw. com/list. asp？unid = 1019，2003 - 06 - 04。

⑤ 《关于切实做好 2006 年普通高等学校毕业生就业工作的通知》，http：//www. studentboss. com/html/news/2006 - 11 - 04/5208. htm，2006 - 11 - 04。

省、市就业。建立完善的高校毕业生就业情况报告、公布、督查和评估制度，建立高校布局结构、发展规划、专业设置、招生规模、办学评估、经费投入、领导班子考核等工作与毕业生就业挂钩的管理制度和工作机制。①

二是大学生就业扶持政策。从近年来的大学生就业政策取向来看，政府一直致力于解决大学生就业流向不均衡和局部范围的就业难问题。2005 年，中央组织部、人事部、教育部、劳动和社会保障部以及共青团中央等部门联合组成调研组，在深入调查研究的基础上提出了《引导和鼓励高校毕业生面向基层就业的意见》。该意见对于整体推进高校毕业生面向基层就业工作，促进青年人才健康成长和改善基层干部队伍结构，加快全面建设小康社会的进程和构建社会主义和谐社会，都产生了积极的作用和深远的影响。2006 年，中组部等 14 个部门联合发出的《关于切实做好 2006 年普通高等学校毕业生就业工作的通知》提出，加大对高校毕业生自主创业和灵活就业的扶持力度，落实有关小额担保贷款和收费优惠政策。通过组织开展创业培训、开业指导、政策咨询、项目论证和跟踪辅导等"一条龙"服务，搭建毕业生自主创业"绿色通道"②。2011 年，国务院发文提出要拓展毕业生就业领域，鼓励引导高校毕业生面向城乡基层、中西部地区以及民族地区、贫困地区和艰苦边远地区就业；鼓励支持高校毕业生自主创业，稳定灵活就业；加强就业指导、就业服务和就业援助。③2012 年"中央 1 号"文件《关于加快推进农业科技创新持续增强农产品供给保障能力的若干意见》提出，"加大高等学校对农村特别是贫困地区的定向招生力度"；"鼓励和引导高等学校毕业生到农村基层工作，对符合条件的，实行学费补偿和国家助学贷款代偿政策"；"深入推进大学生'村官'计划，因地制宜实施

① 《关于进一步做好 2004 年普通高等学校毕业生就业工作的通知》，http：//www. gov. cn/gongbao/content/2004/content_ 62764. htm，2004 – 04 – 17。

② 《关于切实做好 2006 年普通高等学校毕业生就业工作的通知》，http：//www. chrm. gov. cn/contents/942/60571. html，2006 – 06 – 03。

③ 《国务院关于进一步做好普通高等学校毕业生就业工作的通知》，http：//news. xin-huanet. com/politics/2011 – 06/02/c_ 121489536. htm，2011 – 06 – 02。

'三支一扶'、大学生志愿服务西部等计划"①。

当前，中国已初步形成了较完整的大学生就业政策支持体系。在以市场为导向的自主择业的制度环境下，就业政策导向主要是为毕业生和用人单位营造相对自由的就业和用人环境，毕业生可以自由地选择就业单位和就业地点，用人单位也有较大的自主权按照自身发展需要招收合适的人才。随着经济利益主体的多元化以及高等教育大众化，大学生就业政策价值取向开始发生"裂变"，国家政治需要不再是大学生就业的唯一强制性标准，各方面利益诉求都得到了兼顾，国家利益、社会利益、学校利益以及个人利益都得到了很大程度的调整，各方利益逐渐趋于平衡或协调。大学生就业政策取向的多元化，对于推动大学生就业和高等教育改革产生了积极的效果，就业政策向更加有效、务实的方向发展。

## （二）就业指导与服务：不可或缺的桥梁

随着市场经济体制的建立和劳动人事制度改革的不断深入，大学就业工作不再局限于事务性管理、程序性管理，工作职责进一步拓展，由单纯的管理职能逐渐转向管理、指导和服务"三位一体"；工作对象趋于多元化，由单纯的让学生就业逐渐转向由教师、学生、用人单位、政府等相关主体合作促进和帮助大学生就业。大学生就业指导和服务作为毕业生与用人单位之间联系的"桥梁"，也呈现出一些新特点。

一是就业指导专业化。就业指导专业化是指运用就业指导理论和技能对不同类别的大学生进行分类指导，按照专业和学科类别或者根据大学生的就业要求、期望等不同情况，由受过专门训练的、掌握专业知识与技术的就业指导老师针对不同类型的学生进行分别指导与咨询。就业指导老师不仅要掌握就业指导的方法和技巧，还需要深入研究国家宏观就业政策以及社会经济发展趋势对大学生人才资源的需求，有针对性地

---

① 《中共中央、国务院关于加快推进农业科技创新持续增强农产品供给保障能力的若干意见》，http://news.xinhuanet.com/fortune/2012-02/01/c_111478116.htm，2012-02-01。

组织和实施就业指导工作。

二是就业指导人本化。现代就业指导和生涯规划理论要求大学生就业指导必须体现"以人为本"的教育理念。大学生就业指导就是要引导学生根据自身特点、个人能力和发展潜力选择职业；帮助学生认识自我、认识社会、了解未来的职业性质与岗位需求，树立合理的职业观念；引导大学生形成职业意识，培养大学生学习能力、创造能力、适应能力以及职业技能；引导大学生在择业过程中实现"人职匹配"，引导学生重视将个人发展与企业发展结合起来，帮助学生做好学业发展规划和职业发展规划设计。

三是就业指导学科化。大学生就业指导学科化就是把大学生就业、职业发展规划和就业能力培养相关的课程，如社会学、教育学、心理学、人力资源学、信息科学、交往礼仪等课程纳入高校人才培养方案，并将大学生就业指导作为专门的学科领域进行研究。大学生就业指导学科化不仅要研究大学生就业问题，而且注重就业课程的教学效果与专业队伍建设。目前，从事大学生就业课程教学与实践研究的专家日益增多，专业能力和专业素质不断提高；大学生就业指导已初步形成独立的理论体系和实践教学体系，理论指导和解决实际问题的能力逐步提升。

四是就业指导多元化。大学生就业指导多元化，不仅是指形式的多元化，而且也包括内容的多元化。传统的大学生就业指导形式以说理、灌输、就业程序管理为主。目前，大学生就业指导形式日益完善，形成丰富多样的就业指导活动体系，主要包括专家讲座、个案咨询、就业实习和见习、就业招聘会、职业规划、信息发布等形式。在就业指导内容上，针对不同学科、不同专业、不同地区以及不同性别的学生采用不同的就业指导内容。由于大学生就业指导是一个长期的、连续的工作，根据不同年级和不同发展阶段学生的就业需求，就业指导内容也有所侧重。

### （三）社会就业服务：不可或缺的保障

大学生就业不仅仅是高校或政府的责任，社会或用人单位也担负着义不容辞的责任。高校是为社会培养人才，社会不能仅仅是坐等接纳人才，而要为大学生就业和创新创业创造良好的环境；大学毕业生从学校走向社会，有一个很长的适应期，这就要求社会或用人单位承担大学生就业或就业后教育和培养的责任。

一是就业信息服务。就业信息服务是大学毕业生就业服务的重要内容。在大学生就业过程中，主要问题是就业信息不充分、不对称、不流畅，一方面，毕业生因为就业岗位信息不充分而找不到适合就业的用人单位；另一方面，用人单位也因为毕业生信息不充分而难以招到合适的毕业生。长期以来，毕业生获得就业信息和落实就业单位的主渠道是各类招聘会以及毕业生供需见面会；随着互联网的快速发展，网上求职也越来越受到毕业生和用人单位的欢迎，但网络资源开发与管理以及信息平台建设相对滞后，是当前大学生就业信息服务亟待重视的问题。因此，加强大学生供求信息网络和就业中介机构建设，加快就业信息资源整合、管理和开发，使毕业生、用人单位和高校能够迅速有效地获取毕业生供需信息，为大学生就业提供更加有效、更为快捷的信息服务。

二是提供就业援助。就业援助是社会公共就业服务的重要内容，是社会公平在就业领域的具体体现，通过对失业大学生提供就业服务，提供就业帮扶和职业培训，使大学生能够在较为和谐的社会心理环境中更快实现就业。尤其是对弱势大学生就业群体，如残疾大学生、特困生、零就业家庭大学生等，应通过专门失业援助体系和帮扶政策来促使他们尽快就业。实践中，公共就业服务机构要优先考虑弱势大学生群体的就业问题，通过提供培训补贴、贷款补贴、创业优惠政策等多种方式，帮助他们顺利实现就业。

**（四）就业法律保障：必不可少的后盾**

完善的就业法律法规是保障大学生就业权益的重要手段和基本依据。目前，大学毕业生就业权益主要体现在宪法、劳动合同法、高等教育法、就业促进法、政府以及职能部门的规章制度和学校就业政策中。

《宪法》是具有最高法律效力的根本大法，公民依法享有劳动权利、劳动者的休息权利和公民在丧失劳动能力时有获得物质帮助的权利。《劳动法》旨在保护劳动者的合法权益，调解劳动关系，维护劳动制度，促进经济发展和社会进步。《促进就业法》旨在促进就业，保障经济发展与扩大就业相协调，促进社会和谐稳定。《反就业歧视法》确立了就业歧视的内涵和外延，对常见的就业歧视类型进行列举，并针对就业歧视做出了明确的法律规制。《失业保险条例》对保险金的来源、享受保险资格、享受条件和监管等都做出了明确规定，其宗旨就在于为毕业生就业提供坚强后盾，使大学生在就业过程中免除后顾之忧。劳动和社会保障部及国务院等相关部门相继颁布了《职业指导办法》《就业培训法》《境外就业中介管理规定》《劳动力市场管理办法》《中小企业促进法》《特殊群体就业促进法》《居民最低生活保障法》《再就业促进法》等多部法律。这些法规规章都从不同角度涉及大学生就业工作，使得大学毕业生的就业指导、就业培训、就业市场发展、就业社会保障、就业援助等方面的工作都有了相对可靠的法律保障。

## 四　小结

从中国高等教育改革与发展的进程而言，大学生就业制度体系是中国特色高等教育制度体系的重要组成部分，是伴随着中国高等教育体制改革而逐渐完善与发展的，也是保障中国高等教育健康发展的制度性保障，具有鲜明的中国特色。大学生就业问题不仅仅是教育问题和人才培养问题，同时也是社会问题和经济问题，因此，必须把大学生就业保障制度体系建设置于高等教育大众化、产业结构调整与经济发展模式转换，以及大学生就业体制转型背景下进行思考。当前，中国大学生就业的现实环境主要表现在大学生就业市场发育迟缓、产业结构与就业结构不匹配、经济增长与就业需求失衡、大学生就业不确定性增加上，实践中亟待从大学生就业政策、就业指导与服务、就业社会服务、就业法律法规等方面，建立与完善中国特色的大学生就业保障制度体系。

# 第三章　大学生就业政策保障
# 体系建设及其实践

当前，中国是世界上高等教育规模最大的国家，相应地，每年的大学毕业生人数也居世界首位，因此如何保障大学生顺利就业不仅关系到高等教育和社会经济的可持续发展，而且是有效配置人才资源，避免人才资源闲置和浪费，以及建设人力资源强国的重要课题。随着中国市场经济的发展以及大学生就业市场的发育，一方面，市场机制在大学生人才资源配置中发挥着越来越重要的作用；另一方面，政府在大学生就业过程中的作用与责任更加凸显，市场机制和行政机制已经成为促进大学生就业的基本制度保障。值得指出的是，政府虽然是大学生就业保障体系中的重要主体，但不是唯一主体，它需要与高校、市场和社会等多元主体协同推进大学生就业工作，纾解大学生就业难题。2002年，教育部等部门发布的《关于进一步深化普通高等学校毕业生就业制度改革有关问题的意见》指出，"进一步解放思想、转变观念，深化高校毕业生就业制度和社会用人制度等方面的改革"；"建立市场导向、政府调控、学校推荐、学生与用人单位双向选择的就业机制，努力实现高校毕业生的充分就业"。也就是说，政府要在明确社会经济发展、人才资源配置以及高等教育发展战略目标的基础上，选择可行的实现路径，转变政府职能，创新大学生就业管理体制以适应大学生就业的新要求。

在大学生就业过程中，我们强调政府的责任，并不意味着政府完全替代高校、市场和社会的作用。实践中，只有恰当界分政府与高校、市场和社会之间的边界，政府才能真正调控和引导大学生就业，形成政策的累积效应，把大学生就业的相关政策落到实处。那么，如何划分政府与高校、市场和社会之间的边界？这一问题的答案不可能在抽象的讨论中获得。从政府的角色以及可能的调控手段方面而言，政策及其实效分析的视角无疑是不错的选择。本章拟从评述中国政府现有大学生就业政策出发，构建大学生就业保障的政府与高校、市场和社会之间关系的分析框架，进而提出大学生就业保障制度建设的相关建议。

# 一 大学生就业政策保障体系的内容与特点

近年来，高等教育规模的迅速扩大，严峻的经济发展环境，使大学生"就业难"问题日益突出。这一方面是因为就业市场的供求失衡，从整体上看，经济发展所带来的就业岗位的增加无法满足快速增长的大学毕业生的就业需求，"供大于求"成为大学生就业市场毋庸争辩的事实；另一方面，由于大学毕业生知识、技能不能达到就业岗位的需要，并且在工资待遇、就业理念、人生规划等各个方面供给方和需求方之间存在着很大差异，出现了"有业不就"的结构性失业状况。[①] 面对这一日益尖锐的矛盾，国家从宏观上制定了一系列促进大学生就业政策，各级地方政府也根据自身具体实际，制定了相应的地方性的大学生就业促进政策。从实际成效而言，这些政策规范了大学生就业市场，客观上促进了大学生就业，成为大学生就业的基本制度保障。

## （一）大学生就业政策保障体系的分类

### 1. 大学生就业政策体系的分析模型

大学生就业政策体系是个内涵广泛的概念，政策覆盖面广，包含多元化的政策元素。为了厘清各部门在大学生就业政策制定与实施过程中

---

① 付佰颖：《公共经济学视角下的就业问题的思考》，《东北财经大学学报》2006 年第 2 期，第 83—85 页。

所扮演的角色，我们从供给促进政策、需求促进政策和供求匹配促进政策三方面厘清高校、大学生、用人单位、政府、就业市场等利益相关主体在就业政策中的角色定位，阐述利益相关者之间的相互关系及其内在逻辑（见图 3 - 1）。

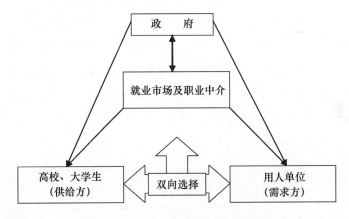

**图 3 - 1　大学生就业政策分析模型**

图 3 - 1 中，由"政府"到"高校""大学生"（供给方）的箭头代表着政府通过供给促进政策作用于高校及大学生；通过与高校的信息共享、及时沟通和合作，提升大学生的就业技能和就业竞争力。同时，政府作为"调节器"通过一定的就业指导政策和就业信息引导高校改革人才培养模式、优化高等教育资源，促进学生发展与市场需求接轨，避免学生无视社会需求，"闭门深造"，避免"眼高手低"，以及"毕业即失业"的情况出现。

图 3 - 1 中，从"政府"到"用人单位"和"就业市场及职业中介"的箭头代表政府通过需求促进政策和宏观调控政策实现对大学生就业市场的调节和引导，政府可以通过产业结构调整，积极的财政政策和适当宽松的货币政策，从宏观上拉动经济增长，创造更多的大学生就业机会。政府通过对大学毕业生实施自主创业和创业激励政策，带动大学生就业和创业。同时，通过政府导向的户籍制度、人事制度等公共政策改革，消除大学生自主择业、自由流动就业的制度壁垒，形成用人单

位与大学生之间"各取所需"的人力资源配置机制。

政府、高校及大学生、用人单位、就业市场或职业中介之间综合联动，在供求匹配政策的作用下相互联系、相互作用，政府通过供求匹配政策，主要发挥其宏观调控、政策指引、市场规范的相关职能。与此同时，职业中介机构为大学生提供就业市场信息，开展职业指导和就业服务，使大学生能够根据自身的职业目标搜寻用人单位或就业岗位，获得理想职业。此外，用人单位与就业市场和职业中介机构之间又必须保持紧密的联系，形成及时的信息沟通、信息共享机制，就业市场和职业中介机构为用人单位提供全面、系统的大学生就业信息，使用人单位能够及时招聘到理想的专业人才。

## 2. 大学生就业政策体系的分类

大学生就业政策体系从总体上可以分为八大类。从供求关系的视角来看，高校和大学生是人才资源的供给方，因此供给政策包括高校人才培养政策和就业指导、服务政策两类；用人单位和就业市场作为就业的需求方，其需求政策包括招考录用政策、创业扶持政策和宏观调控政策三类；供求匹配政策的出发点是协调供给方与需求方的共同关切，促进供需对接，保障就业工作的顺利开展，这类政策在执行上需要就业供给方和需求方共同协作才能达到预期目标。如果大学生的供给与用人单位和就业市场需求失衡就会导致大学生就业问题。具体原因有三：第一，高等教育进入大众化阶段，高校招生与毕业生总量扩张，其输出量远大于社会需求量，导致大学生总量过剩；第二，高校专业设置、课程开设、人才培养模式不适应社会对人才的实际要求，人才培养质量达不到社会的要求，导致结构性失业；第三，大学生就业难以获得完全有效信息，产生信息不对称，导致摩擦性失业。可见，大学生就业政策的制定就是要调节作为供给方的高校和大学生与需求方的用人单位和就业市场之间的关系。因此，大学生就业政策中的供求匹配政策包括就业市场法规政策、就业准入政策以及就业信息保障政策三类。上述政策分类只是相对而言的，实践中，八个方面的政策相互连贯、相互支撑，共同构成大学生就业政策支撑体系（见图3-2）。

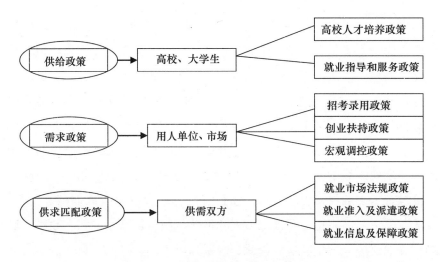

**图 3 - 2　大学生就业政策体系分类图**

## （二）大学生就业政策保障体系

### 1. 就业供给政策

从狭义上讲，"供给"就是指把生活中必需的物资、财产、资料等元素给需要的人使用，从广义上讲，是指拥有方给予需求方的过程。大学毕业生可以看作高等教育系统"生产"出来的"产品"，高校是生产这一"产品"的"供方"。因此，在大学生就业过程中，人才资源的供给方是高校和大学生。就业供给政策就是将高校和大学生作为就业责任主体而制定的相关就业促进政策，主要包括高校人才培养政策和就业指导与服务政策。

第一，人才培养政策。大学生就业质量与人才培养质量密切相关，人才培养质量高、社会适应能力强，毕业生就会受到社会和用人单位的欢迎，大学生就业就不会成为问题。近年来，教育部或省级教育主管部门围绕着提高人才培养质量或大学生就业制定了一系列政策，对促进大学生就业、培养大学生就业能力、推进高等教育人才培养模式改革发挥了重要的引导作用。因为"从某种意义上讲，高校人才培养模式改革与劳动力市场的多元化需求是密切相关的。不同的社会服务面、不同的工作岗位技术层次，需要不同类型和不同层次的人才"；"所谓结构性失业，表面上看是大学毕业生数量供大于求，实际上是人才培养模式单一化的反映。因此，高校人才培养模式改革是解决大学生就业问题的根本途径"①。国务院批转教育部《关于加快改革和积极发展普通高等教育意见的通知》（1993）、《关于加强高等学校本科教学工作，提高教学质量的若干意见》（2005）等，以及 2010 年发布的《国家中长期教育改革和发展规划纲要（2010—2020）》，明确提出"育人为本"是高等学校教育工作的根本要求，提高质量是高等教育改革发展的核心任务。在此背景下，高校也在积极探索人才培养机制，创新人才培养政策，以期更好地促进大学生就业。由此，一系列以市场为导向、以促进学生就业为目的的高校人才培养模式改革全面展开。

2010 年 11 月，同济大学、大连理工大学等 10 所高校组成了"卓越人才培养合作高校"，通过选拔基础扎实、创新实践能力强、具有社会责任感、团队合作精神和卓越人才培养潜质的优秀学生进行联合培养。50% 的"卓越计划"专业本科毕业生通过保送直接攻读工程硕士；参与"卓越计划"的学生被纳入企业的订单式培养计划，促进学生在本科学习期间养成就业意识，提高就业所需的实际能力。由部分高校、企业、地方政府、科研院所通力合作，形成了生产、学习、科学研究、实践运用"四位一体"的"政用产学研"人才培养模式。这种模式充分运用企业、政府、科研院所和高校的资源优势，使学生在大学学习阶段尽早了解企业和社会的人才需求情况，促进大学生技能培养和知识学习与社会需求相契合，提高大学生的就业能力。另外，为避免学术型研究生扩招而导致的质量下降，教育部决定从 2010 年开始减少科学型硕士，增加全日制专业硕士学位，"全日制专业型硕士"成为中国全日制研究生教育体系的重要组成部分。专业型硕士重点培养学生的工程研究能力，成为应用型高级人才。专业硕士教育实行"1 + 1"模式培养，

① 马廷奇：《人才培养模式 劳动力市场与大学生就业》，《高等教育研究》2013 年第 3 期，第 34—39 页。

即 1 年在校学习，1 年与企业联合培养。这在一定程度上有利于提高大学生专业技术能力、综合竞争力和就业能力。

第二，就业指导和服务政策。就业指导和服务政策贯穿整个就业工作全过程，在毕业就业前期，为毕业生提供就业信息、就业指导、岗位分析等服务工作；在毕业后为学生提供毕业后就业服务保障，使毕业生尽快进入工作状态，实现高质量就业。具体服务内容包括指导就业方向、传递就业信息、进行职业生涯规划教育、组织就业招聘活动、开展就业法律法规咨询，等等。基于此，国家出台了一系列相关政策，如《普通高等学校毕业生就业工作暂行规定》（1997）、国务院及各地方政府每年年初下发的"毕业生就业工作的通知"以及教育部颁布的《关于进一步深化教育改革，促进高校毕业生就业工作的若干意见》（2003），这些政策及相关法规均是从就业供给方的角度出发，对就业指导和服务工作进行规划、部署的政策文件，内容涉及深化教育改革，完善高校结构布局和专业设置，加强学科建设、就业政策宣传，实现就业信息共享以及加强大学生就业保障等方面。2009 年出台的《国务院办公厅关于加强普通高等学校毕业生就业工作的通知》更是明确规定，高校要强化对大学生的就业指导，开设就业指导课并作为必修课程，重点帮助毕业生了解就业政策，提高求职技巧。与此同时，地方各级政府和教育主管部门在执行国家相关就业政策的同时，也因地制宜地结合本地区经济社会发展的特点出台了地区性的就业指导服务政策。如深圳市出台《企校就业信息共享管理办法》等政策，旨在促进优势企业与高校间建立信息沟通和共享机制，保证就业信息的准确性和时效性。

2. 就业需求政策

"需求"是相对于"供给"而言的，指购买商品或劳务的愿望和能力，在整个就业活动中，高校和大学生是供给方，作为需求方的则是用人单位和就业市场，因而就业需求政策则是从用人单位和就业市场的视角而制定的，目的在于促进大学生就业工作健康有序地开展。就业需求政策的根本目的在于通过扩大就业需求，创造新的工作岗位，"以需促供"，主要包括招考录用政策、宏观调控政策以及创业扶持政策三类。

第一，招考录用政策。招考录用政策是各级政府通过公开招考的形式录用相关行政机构工作人员的政策。大学生是国家宝贵的人才资源，也是人力资本的供给方，招考录用政策在很大程度上是根据用人单位的需求来确立和施行的。在现阶段的招考录用政策中，招考面最广、力度最大的要数国家公务员统一考试和各省、市、区的统一公务员考试，即所谓的"国考"和"省考"。公务员体系中一些行业系统也会根据岗位设置和需求状况组织统一的招录，如司法系统的专门考试、财税系统的单招考试等。从政策价值取向来看，国家主要是从宏观层面对招考录用政策进行法律和制度上的规范。2006 年颁布的《中华人民共和国公务员法》对整个公务员招考录用过程、录用规范、录用标准及录取程序等进行了详尽的法律规定。地方各级政府也在《公务员法》的设定范围内，结合具体情况出台了公务员招考录用规范和政策文件。事业单位招考属于公务员招考的一个特殊形式，对于这方面的招录工作国家也出台了一系列规范文件，最有代表性的文件是 2006 年由人事部印发的《事业单位岗位设置管理试行办法》。该"办法"一方面对公务员及事业单位招录人员的报考人身份、招考流程和录取人权利义务做出了明确规定，另一方面体现出对大学毕业生就业工作和报考公务员或事业单位的支持。《公务员法》及"办法"明确了应届毕业生的定义；在招考岗位设置上，有一半以上岗位明确要求只招应届毕业生。招考录用政策的制定和实施，在一定程度上增加了社会就业需求，促进了大学生就业。

第二，就业激励政策。大学生就业激励政策指的是从国民经济和社会发展的大局和战略高度出发，鼓励和促进大学生就业的政府导向性政策。政策激励客体包括各级地方政府、行业企业、大学生个体等。激励政策涉及面广，内容丰富，并随着社会就业环境的变化以及毕业生供求状况而进行适应性调整。目前，主要有基层就业项目、"西部计划"和"三支一扶"计划、参军入伍政策、"特岗教师计划"和"选调生计划"等国家宏观政策。参军入伍政策起初并非以促进大学生就业为目的，随着近年来军队建设的现代化、科学化和数字化发展，对新时期军事人员的素质要求也越来越高。大学生拥有较为扎实的专业知识，学习能力强，整体素质高，符合军队对军事人才的需求标准。在就业形势日益严峻的现实状况下，参军入伍政策成为促进大学生就业的新途径。在这种背景下，国家结合军队现代化建设需求以及整体的大学生就业形势，通过出台相关政策鼓励大学毕业生参军入伍，不仅是"多赢"之举，也是合理配置大学生人才资源的主要途径。

大学生就业激励政策的制定和执行需要从中央到地方各级政府部门的协调和支持，行政职能部门只有相互配合、共同合作，才可能顺利推进激励政策的实施。大学生就业激励政策的主要特点是政策倾斜性比较明显，如大学生"三支一扶"计划，是通过公平、公开、自愿原则选派大学生到农村地区"支教、支农、支医和进行扶贫开发等方面工作"，该政策的出发点与"西部计划"相类似，不同之处是由区域性差别转为经济发展水平的差异，是为鼓励大学生去农村和贫困地区就业而制定的就业需求政策。对于去基层和贫困地区就业的大学生，国家一方面实行学费和助学贷款代偿政策，为大学生安心基层工作减轻经济负担；另一方面给予生活补贴和政策性福利，在政策范围内提高毕业生的福利待遇和经济收入。

第三，创业扶持政策。创业是就业的一种特殊形式，是大学生就业的新途径。近年来，中国政府相继出台了一系列支持和鼓励大学生自主创业的优惠政策。2002 年，国务院办公厅发布文件规定："要大力支持和鼓励大学生自主创业，相关行政部门要积极给予支持和配合，工商和税收部门对于大学生创业要尽量简化审批手续。"2003 年 6 月，国家工商总局颁布《关于普通高等学校毕业生从事个体经营有关收费优惠政策的通知》，为鼓励大学生多样化就业提供了一个较为全面的政策支持蓝本。同时，为鼓励大学生灵活就业和自主创业，开发新的就业途径，拓宽新的就业渠道，人力资源和社会保障部还积极部署，开展了形式多样的创业教育和培训。近年来，大学生创业扶持政策已经形成较为完善的支持体系，主要优惠扶持政策包括税收优惠、小额担保贷款和贴息支持、免收有关行政事业性收费、享受创业培训补贴、有关机构提供免费创业服务、取消毕业生创业落户限制，等等。

近年来，以创业带动就业的模式越来越被政府和高校认同和接受，许多地方政府都结合本地就业实际和经济社会发展情况，相继出台了促进大学生创业的政策。辽宁省设立省、市"大学生创业资金"，通过省、市财政和社会两条渠道为大学生自主创业筹集扶持资金。2007年，辽宁省启动了"大学生创业工程"。省财政设立"辽宁省大学生创业资金"5000万元；每个市都设立大学生创业基金不少于500万元，沈阳市、大连市不少于1000万元。作为大学生创业项目的引导性基金，资金使用方式分为资助型和投资型。大学生创业项目申请资助型资金的额度一般为2万至10万元。同时，该省还以大学生创业孵化基地为平台，充分利用大连理工大学、东北大学、沈阳工业大学等高校的国家级和省级科技孵化基地和创业园，全面推动大学生创业孵化体系和机制建设。深圳作为改革开放的排头兵，全方位、多领域、大幅度支持大学生创业。2011年深圳市政府在福田景田片区建立了一个4000平方米的大学生创业园，让有自主创业想法的大学生能集中进行创业，同时在创业园内引入一批服务机构，包括专利申请、资格认证、财务处理等。大学生创业还可以在公司注册资金上实行"一元注册"，并在贷款担保和贷款利息上给予较多的政策扶持和倾斜。

3. 就业匹配政策

大学生就业是一项系统工程，需要多元主体之间协同与合作。大学生就业匹配政策是从供给方（高校及大学生）和需求方（用人单位和就业市场）以及政府三个方面制定的促进大学生就业的相关政策，主要包括就业市场法规政策、就业准入及派遣政策以及就业信息保障政策。

第一，就业市场法规政策。大学生就业市场不是"自由市场"，而是在政府有关政策约束和规制下的就业市场，通过运用制度监管、政策调控，充分运用市场机制，包括通过自主择业和双向选择机制，实现大学生人才资源的流动和合理配置。大学生就业市场法律政策，大致可分为三个层次。一是由全国人大及其常委会制定的规范就业市场的相关法律，如《劳动法》《合同法》等；二是国务院各部门制定的部门规章，以及一些有约束力的重要通知等，如教育部等部门每年发布的关于大学生就业工作的"通知"等；三是地方政府出台的与大学生就业相关的地方性法规或地方性政策规定，如《北京市劳动合同规定》《北京市人才市场管理条例》等。就业市场法规政策层级不同，涉及范围、管理幅度、执行效力等也各有不同，但总体上说，就业市场法规政策对于大学生就业市场的规范和发展，以及促进大学生就业起到了"保驾护航"的作用。一方面，各类就业市场法规政策的实施需要人力资源、公安、教育、司法等多部门相互配合，共同协作对就业市场进行管理和规范；合理有序的就业市场可以促进大学生更加公平地参与人才市场竞争，顺利实现就业；另一方面，就业市场法规中关于劳动合同的相关政策有利于保障大学生在就业过程中的基本权利，维护大学毕业生的合法利益。

第二，就业准入与派遣接收政策。就业准入政策是指大学毕业生被获准进入某些地区、行业、职业等的相关政策。[①] 一是地区准入政策。某些地区会根据自身实际出台具体的准入政策，尤其是北京、上海、深圳等一线城市，几乎每年都会出台关于接收非本地生源大学毕业生有关问题的政策性文件。二是职业准入政策。职业准入政策是指根据《劳动法》和《职业教育法》等有关法律规定，对从事涉及国家财产、生命安全和消费者利益、通用性广、技术复杂的职业或工种的劳动者，应当经过专业技能培训，在其取得相应职业资格证书之后方可就业上岗。

派遣与接收政策是指针对大学毕业生到就业单位报到的全过程所制定的系列政策和规制措施。该政策以普通高等学校毕业生和国家计划招收为地方培养的军队院校学生为调配派遣对象。教育部《面向21世纪教育振兴行动计划》（1999年）规定，从"计划"颁布第二年起，取消"派遣证"的颁发，改为向毕业生发放"就业报到证"，提出逐步建立较为完善的毕业生就业制度。这标志着中国大学生就业制度"计划—分配—派遣"的"计划性程序"已经成为历史，开始转向以市场为导向的新的大学生就业制度。这项政策一方面扩大了高校毕业生择业

---

① 林冶、郭成桥：《大学生就业政策思考》，《人才开发》2007年第2期，第7—9页。

的自主权，使高校可以根据社会经济发展和就业市场的反馈信息，及时准确地掌握社会对毕业生的需求动态，合理调节人才培养规划；另一方面用人单位有了更多的用人选择权，有利于用人单位择优选才，实现人力资源的合理配置，促进大学毕业生就业。

第三，就业保障政策。近年来，受大学扩招及经济危机的影响，就业形势十分严峻，相当一部分学生处于"毕业即失业"的尴尬境地，成为毕业生中的弱势群体。即使是已经就业的高校毕业生，因其初次就业缺乏相关经验和法律知识，容易在工作中与用人单位产生劳资纠纷，权益得不到应有的维护。因此，为解除已就业和暂未就业的大学生的后顾之忧，国家出台了一系列社会保障政策及权利维护政策。当然，《中华人民共和国劳动法》《中华人民共和国合同法》等法律对劳动者的保护措施同样适用于高校毕业生，同时，国家还专门出台了针对大学生就业合法权利的保障政策。根据相关就业政策规定，毕业生拥有被推荐权、选择单位权、获取信息权、接受就业指导权、公平待遇权、违约及求偿权等就业过程中的多方面权益；对于基层就业的大学生，不少地方出台了就业社保补贴、培训补贴、税费减免、毕业生落户、人事档案管理等政策。

## （三）大学生就业政策体系的实践特点

随着经济社会和人才市场的发展以及大学生就业制度改革，大学生就业政策及其内容逐渐丰富和完善，逐步形成多元、广泛、规范的政策特征。当前大学生就业政策所涉及的责任主体由以下两类群体组成：一是作为供给方的高校和毕业生，二是作为需求方的用人单位。大学生就业政策旨在通过供求主体以及利益相关方之间的相互作用、协同配合以实现政策目标。与大学生就业制度环境相适应，中国大学生就业政策体现出两个基本特点。

### 1. 大学生就业政策的可行性逐渐增强

实践中，中国大学生就业政策的制定及就业制度改革越来越体现出与时俱进、求真务实的特征，并体现出坚持以市场为导向，以自主择业为动力，重视政策制定依据和政策可行性的实践特点。从与大学生就业的相关法律而言，《就业促进法》的颁布施行是就业政策步入法制化轨道的一个重要标志，在就业制度化、法制化进程中具有里程碑意义，同时也对大学生就业提供了可靠的法律保障。在大学生就业政策制定与实践过程中，高度重视政策科学性、合理性和现实可行性。高等教育实施扩招政策以来，教育部每年都下发"普通高等学校毕业生就业工作的通知"，对大学生就业工作做出总体部署和具体安排，不同省市根据经济发展和大学毕业生实际状况，在遵循国家大学生就业基本制度框架的基础上，制定符合本地区实际的就业政策。2014 年，上海市在教育部"通知"的基础上发布的《关于做好 2014 年上海高校毕业生就业工作的通知》，就是根据上海市实际以及上海市每年就业人员的层次、知识结构而做出的有针对性的地区性就业政策；同时，该通知总结了上海市2013 年大学生就业政策实际执行情况，并对实施过程中所出现的问题在新政策中予以改进，确保就业政策的有效落实。

2. 大学生就业政策涉及面较广

一是大学生就业政策涵盖面广，参与主体呈现出多元化特点，涉及教育、经济、社会、文化、金融、公安等多个领域和部门。实践中，一项好的就业政策的制定和实施远远不是一两个部门就可以完成的，如《湖北省关于切实做好当前普通高等学校毕业生就业工作的通知》就明确了参与此项政策执行的部门有"各市、州、直管市、神农架林区党委组织部、宣传部、编办、教育局、发展改革委、公安局、民政局、财政局、人事局、劳动保障局、工商行政管理局、扶贫开发领导小组办公室、团委、中国人民银行武汉分行营业管理部、湖北辖区内各中心支行、各普通高等学校"；在政策实践层面，党委相关部门要加强领导，明确目标，统领全局；政府相关部门，如教育局、发改委、公安、民政、财政、人事、劳动保障、工商行政管理等部门负责具体落实就业政策，组织实施好相应基层项目计划、创业扶持计划等就业计划，给予一定的资金和社会保障支持；宣传部门要加强思想政治教育和正面的宣传引导，营造良好的就业氛围。可见，当前就业政策的制定和实施是一项综合性的系统工程，需要多部门的相互配合、联合行动。实际上，无论是大学生招考录用、就业指导或是信息服务、大学生创业扶持，其执行主体和所涉部门都相当广泛，不可能仅靠一个部门或机构来执行和完成。近年来多部门联合颁布大学生就业政策的现象说明，多部门联合执行就业政策，责任明确、相互协作已成为大学生就业政策制定和实施的主要特点。

二是大学生就业政策内容广泛，涉及人才培养、就业指导、职业生涯规划、求职推荐、法律合同、社会保障、户籍改革、档案管理等；不同区域、不同层级政府根据各自特点也颁布了相应的针对性政策。这些政策不仅制定主体不同，执行主体也不同。大学生就业相关主体不仅包括政府、高校和学生，也包括用人单位、就业市场和社会就业中介组织。在市场经济条件下，大学生就业实践呈现出越来越开放、多元、自主的实践特征，需要相关政策规范不同主体的行为，确保不同主体的责任到位；同时，政策内容的多元化需要政策之间相互协调、相互支撑，避免发生政策在大学生就业实践中相互抵牾和矛盾的现象，影响就业政策的执行效率和全面落实。

3. 大学生就业政策的激励性显著提高

随着社会经济改革和社会转型的不断深入，市场经济在社会经济发展中的决定性作用日益显著，经济环境的变化要求政府加快职能转变，提高服务意识，给予作为市场主体的用人单位和办学主体的高校更多的用人自主权和办学自主权。在这种环境下，大学生就业政策体现出明显的激励性和导向性特征。因为在实践中，大学就业工作仅仅依靠"行政命令"和说服教育已经不能适应大学生就业市场环境的变化，也不符合相关主体的利益诉求。在市场经济条件下，大学生就业政策取向注重通过多样化的激励与补偿机制予以推动和扶持就业，如通过补贴、税收减免、贷款等政策对大学创业进行扶持，对基层就业的大学生给予学费减免、优先招考等政策激励。

人力资源和社会保障部从 2009 年起，对于服务基层的"三支一扶"人员在公务员招考中根据服务年限实行加分，每年由省级财政拨付专项资金给予"三支一扶"大学生公共补贴。对于优秀应届大学毕业生考取地方"选调生"的，给予一定的政策扶持。《湖北省选调生选拔培养管理办法》规定："凡到乡镇以下（含乡镇）工作的选调生，试用期内执行试用期满后的工资福利待遇，期满后可高定1至2档职务工资；对安排到国家级贫困县、省级扶贫开发重点县和其他县市贫困乡镇工作的，可直接执行转正定级工资，高定2至3档职务工资，并享受相应的津补贴及福利待遇"；"选调到乡（镇）工作的硕士、博士研究生，可直接明确为主任科员。选调到乡（镇）工作的博士研究生，若选调前已有两年以上基层工作经历的，可直接明确为副县级干部；若选调前没有两年以上基层工作经历的，在乡（镇）工作两年后，经考察，表现优秀的，可破格提拔为副县级干部"[①]。大学生就业政策激励有利于增强大学生就业尤其是到基层就业的积极性，扩大毕业生就业范围和就业渠道；同时，为了鼓励大学生通过创业带动就业，政府鼓励和支持大学生到基层自主创业和灵活就业，并为大学生自主创业提供贷款担保和贴息补贴。

## 二　大学生就业政策保障体系的实践限度

改革开放以来，中国政府对大学生就业问题的关注可以分为两个阶段。第一阶段是1985—2001年，以《中共中央关于教育体制改革的决定》正式提出的"改革大学毕业生分配制度"为标志，以改革计划经济体制下的"统包统分"为主要内容，形成了"双向选择、自主择业"的改革思路，从而极大地激发了高等教育办学活力，提升了大学生人才资源的配置效率。第二阶段是2002年至今，以《关于进一步深化普通高等学校毕业生就业制度改革有关问题的意见》为标志，以促进大学生顺利实现就业为目标，以服务大学生就业为主要内容，逐步形成了

---

① 《湖北省选调生选拔培养管理办法》，http：//www. hbfgw. gov. cn/ywcs/rsc/zcfg/201309/t20130916_ 71001. shtml。

"市场导向、政府调控、学校推荐、双向选择"的改革思路，对解决高等教育大众化进程中的就业问题、促进人才资源合理配置发挥了重要作用。本节对新世纪的大学生就业政策进行回顾和评述，主要集中分析就业需求政策、就业供给政策和就业服务政策及其实践限度。①

### （一）就业需求政策的实践限度

促进大学生顺利就业、实现人才资源有效配置，是政府关于大学生就业政策的主要目标，而如何增加就业机会、创造新的就业岗位是其核心内容。在这方面，现有大学生就业政策集中体现为国家干预的特征，强调大学生就业对社会稳定、促进经济发展和人才资源有效利用的重要性，重视利用国家所掌握的资源和行政手段，采用调控和激励政策实现大学就业需求的扩大和就业市场的稳定。同时，随着市场经济的发展，经济活动主体的自主化程度的增强，大学生就业需求的市场化要求日益凸显，政府也开始在调控就业需求中引入市场竞争机制。

国家利用政策刺激和创造就业岗位，是政府支持大学生就业和解决大学生就业问题的重要表现。近年来，相关政策反复要求各级政府"把高校毕业生就业摆在就业工作的首位"，并出台了多项政策为大学生创造就业岗位，如"大学生志愿服务西部计划"（2003 年）、"三支一扶"计划（2006 年）、"农村义务教育阶段学校教师特设岗位计划"（2006 年）、"选聘高校毕业生到村任职工作"计划（2008 年）、"科研项目单位吸纳高校毕业生就业"计划（2009 年）、"高校毕业生应征入伍"计划（2009 年）等。但从实施效果来看，这些政策的可感性和满意度还比较低。本课题组调查表明，对于参加"选调生""三支一扶""农村义务教育特设岗位""志愿服务西部计划"等基层就业项目，仅有 37.77% 的大学生明确表示愿意参加，39.51% 的学生表示不了解这些项目，不能确定是否愿意参加，而 22.72% 的大学生则明确表示不愿意参

---

① 马廷奇：《大学生就业保障制度建设与政策创新》，《高校教育管理》2014 年第 5 期，第 111—116 页。

加这些项目。对于是否愿意到农村去当"村官"，44.82%的学生表示愿意去，55.18%的学生表示不愿意去。另外，政府对大学生就业的干预特征也体现在大学生就业政策的目标和措施中。有研究者认为，中国高校毕业生就业政策呈现出强劲的路径依赖现象，政府导向是中国高校毕业生就业政策的初始禀赋。尤其是随着经济发展，吸纳就业能力的相对有限与高校毕业生就业数量迅速膨胀之间矛盾的加剧，大学生就业困难引发了一系列的社会矛盾。国家为了调和矛盾，维护政府权力的理性选择，必将出台相关政策作为矛盾的缓冲剂。① 但这必须在尊重和维护市场机制和就业市场稳定的前提下进行。在稳定与效率的双重目标下，大学生就业政策重视行政手段的强制性和高效率，试图通过政府统筹、政策激励等措施来缓解大学生就业压力。

同时，在大学生就业政策中，政府对改善大学生就业的区域结构以及鼓励大学生到中西部和基层就业给予了高度重视。尤其是在东部沿海和一线城市吸纳大学生就业相对减少的情况下，重视开拓中西部和基层大学生就业市场，并对接纳大学生就业的区域和相关单位实施经济补偿和政策辅助。应该说，就实现大学生就业区域结构平衡、开拓大学生就业市场这一目标而言，国家干预的大学生就业政策取得了良好效果。调查显示，从2010年开始，大学生就业开始出现结构性逆转。2009年，中国一线城市与二线城市劳动力需求之比为1.38∶1，到2010年，这一比例变为0.99∶1。这是二线城市的劳动力需求首次超过一线城市。同时，从外地回到家乡、从东南沿海回到中西部地区就业的"回流"现象在2011—2012年求职季也明显增加。②

毋庸讳言，仅靠政府行政推动、政策刺激大学生就业需求的可持续性十分有限，区域和产业经济结构的调整和劳动力市场的发展，要求加强大学生人才资源的自由流动和市场配置机制。实际上，近年来，中国

---

① 朱家德、胡海青：《建国以来我国高校毕业生就业政策的变迁逻辑》，《中国高教研究》2010年第4期，第66—70页。
② 黄伟、汪瑞林：《"回流"能否解决就业结构失衡之困》，《中国教育报》2012年3月20日。

高等教育大发展始终与人力资源市场不断发育联系在一起。在实践层面，大学生人才资源市场配置基础性作用的发挥，不仅仅要求政府在管理模式上，而且要在市场需求主体的多元化、市场机制的灵活性上实现创新。因此，"适应转变经济发展方式和调整经济结构"，"引导"和"鼓励"社会企业和用人单位支持大学生就业工作成为大学生就业政策表述的高频语汇。而且，现代社会生产是以市场化为取向的，企业用人自主性是人才市场发展和成熟的基本标志。

从实践层面而言，无论是项目推动还是政策引导，大学生就业问题要想得到根本解决，必须取决于社会用人单位的接纳意愿和接纳能力，必须建立在大学生就业市场日渐成熟的市场机制的基础上，否则，政府的"强制需求"政策虽然有助于解决大学生就业的"燃眉之急"，但其成效可能是短暂的。一方面，大学生到基层就业的意愿比较低，相关激励政策没能有效发挥促进大学生就业的作用。本课题组调查表明，仅有37.77%的大学生明确表示愿意到基层就业，39.51%的学生表示不了解这些政策，不能确定是否愿意参加，而22.72%的大学生则明确表示不愿意赴基层就业。同时，由于一些需求政策缺乏长远规划，很多属于过渡性、临时性和应急性的就业政策，随着服务期满，毕业生越来越多，其负面作用和累积的压力开始逐渐显现。因此，政府如何超越国家干预，实现角色转型是今后大学生就业保障制度建设的重要议题。

### （二）就业供给政策的实践限度

大学生就业供给是指大学生在一定的劳动条件下自愿对存在于自身的人力资源使用权的让渡。大学生就业供给分为供给数量和供给质量两个方面，就业供给行为受到个体行为、经济行为、社会经济和政治因素、就业领域以及供给政策的影响。[①] 在其他因素较为稳定或较为模糊的情况下，供给政策是非常重要的引导因素。大学生供给政策的核心在于提供市场激励，鼓励大学生从事特定的职业，改进大学生培训体系，

---

① 黄安余：《转型经济中的中国劳动力市场》，上海人民出版社2010年版，第33页。

提升大学生的就业能力。① 因此，与就业需求政策的政府干预倾向不同，大学生就业供给政策强调推动高等教育教学改革和人才培养模式改革，提高大学生就业能力对于解决大学生就业问题的重要性。在政策内容上，主要体现为把职业素养教育、职业技能培训、创业教育等贯穿于人才培养的过程，以及把提升职业能力和专业能力结合起来。

　　近年来，一方面，政府在着力通过扩大就业岗位以缓解大学生就业难问题；另一方面，大学生自愿性失业和技能性失业又开始成为新问题。这一现象既反映出政府直接推动提升大学生就业能力的有限性，也说明大学生就业越来越受到高等教育人才培养质量问题的影响。本课题组调查显示，在影响毕业生就业的教育教学因素方面，53%的受访者认为，"学科专业"对就业的影响程度最大，"课程设置"和"师资水平"分列二、三位。在学校对大学生培养的基本能力方面，59%的毕业生认为，"理解与交流能力"的培养最为重要，其次是"逻辑思维能力与应用分析能力"的培养。另外，分别有31%的毕业生认为，"动手能力"与"管理能力"也是影响其就业的重要因素。② 实际上，中国高等教育人才培养模式的重理论轻实践、培养目标缺乏特色和针对性，一直是人们观察大学生就业难问题时所关注的主要原因。本课题组调查表明，中国高校人才培养模式与人才市场需求的不适应主要表现在"专业实践教学薄弱、学生实践能力差"（36.14%）、"教学内容和课程体系陈旧"（22.21%）、"专业设置不适应市场需求"（19.32%）、"就业指导与创业教育不力"（11.74%）以及"学生综合素质不高，发展潜力有限"（10.59%）等方面。因此，加强大学生的专业技能和实践能力培养就成为大学生就业供给政策的着力点。

　　国务院、教育部等相关部门每年发布的大学生就业工作的"通知"几乎都将"就业指导"和"就业培训""创业教育"等作为主要内容。

①　吴立保、张斌：《日本和美国大学生就业促进政策及其启示》，《教育发展研究》2011年第9期，第49—54页。

②　《2011年中国大学生就业状况调查报告》，《中国大学生就业》2011年第23期，第6—8页。

2009年，人力资源与社会保障部会同教育部、工业和信息化部、国资委、工商总局、全国工商联和共青团中央联合下发《关于印发三年百万高校毕业生就业见习计划的通知》，决定自2009—2011年，拓展和规范一批用人单位作为高校毕业生见习基地，用3年时间组织100万离校未就业高校毕业生参加就业见习。这一政策的主要目标就是克服大学生就业的技能性障碍或缺陷，提高大学生的社会适应能力。同时，各地人力资源社会保障部门已形成一些成熟的大学生创业培训模式，如"GYB"（产生你的企业想法）、"SYB"（创办你的企业）、"IYB"（改善你的企业）等。① 另外，鼓励高校和社会相关企业和研究机构开展产学研合作教育、加强实践教学，引导高校和人力资源管理部门开展创业教育、职业培训和技能鉴定等，也是中国政府近年来大学生就业供给政策的基本内容。

从目前大学生供给的质量和就业意愿来看，就业供给政策取得了较好效果，大学生自我发展的主动性明显增强，专业学习过程中的就业意识明显提升。但不可否认，以促进大学生积极就业为主要取向的供给政策在实践中也逐渐显现其限度。其一，大学生就业促进政策与以政府干预为特征的就业结构调整政策不相协调。一方面，不少大学毕业生由于自身素质和职业能力等原因"毕业即失业"，或者不得不到中西部和基层就业；另一方面，大量优秀毕业生仍然倾向于在发达地区就业，也就是说，大学毕业生就业的区域结构调整并非均质进行的，大学生优质人才资源还没有实现合理配置。其二，政府就业培训服务政策的有效性受到质疑。实践中，哪些学生应该接受培训？就业培训与岗位技能培训的关系是什么？如何处理就业培训和就业的衔接？培训机构的运行机制是什么？在培训主体方面，政府如何引入市场机制，实现就业培训与市场需求的对接，以及政府如何通过转变自身公共服务供给职能，建立与市场、社会和高校之间的合作机制，等等，这些都是有待于深化改革和实

---

① 《国务院就业工作部际联席会议办公室，高校毕业生就业政策百问》，http://news.newjobs.com.cn/ad_ newjobs/customer/2012/jybw/jybw.html。

践的课题。其三，政府政策引导与高校人才培养模式改革滞后之间的矛盾。大学生就业困境解决的根本之道在于提高高等教育人才培养质量与人才市场之间的适应性。随着高校办学主体地位的提升，政府不可能也没必要直接插手高校人才培养活动，在这种背景下，政府如何通过大学生就业政策引导高校人才培养模式改革，建立高校对人才市场的主动调节机制就显得格外重要。

### （三）就业服务政策的实践限度

从根本上讲，大学生就业体制机制改革的目标既有利于经济发展，又能促进大学生顺利就业。大学生就业制度的市场化或市场机制的引入，目的在于将大学生就业市场的需求与供给结合起来，建立以市场需求为导向的高校人才培养或人才供给模式。[①] 由于市场经济体制的不完善，尤其是人才市场发育滞后以及相关配套政策的缺失，我们在完善和发挥市场机制的同时，还必须重视就业服务对大学生就业的促进作用。

从价值取向来看，建立较为完善的就业市场供求匹配体系是大学生就业服务政策的核心目标，其内容集中体现在完善大学生就业信息机制，提升大学生就业市场运行效率，创新大学生就业管理体制等方面。其中，大学生就业管理体制是协调大学毕业生供求关系，提升就业服务水平的关键。就政策变迁的角度看，以协调供求关系为核心的就业服务政策已经从"硬件"建设逐渐转向"软件"建设和就业服务范围与水平上来。应当指出，当前政策内容还主要聚焦于如何促进大学生就业的结构性转变和完善就业信息机制等方面，而较少涉及社会力量参与大学生就业治理、就业服务等方面的改革。

实际上，在相关政策文件中，中国已经具备了保障大学生就业服务和就业中介组织运行的法律基础。《中华人民共和国就业促进法》明确规定，县级以上人民政府"鼓励社会各方面依法开展就业服务活动，

---

① 张军利：《过度教育理论视角下的大学生就业问题研究》，西北大学 2011 年博士学位论文。

加强对公共就业服务和职业中介服务的指导和监督，逐步完善覆盖城乡的就业服务体系"；"加强人力资源市场信息网络及相关设施建设，建立健全人力资源市场信息服务体系，完善市场信息发布制度"①。这些规定同样对大学生就业服务体系建设具有政策性意义。近年来，在相关政策的引导推动下，大学生就业信息服务平台和服务机构建设、大学生职业规划和课程体系建设，以及大学生就业服务队伍建设等都取得了良好效果。当前，高校都相继成立了专职大学生就业服务中心，建立了专兼结合的大学生就业和职业生涯规划指导教师队伍。2002 年，教育部就明确要求"专职就业指导教师和专职工作人员与应届毕业生的比例要保证不低于 1∶500"，"保证就业工作所需经费按照毕业生人数确定核拨标准列入学校当年的预算予以重点保证和落实"，从而使大学生就业服务能力得到大幅度提升。据统计，2010 年，各省级主管部门和高等学校共举办各类招聘活动 1.4 万多场，提供岗位信息 450 多万条。②2011 年，"全国大学生就业一站式服务系统"投入运行，基本上实现了毕业生和用人单位一站式注册及信息的合理有效共享。2007 年，《国务院办公厅关于切实做好普通高等学校毕业生就业工作的通知》明确规定，"将就业指导课程纳入教学计划"，提倡从 2008 年起所有普通高校都要开设职业发展与就业指导课程。可见，大学生就业服务政策已经从管理体制设计和供求关系平衡等宏观层面逐步转向更为中观、微观的具体服务项目和实施措施上来。

值得关注的是，大学生就业服务政策在实践层面也面临着不少挑战，同时这些挑战预示着大学生就业服务政策改革的未来走向。第一，大学生就业服务范围比较单一，还没有形成制度化、系统化的服务体系；就业信息提供仅仅满足于增量扩展，结构性调整有待加强。本课题组调查显示，大学生对学校就业指导的总体满意度一般，仅有 24.83％的学生对学校提供的就业指导表示满意，有 20.13％的学生明确表示不

---

① 《中华人民共和国就业促进法》，《中国劳动保障》2007 年第 10 期，第 56—59 页。
② 袁贵仁：《突出重点 狠抓落实 全力以赴做好 2011 年高校毕业生就业工作》，《中国大学生就业》2010 年第 23 期，第 6—9 页。

满意，明确表示就业服务对就业"没有作用"的占12.9%。第二，大学生就业问题的复杂性以及大学生就业市场的多重分割要求政府正视与高校、社会和市场之间的关系。当前，限于政府职能转换滞后以及"行政失灵"，政策及其实践还未能实现政府与高校、社会、市场之间的职能衔接，尤其是社会用人单位、行业协会以及就业中介机构等不同利益主体在大学生就业中的责任机制还没有形成。

综上所述，中国大学生现行就业政策及其实践不仅显示出在经济转型和高等教育大众化背景下政府促进大学生就业的意志和决心，也表现出在市场经济条件下政府管理大学生就业工作方式的调整和变化。但与此同时，政府政策执行所沿袭的强制性特点以及市场机制不成熟也在一定程度上影响了市场在大学生人才资源配置方面效率的发挥，压抑了社会相关主体参与大学生就业服务职能的拓展；大学生就业社会服务的系统化和制度性缺失导致不同服务主体之间职能不协调甚至冲突。同时，大学生就业政策也表现出政策的目标群体不够清晰，难以适应大学生就业群体的多样性差异；现行政策注重就业岗位创造而忽视政策的人才资源潜能开发，政策执行的可持续性不足；大学生就业促进政策与人才培养模式改革缺乏同步协调，高校人才培养与社会需求之间严重脱节等。可见，大学生就业政策在表现出促进就业之积极性作用的同时，也表现出政策的局限性，需要根据大学生就业制度环境的变化而不断予以完善和调整。

## 三　大学生就业政策保障体系的调整与重构框架

大学生就业保障制度作为一种特殊的公共产品，其公共性决定了只依靠市场和社会，或者只依靠政府和高校都难以充分保障大学生就业。实践中，就业市场的盲目性、自利性决定了只依靠市场和社会机制难以保证就业服务的完全有效供给，"市场失灵"在所难免；在市场经济条件下，政府失去了对大学生就业的"主导一切"的地位，"政府失灵"决定了有必要对大学生就业公共服务体系进行市场化和社会化改革；同样，仅仅依靠社会用人制度的自发调节和道德自律，以及第三方组织的中介机制也难以化解大学生就业中的深层次矛盾。因此，大学生就业政策体系的调整必须充分发挥政府、市场、社会和高校等不同利益主体的作用，寻求不同利益主体之间利益的均衡点，构建充满竞争、相互协作的大学生就业保障制度体系。

### （一）大学生就业保障多元利益主体之间的政策关系框架

大学生充分就业首先体现为大学生人才资源的有效配置问题，而提升大学生人才资源的配置效率则要求推进大学生就业服务的市场化进程，切实提升大学生就业服务质量。实践证明，中国高等教育的发展始终是与人才资源的市场化进程联系在一起的，大学生就业市场化是促进高等教育发展的主要动力。尽管大学生就业不能完全交给"市场之手"来完成，但"政府促进就业，首先就是要充分重视劳动力市场，维护劳动力市场机制的正常运转，让市场配置劳动力资源的作用充分发挥"；"从长期来看，提高劳动力市场的竞争性是促进就业、减少失业的根本途径"[①]。即使不考虑政府失灵问题，以政府干预为特征的大学生就业政策虽然可以通过增加就业岗位和经费投入、改变经济结构和生产组织形式等途径来促进大学生就业，但如若没有就业制度创新和就业市场平衡机制的建立，当要素投入的"红利"消失或就业压力日益增大时，这种策略的累积代价将超过短期效益。政府干预除了导致大学生人才资源配置效率提高空间有限外，还可能带来政府财政压力过重、后续压力增大等不良后果。因此，政府需要充分认识到市场机制在人才资源配置中的基础性地位，以及通过促进经济或产业结构转型对于促进大学生就业的有效性，构建具有可持续性的大学生就业政策体系。

大学生人才资源配置同时是一个调整大学生就业结构、实现高等教育协调发展的过程。一方面，由于中国劳动力市场呈现出阶梯形多元分

---

① 蔡昉、都阳：《我们需要什么样的劳动力市场制度》，《吉林大学社会科学学报》2005年第5期，第29—35页。

割状态，不同劳动力市场之间差异显著，毕业生一旦进入低层次劳动力市场，要想转入更高层次的劳动力市场非常困难①，这就意味着大学生人才资源配置和不同劳动力市场之间的流动需要非市场机制的补充调节；另一方面，虽然市场机制有助于促进就业公平，但难以应对由于信息不对称和大学毕业生起点差异以及非学力因素而导致的就业不公平竞争。大学生就业招聘中的户籍、性别、毕业院校层次等歧视性要求正是这种不公平竞争的反映，这就要求非市场机制承担起就业服务、就业援助、信息发布、规范就业市场等方面的责任。

当然，非市场机制中的主体并不只是政府，它还包括各类社会主体，如社会用人单位、大学生就业中介机构、人力资源培训中心等；政府承担大学生就业管理和公共服务责任，但并不意味着对其他就业服务主体的排斥和取代。西方治理理论强调"政府不是国家的唯一权力中心，各种公共的和私人机构只要其行使的权力得到了公众的认可，就都可能成为在各个不同层面上的权力中心"②。事实上，政府无法成为大学生就业的唯一治理者，它必须依靠与高校、企业、非营利和经营性的就业服务组织共同参与大学生就业治理。

因此，与大学生就业的市场机制相协调，鼓励社会相关利益主体参与大学生就业管理和服务，同样能够增进大学生人才资源的配置效率。尤其是高校作为大学生人才资源的"生产者"，其"产品"的质量和就业服务质量直接关系到大学毕业生在就业市场上的竞争力，有助于减少"产品积压"所产生的"流通成本"。可以说，高校是大学生就业的第一责任主体。在实践层面，大学生就业服务的市场化和社会化有两条途径：一是把市场能做的事情交给市场，把大学生培养的权力真正交给高校，把政府的职能切实转变到宏观调控、制定就业政策、规范就业市场运行上来；二是调整政府与社会的关系，把原来由政府包揽的大学生就业服务和就业援助转移出去，交由就业中介组织和人才资源服务部门来

① 岳昌君：《我国阶梯形劳动力市场中的高校毕业生就业结构与对策》，《中国高等教育》2012 年第 6 期，第 38—40 页。

② 俞可平：《治理与善治》，社会科学文献出版社 2000 年版，第 9 页。

承担。

当然，肯定市场对大学生人才资源配置的基础性地位，以及社会、高校参与就业服务的积极作用，并不意味着政府完全退出，政府仍然是大学生就业责任的主要承担者。一方面，就业市场、社会中介机构和高校的大学生就业服务系统无法自我运行，需要政府为市场运行、社会中介机构和高校就业服务提供制度基础和政策保障，减少市场和社会服务中的协调成本，理性引导和规范大学毕业生的市场行为。另一方面，政府需要防范市场失灵和社会失灵，引导高校人才培养适应社会需求，优化市场环境，保障就业基本公平。此外，政府以其强大的资源和政策调控能力，还可以承担起培育和发展市场、社会和高校就业服务能力的责任。实际上，中国就业市场发展相对较晚，就业中介发展和服务质量较差，缺乏应有的民间性、自治性、自愿性和自主性，市场和社会组织的自律和自调机制还没有真正建立[①]，大学生就业服务尤其如此。从高校的视角而言，当前人才培养过程中的"自闭"倾向还比较突出，缺乏与就业市场的适应性联系，就业服务还仅仅限于就业咨询和就业推介服务的范畴。因此，政府不仅要认识市场、社会和高校参与大学生就业管理的重要性，而且还要对它们的服务能力和服务功能进行扶持、培育和引导。当然，随着市场、社会中介组织的发育成熟和服务能力的逐步提升，政府应逐步卸下这一"扶持"责任。

近年来，新闻媒体和研究机构不断报道高校毕业生"假签"就业协议、就业率虚高等"假就业"或"被就业"现象，归根结底是由于大学生就业政策导向偏失和政策导向的"本末倒置"所致。长期以来，教育主管部门把就业率高低作为衡量高校就业工作质量以及办学水平的重要评价指标，把就业状况作为招生计划指标配置、教学质量评估、财政经费投入、专业设置、培养方案调整、领导政绩考核等的重要依据。在这种关系到高校生存和发展声誉的"利益攸关"的政策压力下，不少高校打起了"小算盘"，甚至弄虚作假，强迫学生在规定时间内提交

---

① 宋晓梧：《政府、市场与中国模式》，《中国经贸导刊》2011 年第 17 期，第 5—7 页。

就业协议，否则就不发派遣证，或将档案送回原籍，因此，每逢就业季，不少毕业生选择假签就业协议，或学校人为虚报就业率。

可见，偏失的政策导向导致相关主体的角色错位和行为失范，政府偏重于简单化的行政量化评估，而对大学生就业市场规范化建设等公共责任履行不足；高校努力迎合评估指标，而放松了就业前的职业教育、职业规划、就业指导、开拓就业资源、维护大学生就业权益等方面的职能。在这种环境下，大学生"被就业"群体，游离于政府、社会和学校的就业服务范围之外。因此，随着大学生就业市场化，大学生就业政策如何调节不同利益相关者的责任关系和角色行为，对大学生就业制度改革具有极其重要的现实意义。

综上分析，我们可以把大学生就业保障制度体系中的政府与市场、社会和高校之间关系框架描述为：大学生就业市场、中介组织建设是促进大学生就业、提高大学生人才资源配置效率的首要路径；高校是大学生人才资源提供的第一主体，必须按市场和社会需求培养"适销对路"的毕业生"产品"，并通过就业服务和就业指导把毕业生这一"产品"顺利地推向市场；政府则需要发挥维护市场环境、规范运行秩序、匡正市场的作用。但凡是市场、社会和高校能够充分发挥作用的领域，政府就应避免干预，培育大学生就业市场和社会中介组织仅仅是政府的阶段性职能。这一关系框架的有效运作需要政府转变职能，可以说，转变政府职能是大学生就业保障制度建设的应有之义。

**（二）基于多元主体关系的大学生就业政策体系调整思路**

近年来，中国高等教育扩招后大学生就业面临着毕业生人数持续攀升与全球经济危机，以及大学生就业市场发育不成熟和市场机制缺陷等因素的困扰。这些因素"叠加"在一起不仅使大学生就业保障制度面临挑战，同时使其改革面临着新的"拐点"。基于上述分析框架，政府加强和改善调控与引导大学生就业的政策调整思路体现在以下几个方面。

第一，明确大学生就业的市场机制的基础性地位，构建符合市场化要求的制度环境。具体来说，政府应深化大学生就业管理体制改革，建立多方联动、运行高效的大学生就业管理体制和运行机制；打破阻碍毕业生流动的各种制度障碍，尤其要破除户籍制度对大学毕业生流动的制度屏障，建立统一竞争的大学毕业生就业市场；维护大学生就业市场的竞争机制，打破行业和部门垄断，规范人才市场上的大学生人才资源的定价机制，缩小不同区域和行业大学生的收入差距；加强大学生就业"有形市场"和"无形市场"建设，以及就业市场的信息网络一体化建设，保证大学生就业市场建设的足额经费投入。在市场经济背景下，大学生就业体制改革的目标应注重建立高等教育人才培养与就业市场的衔接机制，以及高等教育主管部门与人才市场主管部门的沟通协调机制，加快区域、城乡一体化的大学生就业市场建设进程。

第二，基于大学生人才资源配置的市场失灵，政府应致力于完善适应市场机制要求的大学生就业保障和支撑体系。在当前和今后相当长的时期内，培育和引导包括高校、市场和用人单位等利益相关者的主体地位是政府应承担的责任。当务之急是政府应加强高校人才培养自主权建设，引导高校根据人才市场需求自主调节招生计划，推进学科专业结构、课程设置和人才培养模式改革，建立不同学科专业人才培养与市场需求的衔接机制；推动大学生就业的高校和社会的支撑体系、服务体系建设，改革高校人才培养与市场需求的管理体系，保障大学生及时有效就业；完善对就业困难学生群体的就业扶助、技能培训和创业扶持政策，降低就业环境对高等教育人才培养的冲击，纠正大学生人才资源配置的市场失灵。同时，政府应依据社会需求和社会就业中介机构之间的网络关系，引导建立社会相关主体参与高等教育人才培养的体制机制。

第三，基于社会作为大学生就业的吸纳主体，政府应着力推进社会参与大学生就业服务管理体制改革。现阶段，政府需要承担创新就业中介组织和服务机构自主运行的制度环境，提升社会主体参与大学生就业服务的能力，建立能够聚集各方就业信息、凝聚各方力量的大学生就业服务机构。从长远目标而言，培育和发展大学生就业服务中介组织不仅有助于减少政府投入、减缓政府与大学生就业市场的直接冲突，还有助于推进社会中介组织加强自我管理，提升大学生就业服务质量和效益。从具体的政策内容来看，政府需要加强规范社会中介组织服务大学生就业的职能，主要通过财政辅助和税收优惠政策促进大学生就业中介组织的成长和发育；也可以采用"政府购买"的方式，引导社会组织参与就业服务、技能培训和就业市场开发等大学生就业服务项目。

第四，基于政府职能转换的实际需求，政府应推进大学生就业管理体制创新。大学生就业是一项复杂的系统工程，涉及政府不同职能部门之间的分工合作，大学生就业管理体制创新主要包括建立各级政府间的大学生就业分工负责机制、相关部门之间的协调机制和对于政府大学生就业工作绩效的考核评价机制。实践中，除高等教育主管部门外，政府其他部门对大学生就业管理和服务职能"缺位"与"越位"并存，部门之间职能分割与职能交叉并存，对相关政府部门大学生就业政绩缺乏评价激励。鉴于此，政府需要重新理顺政府相关部门大学生就业管理的职能分工，打破各部门之间管理职能"壁垒"；强化中央政府对大学生就业的统筹协调职能，明确各级地方政府对大学生就业的属地化管理和服务的责任；建立区域、城乡大学生就业市场一体化的就业管理服务体系，消除户籍制度对大学生就业的区域性阻碍，以及附着于不同户籍之上的就业权利差异和身份歧视。

## 四　小结

促进大学生就业是政府不可推卸的责任，但与计划经济时期的"包分配"不同，在市场经济条件下，政府的职责是对大学生就业进行宏观调控和管理，其中，通过就业政策引导和保障大学生就业是政府宏观调控大学生就业的主要方式和途径。依据政策作用的主体和目标来划分，大学生就业政策分为就业供给政策、就业需求政策和就业匹配政策。就业供给政策的作用对象是高校或大学生，主要包括人才培养政策、培训政策、就业能力培养政策等；需求政策的作用对象是社会用人单位、行业企业，主要包括招录政策、就业激励政策、创业扶持政策等；就业匹配政策的作用对象是就业市场和就业服务组织，主要包括就业指导与服务政策、社会保障政策等。近年来，国家或区域性政府层面的大学生就业政策在规范、激励、引导和促进大学生就业方面取得了积极成效，但在实践中也存在就业政策不完善、不匹配、缺乏长远设计以及政府干预导致市场发育缓慢等问题。大学生就业政策调整必须充分发挥政府、市场、社会和高校等不同利益主体的作用，寻求不同利益主体之间利益的均衡点，构建既有利于解决现实大学生就业问题又符合大学就业制度改革方向的大学生就业政策体系。

# 第四章　大学生就业指导与服务保障制度体系建设

高校不仅是履行人才培养职能的责任主体，而且是承担促进大学生就业的责任主体。中国大学生就业制度经历了由"计划分配，统包充分""供需见面，双向选择，自主择业"到现阶段"市场导向，政府调控，学校推荐，学生与用人单位双向选择"的演变。在当前制度环境下，高校作为独立办学的法人实体，作为人才培养与供给的主体，对大学生就业承担着不可或缺的责任。因此，高校需要不断适应外界就业制度环境的要求，自觉转变自身角色与行为方式，调整人才培养模式，建立与社会经济发展相适应的就业指导和就业服务体系。

## 一　大学生就业指导保障制度体系建设

近年来，大学生就业指导作为促进大学生就业的重要途径之一，被纳入高校日常教育教学管理体系中，成为一项常规性工作。从实践来看，高校注重搭建大学生就业指导平台，就业指导在大学生就业工作中发挥着不可或缺的导向和促进作用。但毋庸讳言，目前高校就业指导仍然处于"以就业安置为目的，以宣传政策法规、提供就业信息、开展基础服务为主要内容"[①] 的阶段，甚少关注学生的发展，大学生就业指

---

① 徐蕾：《论大学生就业指导的全程化》，《高校辅导员学刊》2012 年第 2 期，第 40—43 页。

导仅仅是仓促应对大学生就业困难的临时之举。本节拟在阐明大学生发展与就业指导之间关系的基础上，提出大学生就业指导制度体系的创新策略。

### （一）就业指导与大学生发展之间的关系

从学生发展理论来看，学校教育和服务要以学生发展为中心，促进学生健康发展是学校一切工作的出发点和最终旨归；学生发展是长期的、全面的过程，学校教育的最终目的是培养适合社会发展的成熟个体。[①] 大学生就业指导作为促进学生发展的重要环节和途径，旨在通过就业指导，帮助学生规划职业生涯，发掘学生的职业潜能，提高学生就业能力，实现高校人才培养与社会需求的有效对接。

1. 就业指导是促进大学生发展的重要途径

在市场经济环境下，大学生就业制度和就业方式发生了根本性变化，大学生就业从原来主要依靠政府行政权力的"统一分配"转变为主要依靠就业市场调节的"自主择业"；在这一转变过程中，学生由原来无权选择的被动就业者变为具有广泛选择权力的积极性主体。当然，大学生在有权选择就业岗位的同时，也要面对人才市场的竞争性选择。在这种背景下，大学教育包括就业指导必须以培养市场所需要的人才、促进学生适应性发展为大学生就业指导的价值取向。

第一，就业指导有助于发掘大学生职业潜能。职业潜能预示着一个人在既定的职业岗位上是否能够胜任，并在职业生涯中取得成功的可能性。职业潜能开发直接影响着大学生职业能力的提高。职业能力是人们从事其职业的多种能力的综合，是职业发展成功的重要决定因素。大学生职业潜能主要包括创新潜能和人格潜能。如果大学生创新潜能可以得到充分发挥，并使之转变成实际的创新能力和创新行动，大学生个人职业发展取得成功的可能性也就更大。如果人格潜能可以得到充分发掘开

---

① 欧阳敏：《美国"学生发展"的理论与实践启示》，《北京教育（高教版）》2005 年第 6 期，第 55—56 页。

发，包括意志力、坚韧性、敬业精神、职业操守的培养，就可以承受社会变革和经济改革以及职业变革的冲击，成为一个具备优良人格特质的人。大学生就业指导可以帮助大学生了解自己的心理和生理特点，正确认识自我，发现并发掘自己的职业潜能，使大学生以独特的方式去发展和表现自身的创新能力和人格素质；为大学生职业选择和职业生涯设计提供信息、提供意见，协助他们做好职业生涯规划，实现就业目标以及可持续的职业发展。

第二，就业指导有助于提升大学生的就业能力。就业能力表现为一个人的综合素质，是指从事某种职业所需要的一般能力和特殊能力的综合。大学生要想顺利实现就业与获得职业成功，必须具备较为稳定和可靠的就业能力。一般就业能力包括思维能力、社会适应能力、自我管理能力等；特殊就业能力是指从事某个职业所需的特殊技能，主要是指专业知识能力和专业技能。在现实生活中，一般就业能力和特殊就业能力在职业活动中都很重要；从事某种职业活动，往往需要一般就业能力和特殊就业能力的有机配合。就中国大学生能力结构的现状而言，应该着重强调一般就业能力的培养，因为个人、学校教育或用人单位较为重视特殊就业能力的培养和训练，而一般就业能力与履行工作岗位职责之间的关系较为间接和模糊，因而很少受到重点关注和重视。从更为宽泛的意义上讲，就业能力融合了就业态度、能力和环境条件等各方面的综合因素。[①] 美国一份有关失业的报告说，失业中的90%的人不是因为不具备工作所需要的技能，而是因为不能与同事、上司友好相处，或者经常迟到。[②] 在中国，大学生就业难的主要原因，不是因为缺乏专业就业能力，而主要是由于缺乏一般就业能力。大学生就业指导旨在避免一般能力与特殊能力之间的失衡，综合提升大学生的就业竞争力。

首先，就业指导有助于提高大学生的社会适应能力。借助社会实践

---

① 曾湘泉等：《"双转型"背景下的就业能力的提升战略研究》，中国人民大学出版社2010年版，第56页。

② 《就业能力》，http://www.baike.com/wiki/%E5%B0%B1%E4%B8%9A%E8%83%BD%E5%8A%9B。

平台，大学生就业指导可以提高大学生的组织管理能力、心理抗挫能力、人际交往能力和复杂环境的应变能力等，还可以帮助大学生了解就业环境、就业政策和就业形势变化，帮助毕业生合理定位自己的职业发展方向，找到适合自己发展的职业。其次，就业指导有助于锻造学生良好的心理素质。大学生在面对求职失败的时候，容易产生自卑消极心理，影响择业和职业发展。就业指导的主要目的就是提高学生心理素质，锻炼坚忍性格，坦然面对求职中的挫折以及职业发展中的困境。最后，就业指导有助于提高学生的应聘能力。求职简历制作、求职礼仪、笔试面试技巧等择业技能是大学生就业指导的主要内容。这些求职技能的训练和培养有助于学生在求职过程中多一分自信，多一分成功的机会。

第三，就业指导有助于规划大学生的职业生涯。职业生涯规划是指学生在大学期间将个人发展和社会发展的实际需求相结合，在测评分析、总结研究主观和客观条件进行的基础上，对自己的兴趣、爱好、特长以及不足等各方面进行综合分析与权衡，根据自身职业倾向，确定自己适宜的职业发展目标，以及为实现目标所做的行之有效的安排。就业指导可以帮助大学生正确认知自我，合理评价自己的职业倾向和职业发展潜能，明确自己的职业发展方向和发展目标，全面规划自己的职业发展道路，使得大学生的学业、未来职业和事业统一协调发展。从整个过程而言，虽然大学生职业生涯发展是毕业以后的事情，但与大学期间的专业学习、针对性培养与人生规划密不可分。可以说，大学职业生涯规划是职业发展的准备与孕育阶段，是职业理想与职业现实的"链接"阶段。对学生个人而言，大学生就业指导不仅可以提高就业率，而且可以提升就业后的职业满意度；对社会而言，大学生就业指导可以提高就业后的工作匹配质量，降低离职率，减少在职培训成本，有利于全社会的人力资源开发。[1]

---

[1] 赖德胜、孟大虎等：《中国大学毕业生失业问题研究》，中国劳动社会保障出版社2008年版，第153页。

**2. 以学生发展为本是就业指导的目的与任务**

大学生作为一个特殊的群体，他们有知识、有智慧、有激情、有追求，有着一般劳动力无法比拟的优势。但大学生从毕业到就业、立业还需要相对较长的过渡时期，大学生不仅缺乏工作经验和社会实践经历，而且自身的知识和能力结构与职业路径的需要相差较远。就业指导就是帮助大学生按照国家就业政策导向，根据自身特点和社会职业需要，有针对性地弥补自己的知识和能力局限，选择并确定有利于发挥个人才能和实现个人理想的职业。

第一，学生发展是大学生就业指导的根本目的。学生发展是高校一切教育工作的根本指针，因此就业指导工作必须贯彻"以学生发展为本"的教育理念，通过就业指导提升大学生综合素质，进而促进大学生就业。实际上，高校能够提供给学生的不仅仅是课程，也不仅仅是专业知识，更重要的是在教育过程中使学生的心性得到滋养，人格得到升华，成为一个有远大理想、高尚道德情操，以及具有强烈社会责任感、综合能力强的高素质人才。① 从用人单位招聘情况看，用人单位在选才用人时首先最看重的还是综合素质和能力。长期以来，中国高等教育人才培养忽视就业和实践应用取向，偏重知识学习和学科价值取向，导致大学生就业能力和社会适应能力薄弱。就业指导可以帮助学生在学期间面向就业需求，提升综合素质。当然，就业指导的目的并非仅是促进毕业生就业，更为重要的目的是引导学生将自身发展与未来就业取向紧密结合，促进学生全面发展、协调发展和可持续发展。

第二，职业发展是大学生就业指导的首要任务。在现代社会里，产业结构更新速度加快，职业变动频繁，就业环境的不确定性增加。在这种背景下，高等教育人才培养逐步从专业知识教育转向关注学生的全面发展和终身发展，从一次性就业准备性教育转向整个职业生涯教育。大学生就业指导也从单纯地以就业安置为目的的择业指导转向职业生涯发

---

① 浦解明：《坚持育人为本 完善大学生就业指导体系》，《上海教育》2010 年第 10B 期，第 52—53 页。

展全过程的辅导，注重提升学生内在职业素养和职业品质，自主习得多方面的就业能力，做好由学生向"职业人"转换的准备。一个人的职业发展不是一成不变的，而是受多种因素影响的过程，会受到社会环境、教育经历、人格特质、价值取向等因素的影响。在择业过程中，大学生过于关注职业对于自身的工具性价值，忽视职业要求与自身素质的匹配度；在职业准备投入上，多数毕业生比较被动，在职业发展方向和职业选择过程中存在迷茫与困惑。就业指导主要是引导大学生学会设计人生，正确认识自我，有效安排大学阶段的学习和生活；着眼于引领学生加强社会实践，提升内在素养和品质，自主习得生存、学习、交流、共处、做事和创造等多方面能力。

### （三）大学生就业指导制度体系的发展与困境

大学生就业指导以及就业指导体系建设，一方面是与大学生就业事务和就业问题的大量出现密切相关的，因为有了大学生就业事务与就业难题，才有了大学生就业指导与就业指导体系建设的必要；另一方面，大学生就业指导体系建设是高等教育体制改革的组成部分，是随着高校获得越来越多的办学自主权以及大学生就业制度的转型而逐渐发展和完善的。毋庸讳言，实践中，由于传统的高等教育体制的"惯性"，以及大学生就业制度仍然处于转型过程之中，大学生就业指导体系建设也存在不可避免的缺陷和实践困境。

1. 高等教育体制改革与大学生就业指导体系的发展

在计划经济体制下，中国大学生就业实行"统包统配"的分配制度，高校学生培养经费全部由国家或政府承担，毕业生全部由国家按照行政指令性计划分配到全民所有制单位或行政机关，身份是"国家干部"。这种制度的潜在内涵是，大学生是国家或政府培养的，毕业后由国家计划分配工作是毕业生应该享有的权利；服从分配也是毕业生应尽的义务。① 从毕业分配的操作过程来看，毕业生由国家按照固定的毕业

---

① 蒋菊：《职业发展理念下的大学就业指导研究》，河海大学 2005 年硕士学位论文。

生人数向高校下达分配计划和任务，然后由学校代表政府做调配或分配工作，并将毕业生派遣到相应的工作岗位上。因此，大学生"进入大学门，就是国家人"，无需为毕业后就业或找工作而犯愁，或者说，只要能够跨进大学的门槛，就肯定有一个"唾手可得"的"铁饭碗"，毕业后的职业发展道路也已被"规划"好。从历史的经验来看，这种政府包办的就业方式对于适应计划经济体制的需要，解决当时各行各业人才短缺、缓和人才供需矛盾，起到了积极的作用。① 相应地，这一时期的就业指导是以思想教育或工作动员的形式出现的，主要是通过思想教育激励毕业生接受国家分配，服从国家建设对人才的需要。

随着中国经济体制改革的深入，市场经济体制的发展，以及劳动人事制度改革的推进，"统包统分"就业方式开始发生历史性"裂变"。从 1983 年起，教育部确定将清华大学等四所院校作为试点，实行用人单位和学校"供需见面"的就业方式，这是中国大学毕业生就业方式改革的起步。1985 年，《中共中央关于教育体制改革的决定》将大学生分配制度改革作为高等教育体制改革的重要内容之一。《决定》指出，"对国家招生计划内的学生，其毕业分配实行在国家计划指导下，由本人选报志愿、学校推荐、用人单位择优录取的制度"②。1989 年，国务院批准转发了原国家教委《关于改革高等学校毕业生分配制度的报告》。报告指出，高等学校毕业生分配制度的改革目标是"在国家就业方针、就业政策指导下，逐步实行毕业生自主择业，用人单位择优录用的'双向选择'制度"；"各地方、各部门以及高等学校均应逐步建立就业指导机构，沟通供求信息，做好毕业生就业指导和咨询服务工作"③。可见，"毕业生就业指导"是为适应大学生就业制度转型，以及大学生就业工作由集中分配向自主择业的转变而产生的。此后，在这一转型过程中，人们也对就业指导的意义和必要性有了更加深刻的理解和

---

① 唐旬：《大学生就业指导》，光明日报出版社 1989 年版，第 2 页。
② 陈岩松：《大学生就业服务体系研究》，《南京航空航天大学》2005 年第 35 期。
③ 李萍：《中外大学生就业指导的比较分析及启示》，《江苏高教》2002 年第 5 期，第 103—105 页。

认同。

但在实践层面，由于传统体制的"惯性"，大学生就业指导仍然具有"计划安排"的制度痕迹。或者说，这一时期的就业指导仍然是以"就业安置"为主要任务，以"就业管理"或"分配管理"为主要内容。但这种"惯性"只是转型过程中的现象，随着市场机制在大学生人才资源配置过程中作用的凸显，就业指导已经成为大学生就业工作中不可或缺的环节。特别是近年来，随着大学生就业压力的逐年增加，教育行政部门把促进大学生就业作为高校办学水平以及教学评估的重要指标。在这种环境下，政府以及高校更加重视就业指导工作，加大了就业指导工作的力度。1991 年，国家教委成立了全国高等学校毕业生就业指导中心，并要求各地和高等学校建立相应的毕业生就业指导机构。1994 年起，全国高校毕业生就业指导中心举办毕业生就业指导人员和助理教师培训班，着力提升高校就业指导人员的专业素质。1995 年，国家教委办公厅发出了《关于在高等学校开设就业指导选修课的通知》，要求将"就业指导"纳入高校课程体系。1997 年，全国高校毕业生就业指导中心制定了《大学生就业指导教学大纲》。2002 年 3 月，国务院办公厅转发了教育部等四部委联合发布的《关于进一步深化普通高等学校毕业生就业制度改革有关问题的意见》，要求进一步加强对高校毕业生的思想教育和就业指导。2002 年 12 月，教育部《关于进一步加强普通高等学校毕业生就业指导服务机构及队伍建设的几点意见》明确规定，"把高校毕业生就业工作作为一项战略性和日常性工作来抓"，"必须建立并健全毕业生就业指导服务机构，在办公条件、人员等方面给予充分保证"，"加强制度建设和创新，形成新的工作模式和运行机制"[①]。此后，高校采取积极措施，推进就业指导工作，大学生就业指导体系快速发展，就业机构在高校服务育人中的地位更为重要和突出，就业工作的职能由以就业管理为主变为以就业指导为主，就业指

---

① 《教育部关于进一步加强普通高等学校毕业生就业指导服务机构及队伍建设的几点意见》，《中国大学生就业》2003 年第 Z1 期。

导内容从单一的"就业引介"转向更为全面、全程的"就业服务"。

2. 大学生就业指导制度体系的实践困境

由于计划体制及其"惯性"的影响，中国高校大学生就业指导工作起步较晚，发展较慢。从较为理想的状态和政府政策取向而言，要求"高校必须建立健全毕业生就业指导服务机构，在办公条件、人员等方面给予充分保证"；"尽快提高就业指导教师队伍的整体业务素质，把就业指导教师队伍建设摆到整个高校师资队伍建设的重要位置，努力提高就业指导队伍的专业化建设的重要位置，努力提高就业指导队伍的专业化和职业化水平"①。从实践状况来看，各高校都成立了相应的就业指导服务机构，配置了专职就业指导教师队伍，大学生就业指导制度体系初步形成。同时，由于传统体制机制的制约，大学生就业指导体系在运行实践中还存在诸多亟须解决的难题。

第一，缺乏统一性和系统性。大学生就业指导工作是一个较为复杂的系统工程，有着较为严格的执行步骤和程序，涉及大学教育的全过程、全要素，如果缺乏周密计划、长远规划以及较为科学的教育理念，那么就业指导只能是象征性的、应景式的，难以对学生的发展起到实质性的推动作用。实践中存在的问题突出表现在以下几个方面。一是课程体系不完整。多数高校将大学生就业指导课程设在学生毕业学年度开设，或为选修课，或为必修课，但与专业课程相比，课时安排较少，教学形式脱离就业实践，教师"纸上谈兵"，学生学习没有积极性。二是理论体系不完善。目前教育主管部门、各省市都编写，甚至各高校都相继编写了大学生就业教材，但多数教材内容体系大同小异，既缺乏严谨规范，又缺少区域和高校自身特色，没有形成统一的规范性教材；教学内容多偏重于就业理论，缺乏鲜活的案例支撑以及与就业市场的针对性联系。三是目标不明确。虽然大学生就业指导工作逐渐受到重视，成为教育体系或教学体系的重要组成部分，但由于大学生就业指导起步晚，

① 《教育部关于进一步加强普通高等学校毕业生就业指导服务机构及队伍建设的几点意见》，http://www.moe.edu.cn/publicfiles/business/htmlfiles/moe/s3265/201001/80096.html。

就业理论体系还很不完善，一直未能确立明确的就业指导目标体系，教师就业指导目标模糊，随意性较大，仅仅把学生顺利就业、提高就业率作为唯一目的，就业指导"重服务、轻教育"，缺乏对就业指导深层次目标的关照和思考。①

第二，就业指导滞后于就业需求。在计划经济时期，中国大学生就业不存在就业难问题，学校毕业后直接分配工作，因此高校也没有专职负责就业指导工作的岗位和机构。随着大学生就业机制向市场化转型，特别是随着大学生就业的结构性矛盾日渐突出，以及大学生人才资源供大于求时，就业指导工作就显得十分必要和迫切。实践中，虽然大学生就业指导工作体系逐步完善，但相对于急剧扩展的大学生就业服务需求和就业难题，就业指导仍然显得发展滞缓。一是就业指导时空错位。由于传统教育理念的束缚以及教育体制的"惯性"，高校缺乏就业指导的规划和计划，往往只在招聘季节讲授一些面试和应聘技巧，大学生也只在即将毕业时才想起需要就业指导；同时高校就业指导人员不仅对社会用人需求、薪酬待遇等缺少调查研究，而且对就业形势缺乏客观的预测和判断，导致就业指导内容与社会就业需求脱节，难以满足大学生择业和就业的实际需要。二是理论与实践脱节。不少从事就业指导的教师，大部分是由行政人员或辅导员担任，要么缺乏社会实践经验，要么缺少专业理论知识。不少就业指导老师没有企业工作经验或社会实践经验，难以指导学生就业或创业实践；还有部分老师不具有专业的人力资源或者教育学专业理论知识，难以针对性地帮助学生提高就业认知水平；就业指导理论与实践的脱节，难以对学生进行专业的、实用的、有效的就业帮助。本项目调查表明，有57.11%的毕业生认为，学校就业指导对促进就业的作用"一般"，明确表示"没有作用"的占12.9%，而回答"非常大"和"比较大"的仅占4.8%和25.2%。就实践成效而言，有24.83%的毕业生对学校提供的就业指导表示满意，55.14%的毕业生

---

① 刘大为：《对"十五"期间高校毕业生就业工作的回顾与思考》，《中国高等教育》2006年第3—4期，第65—67页。

表示满意度一般，20.13%的学生明确表示不满意。

第三，就业指导表面化与形式化。囿于传统的高校行政管理的需要，虽然高校相继设置了就业指导工作部门，但条件简陋，投入不足，并且工作流于形式和表面，缺乏实质性内容；由于学校和学生不够重视，双方都力求省事，教师就业指导单调和呆板，学生缺乏积极性。一是投入偏少，资源有限。大学生就业指导工作专业化，不仅体现为课堂讲授就业知识和举办讲座的形式，而且需要开展专业性指导或系统化工作体系，比如职业测评、模拟面试、个性化指导等，这些都离不开经费、场地、人员等资源的支持。虽然教育部明文规定加大毕业生就业指导工作的投入，但从实际情况来看，学校就业指导工作专项拨款和配套支持远不能满足就业工作的实际需要。① 二是内容简单，形式单一。高校就业指导以就业指导课、讲座等方式为主，主要采用学生听、老师讲的课堂教学模式，学生与老师无法互动，很难对学生就业和择业起到实质性的帮助；就业指导内容单一、枯燥，主要停留在政策宣传、就业形势分析、求职技巧方面②，很少涉及职业价值观和就业能力培训、职业规划制订等学生发展的深层次问题。本研究调查表明，大学生最期望的就业指导方式是"模拟招聘会"（30.29%）、"案例分析"（26.42%）、"成功人士讲座"（19.73%），分别位居相关选项的前三位。这些也是高校在就业指导实践中应该着力加强的就业指导形式。

### （三）大学生就业指导制度体系的改革路向

大学生就业指导是促进学生发展和增强就业竞争力的重要途径，促进学生发展是大学生就业指导的主要目的。因此，大学生就业指导应将促进学生发展贯穿于大学生就业指导的全过程，以促进学生全面发展为目标，坚持学生个性发展与社会需要相结合，建立健全大学生就业指导

---

① 邹晓燕：《大学毕业生就业指导工作现状及外部条件优化》，《武汉科技大学学报》（社会科学版）2004 年第 3 期，第 61—64 页。

② 王慧等：《大学生职业生涯规划指导体系的构建》，《教育评论》2008 年第 2 期，第 90—92 页。

制度体系。

### 1. 从重视学生就业转向促进学生发展

在高等教育进入大众化阶段，就业问题成为社会关注的焦点。在此背景下，高校不能仅仅"关起门来"培养人才，而必须把提高人才培养的社会适应性，或者毕业生"就业率"作为主要任务。随着社会经济产业结构调整的加速，一个人终身从事某一固定工作的可能性越来越小，在未来职业发展过程中职业或岗位变换将成为"新常态"。既然未来职业还会有多种选择，那么在目前就业压力下"先就业再择业"也不失为一项积极的选择。对大学生就业指导而言，帮助学生"找工作"固然重要，但更重要的是要为学生"找工作"做好准备。长期以来，大学生就业指导工作大多停留在对学生择业阶段的指导上，属于应急式的"问题性"指导，只重视解决择业问题而忽视更为重要的学生职业能力的发展。[1] 本项目调查显示，大学生最期望就业指导的项目是"应聘技巧与提供就业信息"（21.95%）、"专业发展和就业前景"（19.78%）、"职业规划辅导"（12.58%），位居相关选项的前三位。实际上，仅仅帮助学生找到一份工作其实并不困难，更为重要的是着眼于学生未来的职业发展，帮助学生提前规划职业发展方向；从发展的视角而言，就业能力是一个长期的、可持续的概念，就业指导起码应该考虑到毕业生职业发展初期的职业胜任力，以及用人单位对毕业生就业能力持续的动态需求。[2] 基于这样的理念，大学生就业指导应该由帮助学生"找工作"的模式转向"促发展"的模式，并且将这种模式贯穿于整个大学学习的全过程，持续追踪社会需求与毕业生就业能力之间的差距，为大学生发展和人才培养提供充分的信息。实践中，应该根据专业培养目标和专业特色，探索以专业教育为基础、以学生发展为核心的大学生就业指导模式。

### 2. 从"突击式"指导转向"全程化"指导

"突击式"就业指导的对象主要是即将毕业的学生或就业困难的学

---

[1] 杨晨光：《高校就业指导应关注学生职业发展》，《中国教育报》2007 年 7 月 3 日第 2 版。

[2] 朱国玮、黄珺：《大学生就业能力影响因素研究》，《教育研究》2011 年第 8 期，第 64—68 页。

生群体，能提供的仅仅是就业信息、简历制作、就业技巧等比较单一的就业指导内容。"全程化"就业指导是将全体学生都纳入就业指导过程中，全面系统、循序渐进地贯穿于大学教育的全过程。通过全程化的就业指导，可以让低年级学生及早规划职业生涯，定位职业理想和职业发展方向，规划大学生活，有针对性地充实自己、发展自己。事实上，大学生就业指导是一个长期的、贯穿于不同发展阶段和整个大学学习生涯的过程，各阶段之间相互贯通，有机衔接，对学生形成正确的就业观，增强就业能力和求职技巧起着很重要的作用。①

对低年级学生来说，应着重职业认知和生涯规划指导，注重学生综合能力培养。大学新生进入大学校园，由于刚刚从高考繁重的学业中解脱出来，面对崭新的环境、新的学习生活方式，通常会感到茫然或困惑，找不到专业发展的目标和努力方向。大学生就业指导应该帮助学生对本专业有一个系统的认知，通过了解所学专业，分析所学专业的就业优势、职业发展前景和已毕业学生的就业状况，树立学生对本专业学习的兴趣和信心，进而引导学生了解社会需求，建立个人职业选择与社会岗位需求的初步联系。经过"大一"的职业认知和职业探索，"大二"要着重培养大学生的综合能力，引导大学生不断塑造和完善自身。在教育教学实习或社会实践环节，让学生了解企业经营与商业运作流程与模式；通过校园社团活动和社会实践来积累个人职业能力；就业指导要将素质教育贯穿其中，注重学生综合能力的培养；帮助学生分析自我优点，同时扬长避短，使其自身潜能得到最大限度的发挥。

对高年级学生来说，应着重职业定向指导和就业成才指导。相对而言，高年级学生心智趋于成熟和完善，对其职业定向有了一定的认知，所以就业指导要对学生进一步细化目标，不断拓宽专业知识面，提高专业能力，增强就业素质，进一步确认职业发展方向。同时，通过组织学生观摩供需见面会、参加校园招聘会，尽早感受人才市场氛围，认知自

---

① 孙英浩：《欧美国家高校大学生就业指导及对我们的启示》，《中国高教研究》2004年第11期，第71—72页。

身发展与人才市场需求之间的差距，以便及时调整自己的知识结构，培养自己与职业定向相适应的素质。特别是在大学生毕业季，要针对毕业生求职过程中出现的心理困惑或实际困难，进行就业政策宣讲、就业技巧培训和就业心理指导，帮助学生分析就业形势、收集就业信息，引导学生学会维护就业权益。另外，就业指导还要根据学生的实际需要和就业环境的变化，引导学生调节就业预期，制订更加切实可行的就业行动计划，并通过择业实践锻炼，帮助学生不断总结经验与教训，顺利实现就业；这一阶段还要着重培养学生的职业素养，具体包括职场交际风格、职场做事风格、职场发展风格、职业交往礼仪与职业道德等。一般来说，高校都将专业实习安排在"大四"阶段，这是毕业生了解社会、了解企业、了解工作岗位的最好机会，就业指导要引导学生积极参与专业实习，使学生在思想上、能力上做好就业准备。

3. 从一般性指导转向个性化指导

一般性就业指导是指对所有大学生进行的普及性就业指导，主要包括就业信息服务、就业政策宣讲、职业知识和职业道德培训、求职技巧训练等内容。个性化指导是指根据大学生个性特点、兴趣爱好、个人能力以及个人发展目标，并结合经济社会发展实际，进行区别于一般性指导的个性化指导。个性化指导一般包括以下内容：其一，发掘学生职业潜能。根据不同学生个性差异、兴趣爱好和特长，分析职业岗位性质与岗位要求，向大学生提供择业和就业方面的建议，引导学生确定就业意向，确立职业发展目标，开发职业潜能。其二，职业生涯测评。借助专业的测评工具或软件对大学生进行职业意向测评和职业目标指导；通过研究就业信息，结合学生特点、技能水平以及雇主、职业的要求，帮助学生确定求职战略，寻找就业机会。其三，就业能力评价。主要是对大学生就业技能进行综合评价，找出与就业目标要求之间的差距和努力方向，提出完善学生就业技能的策略。其四，开展分类指导。学生毕业时除了面临就业选择外，还有考研、出国、创业等多种途径选择，就业指导应本着对症下药、因材施教的原则，从学生自身特点入手，进行分类指导。其五，"一对一"指导。针对大学生的性格特征、求职定位、个人实际能力等，通过开展"一对一"指导，帮助学生解决就业选择中的困惑与迷茫；教师要引导学生正确认识自我，调整就业观念，缩小大学生就业期望值与就业市场实际需求之间的落差，进而促进大学生理性择业，积极就业。其六，以创业指导带动就业指导。创业指导与就业指导虽然各有侧重，但本质上都是为了使大学生获取相应的职业；就业指导是创业指导的基础，创业指导是就业指导的延伸。① 实践中，二者相互促进，互为一体，不可分割。

## 二　大学生就业服务保障制度体系建设

高等教育是以培养人才为首要任务，而高校作为培养人才的主要机构，其培养的人才必须具有使用价值即社会有用性，而人才使用价值只有通过人才市场才能得以体现。因此，高校应围绕人才市场需求来调整人才培养的方式与要求，包括围绕人才市场需求调整专业结构与课程体系、人才培养模式，而不能再沿袭计划体制下与市场隔绝的人才培养模式。大学生就业服务制度体系是高校就业保障制度体系的重要组成部分，是帮助大学生了解国家就业政策，提供有效的就业帮助，掌握求职技巧，规范就业程序，促进大学生顺利就业。随着市场经济体制的发展和高等教育体制改革，中国大学生就业制度体系正处于"转型"过程之中，大学就业工作由"统一分配"向"双向选择""自主择业"转变。尤其近年来，随着大学毕业生待就业人数的不断增长，来自大学生就业市场的压力和竞争力逐年增强。高校作为人才培养和促进就业的主要责任主体，不能再盲目固守"皇帝女儿不愁嫁"的心态，而必须着力加强大学生就业服务制度体系建设。

### （一）大学生就业服务制度体系的基本功能

在大学生就业服务工作的相关责任主体中，高校是承担大学生就业

---

① 张静：《构建大学生就业、创业教育一体化理论》，《南开学报》（哲学社会科学版）2013年第3期，第139—144页。

服务的第一责任主体。因此，高校不应仅仅关注"人才培养"，也要关注如何把培养的人才"输送"到就业岗位上，实现高等教育投资的最大价值。大学生就业服务制度体系建设，就是为大学生就业和创业提供全过程、全方位的服务，缩短大学生从高校到就业的过渡期。值得强调的是，就业服务并不是就业包办，大学生就业服务制度体系建设是以发挥人才市场机制、学生自主择业为基础的。

1. 就业信息服务

其一，就业信息采集。就业信息包括用人单位信息、人才招聘信息和人才支持政策信息。由于用人单位性质以及人才需求要求和毕业生就业需求的多样性，能否有效采集就业信息，以及就业信息的针对性和精确性，对于大学生顺利就业，减少就业"搜寻"时间和成本具有重要作用。传统信息采集方式受到地域和信息采集手段的限制，信息采集效率偏低，成本较高。通过建设大学生就业信息汇聚、服务和共享平台，建立学生与高校、高校与企业、企业与学生之间信息快速传递机制，以及信息多主体共享机制，是当前大学生就业信息采集机制建设的常规实践。就业需求信息采集功能模块主要包括用人单位的基本情况、用人单位人才需求信息。同时，就业信息测评也很重要，首先高校或信息用户要对就业信息进行确认，确定相关就业信息是否可靠、准确和有效。因此，就业信息采集是大学就业促进工作的"耳目"。

其二，就业信息发布。就业信息发布是指有针对性地将学生就业需求作为较为关键导向，通过一定的渠道和手段，实现就业信息的快速传递与共享，帮助大学生在最短时间内准确、及时地把与就业需求相关的就业信息遴选出来。信息发布的功能就是根据所服务对象的就业需求，把相关就业信息从大数据库或分散的就业信息中选择出来，并以适宜的途径发布给就业信息需求者，包括就业供求信息发布、政策信息发布等。在这一层面上，学校可以通过就业信息服务网络所设置的功能模块，把就业信息服务平台的服务功能展现出来，学生只要利用相关功能即可获取所需要的就业信息。与此同时，就业信息服务网络平台还可以通过提供个性化服务，方便学生搜集就业信息。

2. 就业技能培训

学校对大学生的角色定位是受教育者，而职场对大学生的角色定位是工作者。角色定位不同，对大学生的期望和行为要求也不相同。由于大学生对职场缺乏清晰的认识与了解，因此高校有必要、有义务为大学生提供职场所需要的工作技能训练。大学毕业生要实现顺利就业，还需要一些就业或求职的技能和方法。同时，大学毕业生能否顺利实现就业，就业心理以及求职心态的作用也十分关键。就业过程中的"好高骛远"，以及就业期待与现实需求的过分"脱节"可能会导致大学生消极的就业行为。因此，就业技能培训还应该包括就业形势教育，调节就业心理预期，树立合理的择业观念。

当然，仅仅引导学生降低就业期望是不够的，也是较为消极的就业心理疏导。实践中，改革人才培养模式、提升学生职业技能和就职能力，增强人才培养的社会适应性，才是解决大学就业问题的根本途径。职业技能包括专业知识、实践能力、基本职业素养、学习能力和应变能力等。职业技能决定着毕业生就业后能否快速适应工作岗位，以及未来职业发展的潜力和可能性。随着现代企业发展灵活性的增强以及市场需求的快速变化，对大学生的应变能力、适应能力、学习能力提出了较高的要求。因此，大学生不仅要调整自己的就业期望和心理预期，还要通过不断增强职业素养来提升就业能力。

3. 就业事务咨询

就业事务咨询是高校就业服务中的重要内容，也是高校就业指导课程的重要内容。就业事务咨询主要是运用职业生涯理论和现代心理咨询技术为学生选择职业提供自我认知、择业决策、就业准备、职业发展等方面的帮助，并引导求助者自助的过程。广义的就业事务咨询包括职业生涯教育，目的是让求职者树立正确的职业理想与职业目标。就业事务咨询方式应以个性化服务为主，具体解答学生的职业发展困惑，帮助学生走出就业困境。

从实践层面来说，大学生就业事务咨询具有三个特点。一是针对性，即对毕业生在就业过程中出现的就业困境或心理困惑进行因人而异的心理释疑或具体帮助；二是时机性，无论是学生群体还是学生个体，在职业选择和职业发展过程中，不同的时空往往面临着不同的困境和难题，因此，就业事务咨询只有把握时机，才能取得切实成效；三是实效性，针对性和时机性意味着就业事务咨询务必要取得实效，否则大学生就可能会面临无业可就的困境，实效性的高低必须以大学生能否实现就业为判断标准。

4. 开展创业教育

创业教育是大学生就业服务制度体系的重要组成部分，培养大学生创业素质是创业教育的主要任务。但创业教育并非仅仅要使学生拥有创办企业的能力，而是要使其拥有基本创业意识和基本创业能力。高校之所以重视创业教育，是因为创业不仅可以促进创业者的自身发展、实现人生价值，而且是一个创造"更多价值"的过程；创业不仅可以获得更高的收入，成就个人事业，而且可以拓展就业渠道，帮助他人就业。高校开展创业教育，不能把创业成功率、开办公司数量作为衡量指标，而是要着力培养学生的创新精神以及把握发展机遇和自主成才的潜力。

## （二）大学生就业服务制度体系的实践困境

20 世纪 90 年代中期以前，中国高等教育处于精英化阶段，高等教育的毛入学率不到 8%，大学生就业并不是难题。1997 年高校招生"并轨"，所有入学新生实施收费上学政策，1999 年高等教育实施扩大招生规模政策，大学毕业生人数急速递增，加上国家机构改革和国企改制对大学生就业需求的减少以及其后的金融危机，多元因素的累积使得大学生就业供需失衡，大学生就业难愈益凸显。相应地，开展大学生就业服务、建立大学生就业服务制度体系就显得日益重要和迫切。当然，中国大学生就业服务制度体系建设起步较晚，在运行实践中还面临着不少问题。

1. 就业服务保障弱化，服务机构缺乏整合

一是缺乏约束就业服务社会化的基本法规。近年来，国家虽然出台了一系列推进大学生就业服务社会化的政策规定，但在实践中缺乏大学生就业服务社会化的基本法规，大学生就业服务社会化还没有上升到法

律层面的制度安排。二是缺乏以市场机制为基础的就业市场服务体系。当前大学生就业服务的市场化形式还比较单一，缺乏辅助就业的校外勤工俭学市场、实习市场，就业市场建设相对滞后，就业市场机制还不成熟。从现实需要看，大学生就业服务体系建设应以大学生实习市场建设为重点，以就业市场的实际需要和"学用结合"为目标，以实践教学改革、校企合作教育为主要内容。大学生就业市场体系社会化建设应打破就业市场的机构化概念，构筑动态、开放、全程、信息化的就业服务体系。三是大学生就业服务机构职能划分不清。2007 年颁布的《中华人民共和国就业促进法》，虽然对政府设立的公共就业服务机构的服务范围做出了明确规定，但对于自主性事业机构（高校、基金会和协会等）设立公共就业服务机构，以及取得法人资格的私营就业服务机构的服务范围缺乏限定，同时由于各级政府机构设置的就业服务机构之间职能重叠、职责不清，致使大学生就业服务机构缺乏协调，难以充分发挥大学生就业服务的整体功能。

2. 就业服务体系功能弱化，运行机制不畅

一是就业服务能力与就业服务社会化要求不相适应。目前大学生就业服务社会化的规范化和制度化程度还比较低，公共就业服务机构工作人员缺乏专业资质，不熟悉大学生就业政策法规，大学生就业服务的针对性不强。因此，大学生就业服务社会化必须同时推进大学生就业服务标准化、专业化。就大学生就业服务的现状来看，大学生就业服务主要是开设就业指导课，举办就业讲座等，以传授就业知识和提高就业感性认识为主，缺乏针对性的个性化就业指导和创业就业的实践锻炼。二是缺乏统一的大学生就业市场。由于传统体制机制的制约以及发展水平的区域差异，中国劳动力市场存在固有的城乡分割、区域分割、行业分割、体制分割的"遗传基因"。同样，全国范围内统一的大学生就业市场建设步履维艰，大学生就业供求信息难以及时共享，各地大学生就业工作难以协调，区域之间就业流动受阻。实践中，虽然各种类型的大学生就业市场初步成形，但由于政府干预较多，或者说仍然是政府主导的就业市场，市场机制还没有在大学生就业过程中发挥主导作用。三是就

业信息不对称。充分有效的就业信息是大学生就业服务的基本"材料"。就业信息不仅包括用人单位及其需求信息，而且也包括毕业生相关能力和素质等个人信息。但由于传统的封闭办学体制以及就业体制的"惯性"，就业信息不对称是制约就业服务功能发挥，以及影响毕业生顺利就业的突出问题。这种信息不对称突出表现在高校与用人单位之间、用人单位与毕业生之间、用人单位之间以及毕业生之间。[①] 实践中，还没有形成全国统一、权威的就业信息与服务平台。

3. 就业服务队伍素质欠佳，服务范围狭窄

一是就业服务队伍素质欠佳。2002 年，教育部发布的《关于进一步加强普通高等学校毕业生就业指导服务机构及队伍建设的几点意见》指出："要尽快提高就业指导教师队伍的整体业务素质，把就业指导队伍建设摆到整个高校师资队伍建设的重要位置，努力提高就业指导队伍的专业化和职业化水平"；"专业就业指导教师和专职工作人员与应届毕业生的比例要保证不低于1∶500"。从就业服务人员的整体结构来看，目前从事高校就业服务的人员主要是负责学生工作的教师、学校和院系层面分管就业工作的管理人员，以及就业服务中心的专职人员。从数量上来看，不少学校虽然基本上达到了教育部规定的人员配置标准，但距离专业化、职业化的要求还相距甚远，专职人员不"专"的现象是制约就业服务质量的根本问题。[②] 二是就业服务范围狭窄。从近年来大学生就业服务社会化工作的实践来看，由于大学生就业服务机构的职责和服务范围模糊不清，虽然提供诸如职业培训服务、职业开发服务、职业转换服务和创业指导服务等项目，但多数都缺乏针对性和持续性，不适应大学生就业需求多元化的要求。同时，大学生就业服务随意性、随机性现象较为普遍，缺乏系统化的服务程序和明晰的服务标准。本项目调查显示，超过六成的毕业生表示有创业意向，但创业方向模糊

① 陆乃麟：《信息不对称条件下高校大学生就业指导的思考》，《广西民族大学学报》（哲学社会科学版）2011 年第 2 期，第 183—186 页。

② 陈德喜：《全员化、全面化与全程化——高等教育大众化时代高校学生就业服务体系的构建》，《浙江社会科学》2008 年第 8 期，第 117—119 页。

（65.21%），而明确表示"没有"创业意向的占 30.6%，表示"正在创业"的仅占 4.18%。与此同时，59.32% 的受访者明确表示"从来没有"接受过创业知识与能力的培训，有 38.76% 的毕业生表示仅接受过"有限的培训"。

### （三）大学生就业服务制度体系建设的路径

随着大学生就业制度的市场化转型，人才市场快速发展，这就需要由原来的就业管理转向就业服务，相应地，大学生就业服务制度体系建设势在必行；目前高校"精英教育"时期的就业体制"惯性"仍然强势存在，重视人才培养忽视人才社会需求，重就业管理轻就业服务，虽然就业服务制度体系初步建立，但实践运行不畅；就业服务仅仅作为高校的责任，忽视社会参与和合作，社会化服务体系还很不完善。因此，就业服务制度体系建设是一项系统工程，实践中亟待建立以学生需求为核心，多元主体参与的开放、全程的就业服务制度体系。

1. 建立就业服务新机制，推进充分就业

一个较为现实的改革设想是，高校可以与企业、社会、政府共建"毕业后流动站"和"见习基地"，为未就业大学生提供实习见习、提高就业能力和素质的平台，缓解大学生的就业难问题。实践中，高校把"毕业后流动站"和"见习基地"作为辅助大学生就业的常设平台，建立毕业后流动站挂靠社团组织、见习基地挂靠企业、国家扶持并推进就业的新机制，或称为"大学生人力资源开发新机制"。该机制的运作模式是强化政府在大学生就业工作中的公共职能，各级政府要将毕业生就业纳入统一的就业服务体系，同级财政要给予就业工作经费支持；各级教育部门和高校要紧密合作，为毕业生提供及时、丰富和有效的就业信息；高校就业服务要及时了解社会人才需求态势，组织毕业生参加各种形式的人才招聘活动。也就是说，高校就业工作不仅要做一些事务性服务，而且要主动开拓就业市场，寻找就业保障资源；即使是针对大学生个体的就业服务，也不仅仅是帮助学生找一份工作，更要关注学生未来职业发展规划，帮助学生形成职业发展理念。

**2. 建立有效的就业辅助体系，促进全面就业**

首先，大学生就业服务建设要发挥行业协会的功能。行业协会可以充分运用与行业企业密切联系的优势，为用人单位与大学生搭建供需对接与协调平台。高校大学生社团组织既要加强"创业基地"建设，又要与行业企业、研究院所共建"实习基地""科研基地"，为大学生创业就业提供实践机会；行业协会要积极筹建大学生就业中介组织，并接受政府主管部门、民政部门及相关监督部门对就业服务质量的检查与评估。其次，完善全国统一的高校毕业生就业网络联盟。就业网络联盟要通过联合行业企业、用人单位和高校，采用搜索引擎技术、远程面试技术等搭建高效便捷的就业网络平台①；实现行业部门、高等学校、用人单位和毕业生网上信息发布、网络招聘和网上就业服务，为毕业生和用人单位提供优质就业和人才招聘服务。最后，加强大学生创业服务。近年来，大学生创业以及创业教育受到了越来越多的关注和政策支持。实践中，鼓励与引导大学生创业不仅是带动就业的"突破口"，而且也是提高人才培养质量、主动适应经济发展的基本途径。因此，大学生就业服务体系建设必须将创业教育和创业服务作为主要内容，这不仅体现在高校要重视开展创业教育和创业服务上，也体现在政府和社会要为大学生创业提供全方位的服务与支持上。

**3. 建立高校与社会需求之间的联动机制，拓宽就业渠道**

高校要与"人才流动站"、行业企业、行业协会之间在就业信息、教学资源整合等方面建立联动机制，形成高校人才培养与社会人才需求之间的动态平衡机制。从高校层面而言，要着力优化学科专业结构，完善实践教学体系，提高大学生实践能力和就业能力；高校要把毕业生就业工作摆在各项工作中的重要位置上，调动全校各方面的力量以帮助每个毕业生及时就业、顺利就业。高校就业服务不仅要面向在校大学生通过社会实践、生产实习促进学生专业实践能力和职业技能的发展，而且也要向已毕业学生提供就业服务，以及职业技能培训

---

① 刘小峰：《创新服务，力促大学生和谐就业》，《中国教育报》2007 年 8 月 8 日第 4 版。

服务。从政府层面而言，各级政府要切实加强对大学生就业的政策扶持力度，购买和开发大学生公共就业岗位，包括向高新技术企业、大型企业、国家重点项目工程等输送更多毕业生；各级政府人力资源部门要重视人才市场在大学生人才资源配置过程中的主导性作用，甚至是决定性作用，积极推进各类人才市场的体制贯通和信息共享；完善人才市场的运行机制，规范毕业生就业市场招聘秩序，降低毕业生就业成本。从社会层面而言，行业企业要把与高校合作教育作为义不容辞的社会责任，把为大学生实习与实践提供机会和岗位看作为自身发展储备和发现人才的基本途径。

## 三　大学生就业援助模式及其制度创新

当前，中国高等教育正处在一个计划经济体制向市场经济体制、精英教育向大众教育深化转型的过程之中。同时，这还是一个高等教育发展中利益关系分化和重组的过程。在这一过程中，大学生就业难成为政府和全社会普遍关注的焦点问题。尤其是近年来，随着大学生就业人数的逐年增加，以及全球经济危机背景下就业需求的持续低迷，大学生就业困难群体逐渐增大；大学生就业困难群体构成复杂、问题多样，具有明显的低阶层分布的典型特征。因此，研究现阶段中国大学生就业困难群体的成因，完善大学生就业援助模式，对促进经济社会和高等教育健康发展具有重要的现实意义。①

### （一）大学生就业困难群体迫切需要就业援助

在计划经济体制下，大学生人才资源配置完全是政府行为，实行"统包统配"，有多少大学毕业生供给，政府就安排多少大学毕业生就业。由于这种就业体制的保护，大学生长期缺乏就业竞争和失业压力，

---

① 马廷奇：《大学生就业援助：模式选择与制度创新》，《江苏高教》2014 年第 3 期，第 105—108 页。

从而割断了能力与就业、平等与效率之间的联结，抑制了强者，保护了弱者。[①] 在这种体制下，既不存在大学生就业难，也不存在就业困难群体。当计划经济向市场经济转轨、大学生就业体制由计划配置向市场配置转变，竞争机制开始在大学生就业过程中发挥主导作用时，原本脱离于效率之外的"供大于求"或难以适应市场需求的毕业生就会被"释放"出来，大学生完全就业的可能性也就不复存在。当然，大学生就业难只是相对而言的，并不是每个大学生都存在就业困难；不同个体、不同学校类型、不同专业毕业生的就业难度和就业质量表现出明显差异。所以，大学生就业困难主要呈现为部分群体的就业样态，而不是整个大学生群体的就业境遇。

但值得注意的是，近年来大学生就业困难群体的绝对人数呈逐年扩大趋势。麦可思研究院发布的大学生就业报告显示，从 2008—2011 年，大学生毕业半年后的就业率分别为 85.5%、86.6%、89.6% 和 90.2%，虽然就业率逐年略有上升，但由于每年大学生毕业总人数增长较大，2008—2011 年分别为 559 万人、611 万人、631 万人和 660 万人，如果按上述就业率计算，大学生毕业半年后待就业人数分别为 47.8 万人、52.9 万人、56.5 万人和 59.5 万人。可见，"毕业即失业"是大学生就业困难群体的一个主要特征，其规模和深度已经构成影响中国经济社会和高等教育发展的突出问题。虽然大学生待业群体不一定就是就业困难群体，但二者无论在结构上还是在人数比例上都具有很大程度的重叠性。

在计划经济体制下，大学生被称为"天之骄子"，集政府、社会和同辈给予的期待、关爱于一身，与其他群体相比，具有确保就业的"心理优势"；作为受过专业教育和职业准备性教育的精英群体，具有保障就业的"技能优势"。随着市场经济的发展以及大学生就业日益走向市场化、社会化，尤其是"民工荒"和大学生就业难并存时，大学

---

① 张建武、高凌：《转型时期中国城市弱势群体就业支持体系研究》，《华南师范大学学报》（社会科学版）2005 年第 6 期，第 14—20、27 页。

生期待优质就业的"理想"就被击得粉碎。当前,大学生就业心理落差正在经历一个艰难的调试期。同时,社会对大学生就业困难群体的认识也经历了一个逐步深化的过程。20世纪90年代以来,在中国学术界和政府官方文件中,"就业困难群体"只是在谈到下岗职工、进城农民工、残疾人等弱势群体就业时才使用的概念,是政府和社会援助的对象。《中华人民共和国就业促进法》把就业困难人员界定为"因身体状况、技能水平、家庭因素、失去土地等原因难以实现就业,以及连续失业一定时间仍未能实现就业的人员"。

对于大学毕业生而言,2003—2008年每年由国务院、教育部等部门发布的有关"就业工作通知"中都把就业帮扶对象称为"困难家庭毕业生""离校后未就业毕业生""少数民族毕业生"等,直到2009年才第一次明确提出"就业困难毕业生"的概念。此后,每年政府发布的"就业工作通知"都把援助或帮扶毕业生就业困难群体作为大学生就业政策的主要内容。当前,无论是学术界还是政府文件,对"就业困难毕业生"概念的内涵还缺乏清晰的界定。具体到学生个体,困难家庭毕业生、离校后未就业毕业生、少数民族毕业生不一定就是就业困难毕业生,而只是需要特别关注的就业群体。

基于对大学生就业困难原因的分析,有学者将大学生就业困难群体界定为:由于就业目标、就业准备、就业能力等自身因素以及政府、社会、学校、用人单位、家庭等外在原因,造成在某些方面或各方面处于不利地位而不易被社会用人单位所接纳认可,在就业过程中面临较大困难的大学生群体[①],或者说是有就业意愿但就业能力和就业技能薄弱的大学毕业生群体。

政府和高校之所以如此重视大学生就业困难群体援助,一方面是因为大学生就业难在很大程度上就是指就业困难群体的就业状态,有效促进就业困难群体顺利就业是解决大学生就业难的根本途径;另一

① 李红霞等:《就业困难大学生群体的特征、成因及对策研究》,《中国劳动关系学院学报》2012年第5期,第60—65页。

方面是因为如果大学毕业生呈现出群体性的持续待业或失业状态，无论是对个体发展还是对社会发展而言，其负面影响都是不言而喻的。长期以来，人们一直寄希望于通过高等教育改变自身在社会阶层中的弱势地位，但来源于社会弱势阶层的大学生由于家庭经济困难、社会资本匮乏以及综合素质相对薄弱，往往又构成就业困难群体的主体，特别是由于非自身因素所导致的持续待业或就业困难，会严重挫伤他们通过接受高等教育获得优质就业机会的信心。近年来，农村大学毕业生成为就业难的主要群体，并已经引起政府和社会的关注。中国社会科学院发布的《社会蓝皮书：2014年中国社会形势分析与预测》指出："家庭的城乡背景对毕业生的就业机会有明显影响"，其中"普通本科院校毕业生就业率的城乡差异最大"[①]。究其原因，一是农村学生没有社会关系，加上求职费用不菲，包括各种考试费、路费、正装的费用等，在很大程度上影响了农村大学生获得职位的机会；二是农村大学生大都集中于普通本科院校，由于这类院校办学定位和特色不明显，相对于重点大学和高职院校，就业率相对偏低，因此也加大了农村大学生难以就业的比例。

从社会心理承受度而言，当大学生就业困难不是少数个案而是群体性现象的时候，就会在较大范围内影响人们投资高等教育的积极性。同时，大量毕业生待业或不能充分就业，不仅影响经济的可持续发展和社会的和谐稳定，而且导致人才资源和高等教育资源的浪费。从经济学的角度看，大学生就业困难是人才资源配置的非效率行为，限制了大学生贡献社会的机会；从社会学的角度看，就业困难使个人高等教育投资得不到及时回报，可能会导致对就业环境和就业制度的不满，形成社会的不稳定因素。

从现实状态而言，由于就业机会有限，每个人的自身条件不同，客观上不能实现每个学生及时就业；相关研究表明，大学生的就业状况与大学生本人的就业意愿和就业期待、所拥有的人力资本和社会资本状况

---

① 徐畅、晋浩天：《农村毕业生存在就业短板吗?》，《光明日报》2014年3月31日。

密切相关，或者说，个体差异是造成大学毕业生之间就业差异的重要因素[1]；尤其是在就业市场总体呈现出"供大于需"的背景下，大学生就业市场表现出毕业生群体或个体之间很强的竞争性特征。尽管如此，由于大学生人力资本的高投入性及其对于经济社会发展的特殊重要性，我们不能简单地以就业效率取代就业公平、以就业竞争默许就业不平等。因此，就业援助就成为促进大学生就业困难群体顺利就业的必要选择，其目标就是要克服导致就业困难的制度因素，在公平竞争的前提下，创造更多的就业机会，使每个毕业生都能"才得其所""才尽所能"。

### （二）大学生就业援助的模式选择

大学生就业困难群体的形成并非单因素作用的结果，而是多因素相互交织影响的结果，因此大学生就业援助也是一项复杂的系统工程，援助体系建设也并非一日之功，需要协调相关主体整合大学生就业资源，切实提升就业援助的质量和成效。当务之急是找准切入点，创新大学生就业援助模式。

#### 1. 多样化援助模式

就业援助的前提是摸清大学生就业困难群体的底数，分析导致就业困难的具体原因，然后才能采取有针对性的援助措施。从外部环境来看，大学生就业困难群体的产生是大学生人才市场供需结构失衡的反映。

其一，虽然近年来中国经济高速发展，经济总规模居世界第二位，但对大学生就业的吸纳能力有限，也就是说，经济高增长，大学生低就业。究其原因，是因为长期以来中国形成了以劳动密集型产业为主的产业结构，特别是在经济快速发展时期，这种经济结构不断得到强化，形成了较强的结构依赖"惯性"；由于劳动密集型产业并不需要劳动者具

---

① 苏丽锋、孟大虎：《人力资本、社会资本与大学生就业：基于问卷数据的统计分析》，《复旦教育论坛》2012年第2期，第27—33页。

有特别高的文化素质，基本上只需要劳动者有较好的体能，因此低端劳动力需求相对旺盛，大学毕业生需求相对较低。[①] 实际上，这也是近年来大学生就业需求持续低迷的根本原因。其二，随着中国高等教育规模持续扩大，每年大学生就业人数有增无减，与此同时，高等教育人才培养模式、专业设置、教学内容与课程体系改革却相对滞后，高校人才培养缺乏与社会需求的适应性联系，导致大学毕业生结构性失业或技能性失业。其三，虽然市场机制开始在大学生人才资源配置中发挥基础性作用，但统一、规范的劳动力市场还远未形成，尤其是在政府监管缺位、法制不健全的背景下，就业歧视、低薪招聘等侵害大学生就业权益的行为时有发生，体制性地造成大学生就业难度提升。其四，从大学毕业生本身来看，大学生就业困难群体的产生既有就业观念和心理不适应、就业技能薄弱等主观因素，也有所学专业社会需求量小、用非所学等客观因素；既有自身所积淀的个人资本虚弱的原因，也有社会资本匮乏的原因。

值得强调的是，大学生困难群体虽然在就业市场上相对处于弱势地位，但这种弱势也是相对的，通过有针对性的就业援助可以挖掘他们自身的优势，把弱势转化为优势。根据大学生就业困难群体的结构特征和形成原因，就业援助主要包括以下几方面的内容：第一，就业技能援助。针对学生就业技能不足、交往能力薄弱的问题，通过开展就业培训、职业指导、社会交往和表达能力训练等途径，提升就业困难大学生的就业素质。第二，就业心理援助。针对就业期望值过高、就业心理压力大、就业目标模糊等问题，进行有针对性的就业心理辅导和职业发展规划，培养大学生积极的就业观。第三，就业法律援助。针对大学生就业过程中的就业歧视、协议签订、权益保护、违约及其求偿、就业诉讼和仲裁等问题进行专门的法律咨询和具体帮助。第四，就业经济援助。对家庭贫困学生、无就业家庭学生提供一定的经济支持，使他们能够支

---

① 苏剑、盛磊：《刘易斯拐点、大学生就业难和"民工荒"问题研究》，《广东商学院学报》2010 年第 3 期，第 4—8 页。

付求职过程所必要的经费，以及帮助他们参加社会实践和就业技能培训。第五，就业机会援助。针对毕业离校未就业学生、长期失业毕业生，通过提供就业信息、企业单位实习、岗前培训，购买公共就业岗位和政府托底安置，以及通过实施基层就业项目等途径，增加更多的就业机会和就业岗位。第六，社会保障援助。主要通过提供档案服务、就业落户、社会保险补贴、学费减免、创业支持等，为毕业生营造良好的就业创业环境。当前，大学生就业援助关键是要明确这样一种认识，即大学生就业难问题已经从就业总量问题转向就业的结构性问题。大学生就业援助需要顺应这种变化，根据人才市场供求关系的变化，转变就业政策的关注点和实施手段，面向不同类型的就业困难群体实施针对性的就业援助模式。

2. 协同援助模式

多样化援助模式主要是从援助内容而言的，要把这些援助项目付诸实践，必须有相应的援助主体负责实施。中国大学生就业制度从"统包统分"到"双向选择、自主择业"的变革，扩大了学校办学自主权、用人单位自主权和学生择业自主权，也充实了劳动力市场的人力资源调配权。① 原来仅属于政府单一主体的大学生人才资源的配置权，分解为政府、高校、用人单位、劳动力市场和学生本人等多元主体的权力结构。因此，政府不再为大学生就业承担无限责任，无论是大学生就业问题的解决还是就业援助的实施，都必须有赖于多元主体的协同和合作。当然，虽然政府在大学生就业问题上从"无限责任"转向"有限责任"，但并不是放弃责任，而只是在重新定位政府行为角色的基础上，形成多元主体的责任分担机制。这种协作援助模式是以大学生就业援助的市场化和社会化为目标，以不同主体之间的伙伴关系和合作关系为基础的。政府的责任在于用宏观调控、政策引导、监督检查、财政调节等手段，致力于构建政府与高校、市场、社会之间的协作机制，最大限度

---

① 罗建河、叶忠：《论我国大学生就业责任的分担》，《国家教育行政学院学报》2009年第 7 期，第 18—23 页。

地调动相关主体进行大学生就业援助的积极性。高校的责任是在国家政策引导下，根据市场需求，调整学科专业结构和课程体系，提高人才培养质量，加强就业指导和就业服务。劳动力市场和用人单位的责任是对大学生的个人能力和适应性进行合理评价、维护就业机会平等，实现劳动力市场、用人单位与高校之间、劳动力市场与用人单位之间的有效合作和就业信息畅通。大学生作为就业的当事主体，主要责任在于转变就业观念、增长就业技能、发挥自身优势，由被动就业转向主动就业。

可见，大学生就业援助参与主体有其各自独特的行动资源和行动逻辑，以及特定的行动范围和行动边界。实际上，政府失灵、市场失灵和社会失灵在大学生就业援助中同样也有其具体体现；就用人单位和大学生而言，其招聘和就业行为取向更是受到就业环境和自身资源禀赋的制约。因此，要达成就业援助的目标，政府、市场、高校、用人单位等都不可能是唯一主体，建立互动和合作机制成为势在必行。当然，这种合作既包括多主体之间的"两两合作""多边合作"，也包括不同主体内部不同部门和要素之间的合作。实践中，要根据具体的就业援助内容和援助项目，依据优势互补的原则实施不同的协作援助模式。

就上述两种就业援助模式的关系而言，多样化援助模式主要是指援助内容或援助项目的多元化，重视解决不同类型的大学生就业困难群体的就业困境，协同援助模式主要是指援助主体的多元化，重视发挥多元主体的协同合作功能；二者是援助内容和援助形式、援助对象和援助主体的关系。实践中，只有实现内容和形式的结合、主体与客体的结合，才能真正实现就业援助的目标。

### （三）大学生就业援助的制度创新路径

如前所述，大学生就业难以及就业困难群体的产生，不是大学生绝对数量的"供大于求"，而是由大学生就业意愿和技能与劳动力市场需求之间的不匹配，以及就业援助制度的僵化和运行不畅引发的。与普通劳动力相比，大学生是高素质人群，其就业困难也表现为与普通劳动力不同的特征。因此，要解决大学生困难群体的就业难题，把就业援助落到实处，还有赖于就业援助的制度创新。

1. 创新援助体制，健全责任体系

当前，单一主体就业援助模式已经很难适应大学生就业困难群体逐渐扩大化的现实，政府、高校和全社会都应该投入更多的精力和责任帮助他们顺利就业，并通过创新援助体制，形成能够惠及每个就业困难学生、协同合作的责任体系。第一，合理规划产业结构调整与大学生就业之间的关系。产业结构转换的质量决定产业结构的优化和经济增长方式转变，决定着大学生就业结构和产业的分布。[①] 要切实提升经济发展对大学生就业的吸纳能力，就必须把产业结构调整和技术升级与解决大学生就业问题结合起来，统筹安排经济发展规划、人才队伍规划与大学生就业之间的关系。第二，由教育主管部门牵头，协调好政府其他相关部门之间的关系，健全大学生就业困难群体援助的责任分工和领导协调机制；加强政府与高校、行业企业、劳动力市场之间的协调和沟通，充分发挥社会各方面的力量参与大学生就业援助。第三，高校内部要把大学生就业困难群体援助与人才培养模式改革、就业指导和职业发展规划结合起来，开展有针对性的就业服务，不断提高大学生的就业素质和就业能力。

2. 发挥行政和市场双重机制的作用

西方市场经济国家的经验表明，市场调节和政府扶持是解决就业问题的根本途径。随着中国大学生就业制度向市场化、社会化机制的转型，非就业困难大学生应由劳动力市场的自发机制来解决，而处于相对弱势地位或就业困难群体则需要政府的关心和帮助。相对而言，"政府是社会利益的协调者，是财政再分配的主持者，政府对弱势和准弱势劳动者有关心、帮助的责任，同时也拥有完成这种职责的财力、行政权力和政策手段"[②]，政府调控和市场调节优势互补、配合运用，可以最大

---

① 李彬：《中国产业结构转换与大学生就业关联性研究》，《中国人口科学》2009 年第 2 期，第 34—43 页。

② 孙晓燕、陈业彤：《弱势、准弱势劳动者公平就业的实现途径》，《山东社会科学》2006 年第 6 期，第 155—156、63 页。

限度地提高大学生就业援助的质量和成效。首先，政府宏观调控旨在促进产业结构调整，开辟新的就业岗位：一是利用当前中国经济增长方式转型的发展机遇，加大对产业结构调整和企业技术改造的力度，尤其是通过区域产业结构调整，为大学生群体特别是就业困难群体创造更多的就业机会；二是政府购买和直接创造就业岗位，以及通过实施公共就业工程，弥补大学生市场就业机会的不足。其次，通过加强劳动力市场建设，优化大学生人才资源配置：一是消除阻碍大学生合理流动的制度障碍，建立统一的大学生就业市场。现在的关键问题是要打破城乡、户籍、地区、行业、所有制等方面的界限，消除就业市场壁垒，进而实现大学生自由流动就业和择业自主权；二是建立流畅的大学就业信息系统和规范有序的就业服务体系，以及完善的就业法律监督制度，保障大学生就业市场有序运行，保护就业困难群体的合法权益。

3. 完善和落实大学生就业援助政策

随着中国以自主就业为主导、以市场调节为基础的大学生就业机制的形成，政府应将更多的精力放在对大学生就业困难群体就业政策的制定和落实上。第一，建立大学生就业困难群体的统计与监测预警机制。在加快全国性就业市场信息网络建设的基础上，加强对大学生就业困难群体的鉴定和统计工作，建立相应的数据库和预警系统，分析经济社会发展以及不同区域和行业企业对大学生就业需求及其变动趋势，并定期向社会公布大学生就业市场供求信息。第二，强化落实大学生就业援助政策。目前各级政府已经制定了较为系统的大学生就业援助政策，如中小企业和科研项目吸纳大学生就业政策、中西部和基层就业政策、农村义务教育阶段学校教师特设岗位计划、三支一扶计划、大学生应征入伍政策、创业优惠政策，等等。现在的关键问题是通过完善财政投入、制定配套政策、健全行政监督机制等途径，真正解决大学生就业困难问题。第三，健全大学生就业的社会保障制度。大学生就业援助必须有专门机构和专门经费，并且要有相应的法律和政策监督这些机构的活动和经费的使用。当前，在执行和落实国家失业保险、生活保障等法律法规的基础上，着力完善大学生西部和基层就业的学费和助学贷款补偿、创业经费支持、培训和实习补贴、代缴社会保险等政策执行程序和标准；为残障学生、家庭贫困学生和少数民族学生提供必要的就业补贴。

# 四　小结

随着"市场导向、政府调控、学校推荐、学生与用人单位双向选择"的大学生就业体制机制的建立和发展，大学生就业指导与服务工作就显得十分重要，成为大学生就业制度保障体系建设的重要环节之一。大学生就业指导与服务不仅限于解决大学生就业的事务性问题，也不仅限于临毕业前的时段，而应着眼于大学生就业发展、培养就业能力、注重大学生职业生涯教育，贯穿于大学教育的全过程。实践中，大学生就业指导与服务不仅要在人员、经费、场地、机构设置等组织形式上到位，而且要在服务职能上到位，服务质量上到位，建立多样化、个性化、全程化、全员化的大学生就业指导与服务体系。大学生就业援助是专门针对大学毕业生中的弱势群体、就业困难群体而言的，是高校大学生就业指导与服务体系建设的"重中之重"。大学生就业困难群体援助是一项复杂的系统工程，关键是要针对大学生就业困难的具体问题，采取有针对性的就业援助措施，积极推进大学生就业援助制度体系创新和援助模式创新。

# 第五章 大学生就业市场与 就业中介制度建设

中国大学生就业市场及其中介组织是伴随着市场经济的发展和劳动力市场的发育而逐步发展的。大学生人才资源的市场配置机制推进了高等教育改革，促进了高等教育大众化进程。当前，中国大学生就业市场及其中介组织运行的内在矛盾和制度困境抑制了大学生就业的市场化进程，大学生人才资源配置效率不高，大学生就业难和失业问题十分突出。当前的关键是要打破劳动力市场的多重分割，建立利益相关者协同合作的就业市场运行机制，加强大学生就业中介组织建设，促进大学生充分就业。

## 一 大学生就业市场的发育及其实践困境

从客观上说，大学生就业难、"最难就业季"都是在中国经济快速工业化和现代化以及各级政府千方百计为大学生创造就业条件、提供各种形式的就业政策支持的背景下产生的。那么，大学生就业难的根源到底在哪里？不少学者已经对此进行了多视角分析，其中最有代表性的是"供大于求说"和"结构错位说"。前者认为，大学生就业难是由于高等教育扩招导致的就业人数远远超过就业岗位需求所造成的；后者认为，是由高等教育人才培养结构、大学生知识和技能结构与产业结构及其岗位技能要求之间的不匹配所造成的。以上两种结论虽然都有相关经验研究的支撑，但如果对大学生就业难的研究仅仅停留于因素分析层面，就可能会流于表面化的理解了。在市场经济条件下，大学生就业是一项复杂的系统工程。实际上，无论中国受高等教育人口占总劳动力的比重，还是经济发展对大学生就业的吸纳潜力，大学生就业市场都还有较大的拓展空间。那么，究竟如何提升大学生人才资源的配置效率、促进大学生充分就业？要回答这个问题，必须将大学生就业市场放在经济转型的背景下进行检视。

### （一）经济转型与大学生就业市场的发育

大学生就业市场是劳动力市场的组成部分，或者说是劳动力市场中的高端人才市场。从计划经济向市场经济转轨的过程中，中国大学生就业市场经历了从无到有的逐渐发育过程。在计划经济时期，并不存在大学生就业市场，大学毕业生"统包统分"，政府完全决定大学生人才资源配置，毕业生也主要在政府、国有和集体单位工作，在不同部门之间的流动受到限制。伴随着市场经济的发展，政府对大学生人才资源的直接配置功能逐渐弱化，市场化程度逐渐提高，这就对大学生就业方式、就业结构和就业流动产生了深刻影响。

其一，大学生就业从政府包办向自谋职业转变。一方面大学生择业的自主性不断提高，大学生在很大程度上拥有了自由选择职业的权利，另一方面毕业生需求单位拥有越来越多的用人自主权，择优选聘成为就业需求的基本规范。在这种背景下，尽管政府大学生就业政策仍然具有扩大就业的意义，但不再具有包揽大学生就业的功能，大量大学毕业生不得不通过就业市场来寻找工作。

其二，从固定时间的集中就业向无固定时间的分散就业转变。由"计划体制"下的包分配就业到大学生市场经济下自主择业的就业方式转变，意味着大学生就业的不确定性增加，意味着大学生从毕业到就业期间工作岗位搜寻时间逐渐延长，就业过程表现为选择与被选择的过程，甚至要经过多次选择和被选择才能实现就业。

其三，就业结构由单一领域向多元领域转变。大学生就业已经不仅仅限于国有企事业单位、政府机关，非政府部门、非公有制经济、外资经济开始成为大学生就业的主要领域。大学生就业区域、部门和行业之间的流动性逐渐增强，人才市场供求关系和竞争机制开始发挥主导作用。

可见，中国大学生就业市场的发育是以经济转型、市场机制的建立为特定背景的，因此也必然带有较为明显的转型时期的烙印。其中，大学生就业市场发育的一个重要特点就是高等教育改革与大学生就业市场发展的一致性，两者之间互为条件，相互促进：一方面，高等教育改革是由劳动力市场包括大学生就业市场的发展推动的，大学生就业市场发展为高等教育发展提供了动力；另一方面，大学生就业市场发展的阶段性变化提出了进一步推进高等教育改革的要求，标示着高等教育改革特别是人才培养模式改革的新领域和新方向。纵观中国经济体制和就业市场的发展过程可知，劳动力市场的建立是就业市场化的必由之路，没有劳动力市场就没有就业市场化，竞争机制就难以形成。[①] 同样，大学生就业市场发育促进了大学生人才资源由政府配置向市场配置的转换，促使了毕业生的自由流动和就业结构的优化，激发了高等教育的办学活力。如果没有大学生就业市场的发展，就没有高等教育的大发展，就不可能顺利推进高等教育大众化。

实践中，大学生就业市场的发育不是一蹴而就的过程，也远不是一个十分顺遂的过程。尤其是近年来，大学生就业需求持续低迷不仅仅是劳动力市场供求矛盾的反映，实际上也反映出大学生就业市场结构本身已经发生了实质性变化。[②] 一般来说，劳动力市场由市场主体、市场规则和市场服务体系等要素构成。[③] 就大学生就业市场而言，其构成要素的具体实践表现具有自身的特殊性，这是大学生就业市场区别于一般劳动力市场的根本特征。其中，市场供求主体地位的确立是大学生就业市

---

① 黄安余：《经济转型中的劳动力市场》，上海人民出版社 2010 年版，第 14 页。

② 马莉萍、岳昌君：《我国劳动力市场分割与高校毕业生就业流向研究》，《教育发展研究》2011 年第 3 期，第 1—7 页。

③ 于挺：《我国劳动力市场发育与构成要素研究》，《商业时代》2011 年第 36 期，第 12—13 页。

场运行的前提。大学生就业市场供给的数量和质量及其满足社会需求的程度，从表面上看仅仅是大学生个体或群体的行为，实际上是高等教育结构、规模、质量状况的整体反映；大学生就业市场的需求主体，包括企事业单位、政府机关以及社会服务机构等，对大学毕业生需求的数量、质量和结构，实际上是社会经济规模、产业结构和技术结构对大学就业吸纳能力的反映；当前，通过产业结构调整和发展科学技术实现经济转型和发展方式转变已经成为中国确定不移的战略选择。因此，人力资源结构和产业结构的"双调整"必然对大学生就业市场的供求结构产生深刻影响。[①] 就现实状况而言，一方面大批高校毕业生找不到工作或难以及时就业，就业压力有增无减，另一方面不少企业却苦于招不到合适的人才，甚至出现了"民工荒"和大学生"就业难"并存的结构性扭曲现象。[②] 可见，要解决大学生就业问题，关键是要适应大学生就业市场供需主体结构转型的要求，提升大学生人才资源的市场配置效率。

**（二）大学生就业市场运行机制及其实践困境**

毋庸讳言，虽然中国基本上形成了"市场导向、政府调控、学校推荐、学生与用人单位双向选择"的就业机制，但并不意味着大学生就业制度改革的完成，尤其是形成完善的市场化就业制度还需要一个过程。因此，在当前大学生就业压力有增无减、结构性矛盾更加突出的情况下，分析大学生就业市场运行机制及其实践困境，是进一步推动大学生就业市场建设的前提。

1. 行政机制和市场机制并用

随着市场经济的发展和劳动力市场的发育，市场机制开始在大学生就业过程中发挥主导作用，用人单位在人才市场上主要根据自身发展的需求选拔优秀人才，大学毕业生也面临着越来越激烈的就业竞争和多元

---

[①] 闵维方、蒋承：《产业和人力资源双结构调整背景下的大学生就业——一个历史和比较的视角》，《北京大学教育评论》2012 年第 1 期，第 2—12 页。

[②] 甘春华：《劳动力配置的二次扭曲分析：兼论大学生就业难与企业用工荒》，《深圳大学学报》（人文社会科学版）2010 年第 3 期，第 82—87 页。

化的就业选择。从理论上讲，在理想的市场环境里，市场可以通过价格机制、信息机制实现大学生人才资源优化配置，进而实现充分就业。与此同时，从大学生就业市场的需求来看，目前的大学生就业体制仍不完善，传统的行政型体制仍然是制约大学生就业市场发育的根本障碍。尤其在经济转型时期，在经济增长放缓、劳动力市场分割以及人才培养结构与产业结构存在结构性矛盾的情况下，大量毕业生难以及时就业或失业成为客观现实。

中国高等教育进入大众化阶段以来，政府实施了一系列就业促进政策，包括"大学毕业生西部服务计划""农村教师特岗计划""三扶一持计划""毕业生应征入伍计划""高校毕业生毕业见习计划"等，涉及政府、企业、高校和大学毕业生等不同责任主体。其中，政府在大学生就业过程中担负着不可替代的关键责任，包括公共就业岗位的提供、就业政策的实施、就业市场规范和就业服务体系的建设等。当然，重视发挥政府的作用，但并不是政府重又包办大学生就业事务，因为归根结底就业岗位不是靠政府来创造的，政府的角色不是干预而是促进就业。但在实践中，政府通过行政和政策手段深度介入大学生就业市场，政府包揽了本应由市场所承担的角色，同时放弃了市场监管与规制的责任。因此，通过打破劳动力市场制度性分割，畅通就业信息渠道，规范就业市场，为大学生就业创造良好的市场环境，比政府扶持本身所产生的效果更大。实际上，政府在促进大学生就业的各种措施中，效果最明显的莫过于让市场机制发挥主导作用。

2. 高等教育大发展与低就业率的矛盾

中国高等教育大众化进程是以高等教育规模的迅速扩展为标志的。1998 年，全国高等教育总规模只有 623 万人，毛入学率为 9.8%，2015 年，全国各类高等教育在总规模上达到 3647 万人，高等教育毛入学率达到 40.0%；根据研究预测，未来 4—5 年，中国高等教育毛入学率将达到 50%，进入高等教育普及化阶段。① 也就是说，今后中国高等教育

① 别敦荣：《普及化高等教育的基本逻辑》，《中国高教研究》2016 年第 3 期，第 31—42 页。

规模发展仍然呈现出稳步增长态势。从理想状态而言，政府与高校在发展高等教育规模时理应考虑可能带来的就业问题，在政府层面，应将经济发展可能提供的就业岗位以及扩大毕业生就业作为优先考虑的因素，进而确定重点投资领域和产业结构调整的方向；在学校层面，把提高质量和人才培养结构调整作为促进大学生就业的必要途径。然而，无论是政府社会经济发展规划还是高校人才培养计划都对高等教育大发展之后的毕业生就业问题准备不足，许多调控就业的政策和措施也显得执行乏力。

当前，大学生失业或就业难的主要表现是结构性失业和摩擦性失业，前者是由于高等教育人才培养结构与产业结构之间的供需矛盾造成的，后者是由大学生就业市场体系不完善、市场机制失灵造成的。一方面，虽然中国经济快速发展，经济规模总量增长迅猛，但由于产业结构与人才培养结构的错位，大学生就业率不升反降；另一方面，面对当前经济转型和产业结构战略性调整对技能型人才的旺盛需求，高等教育人才培养模式改革相对滞后，毕业生用非所学或学非所用，进而形成大学生就业困难。可见，大学生就业市场供求之间不是简单的数量对应关系，大学生充分就业除了有赖于发挥市场机制外，还取决于人才培养结构与产业结构之间的匹配程度。产业结构、高等教育人才培养结构与大学生就业之间是相互促进的，产业结构调整有助于拉动大学生就业，同时高等教育人才培养结构改革有助于满足大学生就业市场需求，促进产业结构转型升级。[①] 但这种匹配不会自动发生，由于大学生就业市场的复杂性和多变性，高等教育结构与产业结构之间的匹配需要一个相互适应和动态调整的过程。

3. 市场分割阻碍自由流动就业

职业自由流动或自由流动就业是市场经济的本质体现，也是劳动力市场包括大学生就业市场发展的目标，因为自由流动就业可以提升人才

---

① 周德禄：《技术进步、资本深化、产业升级与大学生就业》，《中国人口科学》2012年第2期，第14—24页。

资源的配置效率。在理想的市场环境下，大学生就业能够实现行业之间、区域之间和岗位之间的自由流动，达成大学生就业结构的动态平衡。但实际上，大学生就业流动受社会结构、经济改革和社会开放程度等因素的制约，"劳动者从事何种职业既取决于经济发展所能提供的职位空缺，又取决于其能力和该职位的社会地位"[①]。从大学生就业的流向来看，大部分毕业生更倾向于到发达地区、大中城市、高薪行业、国有企业等主要劳动力市场寻求就业，而不愿意到中西部、基层和农村等次要劳动力市场就业，呈现出区域、行业、职业和城乡之间的严重失衡。尽管这种与就业市场实际需求相悖的流动原因复杂，但主要原因在于劳动力市场根深蒂固的二元分割。

一方面，受计划体制"惯性"和"二元经济结构"的影响，劳动力市场包括大学生就业市场在内依然呈现出阶梯形分割现象[②]，不同部类和层级的就业市场之间不仅难以自由流动，而且工资福利、工作条件、晋升机会等差别较大。这主要源于不同就业岗位之间的差异，与大学生本人的人力资本等个性特征无关。因此，大学生宁愿选择自愿性失业或延缓就业，也不愿轻易到次要劳动力市场就业。根据本项目调查，基层或西部就业政策之所以执行不力，主要是因为基层或西部就业"发展机会少"（26.74%）、"去而不能复返"（15.59%）、"社会保障制度不健全"（15.24%）、"工作环境差"（13.41%）和"工作待遇差"（10.71%）。从这个意义上来说，劳动力市场的分割是产生待遇不公平、能力与回报失衡的重要原因，要解决这些问题就需要打破劳动力市场分割的现状，建立统一的劳动力市场。[③]

另一方面，高等教育具有社会分层的功能，高等教育文凭获得者可以打破劳动力市场分割的限制，使下层群体获得更多的向上流动的机

---

① 黄安余：《经济转型中的劳动力市场》，上海人民出版社 2010 年版，第 162 页。

② 岳昌君：《我国阶梯形劳动力市场中的高校毕业生就业结构与对策》，《中国高等教育》2012 年第 6 期，第 38—40 页。

③ 张源源、刘善槐：《大学生就业不公平问题探析》，《教育研究》2011 年第 9 期，第51—55 页。

会。但由于不同劳动力市场的待遇和发展前景的差异，大学生为使个人高等教育投资获得预期的回报，则想方设法流向主要劳动力市场就业。从这个意义上说，高等教育资格已经成为划分劳动者群体的重要分界线，高等教育造成的群体分化是中国社会除户籍和单位所有制分割之外的另一种形式的分割现象。① 可见，劳动力市场分割不仅是大学生自由流动的制度障碍，也是大学生失业或不能及时就业的主因。同时，从高等教育体制改革的进程来看，大学生就业制度的市场化变革，不仅使得大学毕业生在就业区域选择方面自由度逐渐增大，同时也为大学毕业生竞相流向大中城市和东部沿海地区就业"极化"现象的出现提供了制度上的可能。②

4. 就业市场服务体系新旧模式并存

在计划经济条件下，政府负责大学生人才资源的配置，并提供相应的就业服务，高校人才培养与社会需求是"隔断"的。随着市场经济的发展，人才资源配置机制由行政配置转向市场调节，就业市场服务也由就业管理转向为就业提供制度环境、文化环境和技术环境支持③，减少供需双方市场搜寻成本，提升人才资源配置效率。大学生就业双向选择机制的建立，使供求双方的利益诉求越来越多元化、个性化，就业服务不仅限于"一站式"服务和程序性管理，而是包括就业咨询、职业规划、失业管理、信息服务、就业培训等功能多样的服务体系。但由于传统体制的"惯性"，大学生就业服务的市场化机制、规范化机制还远没有形成。本课题组调查显示，超过六成的毕业生对大学生就业市场的满意度"一般"（63.53%），"非常满意"或"比较满意"者仅占17.83%，"不太满意"或"不满意"者占18.62%。在这种背景下，大学生就业中介组织迅速发展，并成为沟

---

① 吴愈晓：《劳动力市场分割、职业流动与城市劳动者经济地位获得的二元路径模式》，《中国社会科学》2011年第1期，第119—137页。

② 赖德胜、孟大虎等：《中国大学毕业生失业问题研究》，中国劳动社会保障出版社2008年版，第94页。

③ 薛泉、刘园园：《从我国经济发展的阶段性特征看大学生就业难问题》，《教育发展研究》2010年第13、14期，第82—86页。

通高校与市场之间的"桥梁"。

目前，大学生就业中介组织包括三类：一是由各级人力资源社会保障部门举办的公共就业和人才服务机构；二是各省教育部门、各高校毕业生就业指导机构；三是从事人力资源服务的社会经营性机构。[①]当然，由于中国大学生就业中介组织发育较晚，同时又缺乏及时培育，实际上还远远不能适应大学生就业市场化的需求：一是就业服务功能单一，服务范围狭窄；二是缺乏规范的就业服务质量标准，服务质量参差不齐；三是就业服务机构之间相互封闭，缺乏职能协调和分工合作。值得关注的是，面对就业市场的激烈竞争，大学生就业服务更要注重提供公平公正的就业保障制度和文化环境。近年来，虽然先后制定了《劳动法》《就业促进法》等反就业歧视的相关法律，2013年教育部还明确要求，严禁发布含有限定"985"高校、"211"高校等字样的招聘信息，严禁发布违反国家规定的有关性别、户籍、学历等歧视性条款的需求信息，严禁发布虚假和欺诈等非法就业信息。但实际上，大学生在就业市场所遭遇的各种歧视还是普遍存在的。本课题组调查表明，毕业生遭遇最多的是学校歧视（27.29%）、专业歧视（22.09%）、性别歧视（16.57%）和地域歧视（15.83%）。可见，大学生就业市场服务规范化建设，既是一个系统工程，也是一个长期的过程。

## 二　大学生就业中介组织的发展及其制度约束

随着社会主义市场经济的发展，以及高等教育管理体制和大学生就业制度改革的深化，尤其是自1999年中国高等教育实施规模扩大政策以来，以政府为主导的大学生就业体制逐步向以市场调节为主的大学生就业体制转变，这就必然引发政府与高校之间、高校与社会之

---

① 《国务院就业工作部际联席会议办公室，高校毕业生就业政策百问》，http://news. newjobs. com. cn/ad_ newjobs/customer/2012/jybw/jybw. html。

间在大学生就业管理职能、组织形式、资源配置、人员分工等方面的适应性变革。在这种背景下，大学生就业中介组织的发展就有了可能的空间。同时，在劳动力市场发育的过程中，政府职能也变得日益复杂和多元，一方面，就业政策的制订、就业结构的调整、就业公平的维护、就业资源的分配、多元化就业需求的满足等，都需要政府宏观规划和管理；另一方面，对于一些微观的职能，比如就业信息的提供、就业技能培训、解决就业纠纷等，政府已无暇顾及，需要政府之外的就业中介组织来承担。当前，虽然大学生就业中介组织在大学生就业过程中已经发挥着越来越重要的作用，但学术界对此问题的研究还很薄弱。因此，本书有必要对大学生就业中介组织的发展演进、职能定位、运行机制和发展趋向等进行探讨，以期对大学生就业保障制度建设有所裨益。

### （一）大学生就业中介组织发展的制度环境

目前，中国大学生就业工作的参与主体逐渐向多元化方向发展，政府不再是大学生就业的唯一包办主体，高校、社会就业服务机构、用人单位等相关主体在促进大学生就业过程中的作用逐渐得以彰显。在计划经济体制下，大学生就业服务系统是"塔式"结构形态，系统运转是靠政府自上而下的行政指令[①]，高校和用人单位只是按政府的计划指标完成学生培养和接收毕业生的任务，也就是说，政府主要依靠行政强制力维持大学毕业生的供求"均衡"，不存在大学生就业问题，也根本不需要大学生供求市场，所以也就没有大学生就业中介组织的生存土壤。在市场经济条件下，企业、高校等日益成为自我发展、自我约束的独立主体，企业要在竞争中生存和发展，要从技术进步和环境变革中获益，就必须改变传统的用工方式和管理方式，在挑选、引进和培养人才方面具有更大的灵活性和自主权；高校面对教育资源的激烈竞争，以及高等

---

① 王玲：《完善高校毕业生就业服务体系的思考》，《国家教育行政学院学报》2012 年第 1 期，第 6—10 页。

教育由"卖方市场"向"买方市场"的转变，必须注重提升人才培养质量和大学生就业能力。可见，大学毕业生能否顺利就业关系到不同利益相关者的切身利益，大学生就业问题也由此成为需要不同利益相关者共同参与解决的系统工程。

中国大学生就业制度改革的实践表明，大学生就业中介组织的产生受到各种相关因素的影响，其中既有社会相关主体参与大学生就业的利益诉求，也有高等教育以及高校发展的内在动力的驱使。但从根本上来说，大学生就业中介组织是伴随着大学生就业市场的发展而出现的，或者是为解决大学生就业问题和促进大学生就业而产生的。尤其是在中国高等教育进入大众化阶段以后，毕业生就业数量逐年攀升，但与此同时因受金融危机和中国经济结构失衡的影响，社会就业岗位需求则呈现出持续低迷状态。为解决大学生就业问题，政府开始逐步摆脱无所不包的大学生就业管理体制，开始重视市场机制在大学生人才资源配置中的基础性作用。大学生就业中介组织也就是在这一时期获得了大发展。当然，大学生就业市场属于整体劳动力市场的组成部分，因此大学生就业中介组织与其他劳动力市场中介组织相比，具有运行机制的相似性和职能、属性的共通性。同时，由于大学生就业工作的特殊重要性及其与高等教育人才培养不可分割的联系，大学生就业中介组织本质上也属于教育中介组织。与其他教育中介组织一样，从其产生之日起就带有比较浓厚的行政主导的色彩，是在政府有意推动下产生的。① 从现实生存状态而言，一方面，大学生就业中介组织承担了从政府分离出来的大学生就业管理的部分职能，并享有业务运作上的相对独立性；另一方面，大学生就业中介组织与政府的关系还处于"磨合"之中，甚至还与政府保持着浓厚的行政隶属关系，因此在某种程度上仍然具有传统意义上行政事业单位的属性。

从起源来看，中国劳动力市场中介组织的前身是劳动服务公司或人

---

① 刘耀明：《教育中介组织发展的制度变革》，《教育发展研究》2012 年第 5 期，第 66—69 页。

才交流机构。1993 年 12 月，劳动部制定的《关于建立社会主义市场经济体制时期劳动体制改革总体设想》提出，"建立竞争公平、运行有效、调控有力、服务完善的现代劳动力市场"，尤其是 1994 年《劳动法》的颁布实施，以及第三产业的快速发展，为中国劳动力市场中介组织的迅速发展创造了可能的政策条件和制度空间。据统计，截止到 2004 年 10 月，全国共有 4600 多家各类人才中介服务机构。① 随着中国大学生就业问题的凸显以及大学生就业市场机制的建立，这些社会人才中介机构也开始承担大学生就业服务的部分职能，与此同时，专门的大学生就业中介服务组织也相继成立。

　　目前，可以为大学毕业生就业提供服务的中介机构包括以下三类：一是由各级人力资源社会保障部门举办的公共就业和人才服务机构；二是各省教育部门、各高校毕业生就业指导机构；三是职业中介机构，主要包括从事人力资源服务的经营性机构。② 由于大学生就业对于经济社会发展以及社会和谐稳定的特殊重要性，中国政府一直很重视大学生就业中介组织的规范发展及其对促进大学生就业的独特作用。2002 年，教育部等四部门联合发布的《关于进一步深化普通高等学校毕业生就业制度改革有关问题的意见》指出："建立市场导向、政府调控、学校推荐、学生与用人单位双向选择的就业机制。" 2004 年，国务院办公厅《关于进一步做好普通高等学校毕业生就业工作的通知》进一步明确指出："各级人民政府要采取有效措施，积极推动高校毕业生就业市场、人才市场、劳动力市场相互贯通和资源共享。各级人才交流服务机构和公共职业介绍机构都要开辟毕业生就业的专门窗口，开展有针对性的指导、服务、培训和招聘活动。"③ 此后，这一原则规定一直是政府相关部门在大学生就业工作中反复强调的毕业生就业市场建设，以及就业中

---

　　① 王剑、陈蓝蓝：《不断发展与完善的我国劳动力市场中介组织——历史回顾与未来展望》，《兰州学刊》2009 年第 2 期，第 161—163 页。

　　② 《国务院就业工作部际联席会议办公室，高校毕业生就业政策百问》，http://news. newjobs. com. cn/ad_ newjobs/customer/2012/jybw/jybw. html。

　　③ 《国务院办公厅关于进一步做好普通高等学校毕业生就业工作的通知》，《中华人民共和国国务院公报》2004 年 6 月 20 日。

介组织服务大学生就业的基本指导思想。2002 年，教育部还专门发布了《关于进一步加强普通高等学校毕业生就业指导服务机构及队伍建设的几点意见》，提出了高校毕业生就业指导服务工作"机构到位""人员到位""经费到位""形成新的工作模式和运行机制"的建设目标。经过十多年的发展，目前高校大学生就业指导或服务中心已经成为不同类型大学生就业中介组织的重要主体，以及高校人才培养和大学生就业工作的促进中心。

### （二）大学生就业中介组织发展的制度约束

相对于劳动力市场中介组织而言，中国专门的大学生就业中介组织发展较晚，但劳动力市场及其中介组织的发展实践为大学生就业中介组织的发展提供了相对先行的制度环境。在认识上，鉴于以往大学生就业管理工作中具有较强的行政权力导向，有人建议建立开放的大学生就业体系，成立专门的大学生就业服务机构，大力扶持各种社会中介组织，规范大学生就业市场，维护大学生就业权益[①]；针对大学生就业服务质量缺乏保障和服务功能不完善的弊端，有学者主张采用政府购买大学生就业服务的公共服务供给模式，建立社会组织参与大学生就业服务机制。[②]在实践层面，伴随着大学生就业制度改革的深入，有些地方政府开始简政放权，把原属于政府的公共就业和人才服务机构与政府职能分开，建立相对独立的运作机制；一些地方政府逐步加强了对社会化中介组织对大学就业服务的监督和管理，着力规范大学生就业服务行为；一些高校大学生就业指导中心尝试建立全程式、个性化、多样性的就业服务模式。

实际上，在《中华人民共和国就业促进法》等相关政策中，中国已经具备了劳动力市场中介组织运行的法律基础。当然，在建构大学生就业中介组织的职能和运行机制时，还应充分考虑大学生就业及其就业

---

① 赵东：《论大学生就业服务体系的社会化》，《教育与职业》2007 年第 35 期，第 59—60 页。

② 刘德成：《政府购买机制与大学生就业服务》，《河北师范大学学报》（教育科学版）2012 年第 10 期，第 82—85 页。

市场的特殊性。但在实践中，由于传统的高等教育体制、大学生就业管理体制的"惯性"制约，以及大学生就业市场发育不成熟等方面的原因，以及政府监管经验不足，中国大学生就业中介组织还远不是一种制度化的设置，在发展过程中也同样面临着一些制度性的约束。

1. 就业中介组织与政府、高校之间职权定位模糊

如前所述，大学生就业中介组织兼具劳动力市场中介组织和教育中介组织的双重特性，因此大学生就业中介组织的建构和发展，既要遵循劳动力市场管理的基本规律，又要关照高等教育发展和大学生就业市场的特殊要求。在政府"简政放权"、引入市场机制和实施"学生与用人单位双向选择"政策以后，如何协调和落实不同大学生就业服务和保障主体之间的责权关系，一直是大学生就业体制改革实践中有待解决的问题。

在市场经济条件下，政府必须转变大学生就业管理的职能，但在政府转变管理职能的同时，往往缺乏有效的大学生就业中介组织的缓冲和配合，这就在很大程度上影响了大学生就业体制改革目标的实现。具体表现在以下几个方面：其一，从政府分离出去的公共就业和大学生人才服务机构仍然迷恋于计划体制下大学生就业管理的行政角色，习惯于对就业市场发号施令，而对如何满足大学生群体的就业服务需求、提高服务满意度等并不关注，更缺乏开拓就业服务项目的内在动力。① 其二，虽然各个高校都设立了就业指导或服务中心，但这些中心普遍倾向于将自身角色定位于学生就业管理机构上，服务意识淡漠，服务范围狭窄；尤其是在政府所谓的就业政绩的驱动下，一些高校为保全自身所谓"面子"和"声誉"，甚至成为大学生就业率数据虚高的制造者。其三，社会经营性就业中介组织提供的大学生就业服务模式滞后，一方面表现为政府缺乏对社会性中介组织服务大学生就业的质量监督、政策规范，缺乏统一的服务质量管理标准和责任追究制度，进而导致大学生就业市

---

① 刘德成：《政府购买机制与大学生就业服务》，《河北师范大学学报》（教育科学版）2012 年第 10 期，第 82—85 页。

场鱼龙混杂、可信度较低；另一方面表现为社会经营性中介组织提供的大学生就业服务职能狭窄，更多地仅仅局限于信息提供、失业登记等服务项目，有待建立包括就业培训、就业服务、就业实习、法律咨询等在内的功能完善的服务体系。

2. 大学生就业中介组织之间信息和职能分割

相对于其他劳动力资源，大学毕业生是较高层次的人才资源，大学毕业生的就业面向、就业岗位层级也相对较高，因此就很有必要发展相对独立的大学生就业市场及其中介组织。但大学生就业市场仅仅是整体劳动力市场的一部分，不可能脱离整体就业市场而独立运行，大学生就业中介组织必须实现与其他劳动力市场及其中介组织之间的相互贯通和资源共享。实际上，其他劳动力市场或人才市场中介组织本身就承担着大学生就业服务的部分职能。

当前，大学生就业中介组织之间还处于"资源割据"和"各自为战"状态，远远没有实现相互之间的资源共享和有效协作。从内容来看，这种分割主要表现为就业信息和服务职能的分割。在信息分割方面，当前中国大部分大学生就业中介组织只是进行一般的就业信息发布，且就业信息范围较窄，信息更新缓慢，并且不同就业中介组织之间信息相互封闭，从而使得大学生就业信息不充分，影响大学生及时就业，甚至导致失业。在大学生搜寻工作的过程中，如果大学生观察到的就业信息是真实、全面的，他做出的就业期望就会比较合理；如果大学生所掌握的就业信息是片面的或虚假的，那么他做出的就业期望就会偏高，就可能导致由于错误判断的失业。[1] 更为值得关注的是，不同区域就业中介组织之间的就业信息更是呈现出相互分离的状态，或者同一信息在不同区域的效用性表现出显著差异，从而导致大学生就业流动成本的增加，以及就业搜寻成本的增加。[2] 在职能分割方面，主要表现为高

① 赖德胜、孟大虎等：《中国大学毕业生失业问题研究》，中国劳动社会保障出版社2008年版，第73页。

② 马莉萍、岳昌君：《我国劳动力市场分割与高校毕业生就业流向研究》，《教育发展研究》2011年第3期，第1—7页。

校大学生就业中介组织与其他劳动力中介组织、人才市场中介组织之间的职能分割。经过多年来的发展，虽然高校就业指导中心以其针对性强的优势在大学生就业服务过程中发挥着重要作用，但由于高校资金投入有限以及服务机制缺乏灵活性、工作效率低等问题，其职能还主要局限于就业岗位推介和就业咨询服务。实际上，仅仅依靠高校就业服务的力量，很难满足大学毕业生越来越多样化的就业服务需求。但在实践中，不同类型、不同性质的大学生就业中介组织之间职能缺乏协调，甚至呈现出相互冲突的状态，缺乏统一的就业服务质量标准和规范，这不仅导致大学生就业市场服务质量难以保证，而且也在很大程度上限制了大学生就业服务功能的发挥。

3. 就业中介组织呈现出"自闭"倾向，"中介"职能没有得到充分实现

无论从中国教育中介组织产生的背景还是西方国家的实践而言，教育中介组织实质上是在传统的"政府—企业"社会结构中引入的第三方力量，目的是弥补政府和市场"机制失灵"的缺陷。① 同样，中国大学生就业中介组织也是大学生就业市场化和社会化的产物，旨在于政府与大学或社会用人单位之间架起沟通、协调的桥梁，减缓政府与高校、政府与社会之间的矛盾和冲突，促进大学生人才资源的有效配置，推进高等教育培养与人才市场"适销对路"的人才。但时至今日，中国大学生就业中介组织在实践中并没能真正实现这一预期的职能。实践中，政府仍然习惯于用行政权力来干预大学生就业服务，以及用数量化指标考核和评估就业服务，包括学生、用人单位等社会利益相关者在内的评价机制还没有建立；大学生就业中介组织也热衷于迎合政府评价，缺乏主动面向就业市场开拓毕业生供求信息的动力，更缺乏成熟有效的就业信息搜寻和分类机制。在这种背景下，不同类型的大学生就业中介组织，无论是政府公共就业服务机构、高校大学生就业服务中心还是社会

① 于海峰、曹海军、孙艳：《中国语境下非政府性教育中介组织研究》，《清华大学教育研究》2011 年第 4 期，第 73—78、91 页。

经营性就业服务机构，不管是服务内容还是服务职能，仍然主要局限于就业工作的程序性服务，既不能为大学生提供一体化的就业服务，又没有能力为高等教育人才培养提供有价值的改革建议。

可见，大学生就业问题的解决绝非一日之功，也并非简单的市场商品交易行为，需要政府、高校与用人单位之间建立有效的协同合作机制。目前，这种协作机制还处于自发性或政策性倡导阶段，缺乏大学生就业中介组织的有效参与。因此，大学生就业中介组织如何引导用人单位参与高校就业服务，同时引导高校面向人才市场进行人才培养模式和专业结构改革，还有很多值得研究与实践的课题。

# 三 大学生就业市场与中介组织发展的制度创新

从根本上说，中国大学生就业市场仍然属于"政府诱导型"的运行机制，即主要由教育行政部门或高校采取激励和引导大学毕业生就业的政策和措施，促进毕业生通过就业市场选择就业或自主择业。随着毕业生的逐渐增多，就业市场需要逐步向"市场主导型"转变，充分发挥用人单位、中介组织机构、人才市场等在大学生人才资源配置中的协同作用。

## （一）大学生就业市场发展的路径选择

中国大学生就业市场的发育是以经济转型和高等教育快速发展为背景的，因此必然带有较为鲜明的转型特色。当前，中国经济和高等教育发展正处于一个新的结构调整和质量提升的转型时期，大学生就业市场发展必须遵循劳动力市场的一般规律和大学生就业市场的特殊性，建立更加灵活有效的市场化就业机制。

1. 打破大学生就业市场分割，促进大学生自由流动就业

劳动力市场分割是计划经济的产物，是与市场经济发展的要求相悖逆的。实践中，户籍制度的改革、禁止户籍歧视，以及促进基层就业、中西部就业、农村就业的相关政策都是破解大学生就业市场分割的改

革。虽然这些政策有助于促进大学生就业自由流动，但只是"治标难以治本"之计，因为成熟的市场机制才是促进自由流动就业的根本制度保障。可以确信，随着中国二元经济向一元经济转变，劳动力市场必将进一步发育成熟[①]，同时随着中国产业结构和经济发展方式的转型，大量毕业生难以就业的现象将在很大程度上得以缓解。考虑到未来人口及其结构的发展趋势，根据高等教育发展规划，即使到 2020 年高等教育毛入学率达到 40%，每年的高等教育招生规模也仅仅是平稳增长，而快速工业化、城镇化和现代化进程对高等人才的需求将呈现出强劲增长态势。也就是说，目前大量毕业生就业难现象不可能长期存在，市场需求的疲软现象终将逆转。

当然，大学生自由流动就业体制机制建设是一个长期的系统化工程。首先，要合理规划产业结构调整与高等教育发展的关系，特别是要把产业发展与促进大学生就业结合起来，着力发展知识密集型产业，提升经济发展对大学生就业的吸纳能力；要根据区域经济发展和产业结构调整的要求，推进高等教育人才培养模式改革和结构调整。其次，深化经济体制改革，完善市场机制，逐步削弱垄断行业的绝对优势地位，缩小行业之间、区域之间、城乡之间的工资待遇和社会保障差异，为大学生自由流动就业解除后顾之忧。

2. 加强大学生就业市场规制，保障大学生公平公正就业

在较为成熟的市场环境下，大学生就业主要受市场机制的供求关系调节，但在就业市场处于分割状态下，政府对大学生人才资源配置进行行政干预和结构调控是不可避免的，也是必要的；与此同时，由于政策失调以及就业地方保护等原因，政府干预失灵及其不良效应也是显而易见的。大学生就业歧视和就业不公平现象，在某种程度上是一种政府行为或政府对大学生就业市场强势介入的结果，因为就业市场的不完全竞争，使优势地域或垄断行业企业具有优先选择或工资定价的主导权。劳

---

① 蔡昉：《劳动力市场转型和发育的中国经验》，《中国发展观察》2008 年第 9 期，第 15—17 页。

动力市场化的程度越高，市场竞争越充分，公平公正就业的实现程度就越高，歧视化程度也就越低。

值得期待的是，随着经济结构转型和市场机制的完善，大学生与用人单位之间的关系将向有利于大学生的方向转变。实际上，大学生公平公正就业的实现程度受"供求法则"的支配，即就业市场的供求关系决定大学生在就业市场上的谈判地位和就业选择的主动权。因此，就业市场供求关系变化较快的时期，也是就业市场制度发展和完善的最佳时机。一方面，在大学生就业市场供大于求的情况下，政府应通过立法和规章制度建设，保护大学生的就业权益；作为公共政策的供给方，政府应该承担更多的大学生就业利益保护者的责任。另一方面，政府要积极通过经济结构和产业结构调整提高大学生就业质量，提升大学生在就业市场上的地位。

3. 建立大学生就业市场运行的协同机制，促进大学生充分就业

从广义上来说，劳动力市场是劳动力所有者为转让劳动力所有权给生产资料所有者而建立的各种劳动契约关系的交易场所，是劳动者个体与用工单位之间实现劳动力买卖关系的总和。[1] 但劳动力市场有效运行不仅仅是雇佣双方的相互作用，还有赖于良好的制度环境和利益相关者的协同合作作用。大学生就业市场是劳动力市场的组成部分，既要遵循劳动力市场的一般规律，也要把握大学生就业市场的特殊性。可以确信，随着中国经济结构的战略性调整，大学生结构性失业的压力将得以有效缓解，今后的关键问题是如何通过多元利益主体的协作机制建设，完善大学生就业市场功能，减少摩擦性失业。

就政府角色而言，一方面在遵循人才市场规律的基础上，仍需要充分发挥大学生人才资源配置的政策导向和行政职能，包括公共就业岗位提供、促进基层就业、为区域经济发展建立人才高地等；另一方面要切实加强大学生就业市场服务体系建设，包括提供就业中介服务和就业培训、监管就业市场运行、规范服务质量等。就高校角色而言，关键是要

---

① 黄安余：《经济转型中的劳动力市场》，上海人民出版社2010年版，第13—14页。

确立以就业市场需求为导向的办学理念，推进人才培养模式改革，提高人才培养质量，同时逐步拓展就业服务范围，提升就业服务质量。就社会角色而言，行业企业要从仅仅是人才资源使用者转向主动参与高校人才培养，包括人才培养方案制订、课程开发、实习基地建设等。当然，注重发挥大学生就业市场多元主体的作用，并不是"各自为战"，而是在重视发挥市场机制的基础上，建立多元利益主体协同合作的大学生就业市场运作机制。

**（二）大学生就业中介组织发展的制度创新路径**

在市场经济发展和社会转型的关键时期，如何有效解决中国高等教育快速发展中所面临的大学生就业难问题，乃是高等教育体制改革和大学生就业制度改革的当务之急，而大学生就业中介组织建设是走出这一困境的突破口。现在的关键问题是要着力在目标定位、运行规制、资源配置等方面推进中介组织发展的制度变革，有效促进大学生就业。

1. 合理定位中介组织与政府、高校和社会之间的关系

西方国家的实践表明，规范政府行为，加强立法监督，"增权赋责"是就业市场中介组织发展的典型经验。首先，中国急需在就业促进法、劳动力市场管理条例等相关法律法规的基础上，尽快制定专门的大学生就业市场及其中介组织规范发展的相关政策法规，明确规范大学生就业中介组织的地位和作用、性质和职能、服务质量和标准，为大学生就业中介组织的健康发展和有效运作提供可靠的制度保障。其次，转变政府职能，由原来对大学生就业和中介组织的直接管理转变为依靠法律法规、政府购买、委托代理、质量监督等方式进行间接管理，给予大学生就业中介组织更多独立自主的运营空间；尤其要放宽经营性中介组织对大学生就业服务范围的限制，探索其参与大学生就业服务的体制机制。第三，大学生就业中介组织要切实淡化管理职能，强化服务意识，拓宽服务领域，形成集就业服务、就业培训、职业生涯规划、人才培养咨询等功能于一体、依靠服务质量求生存的社会化机构。

2. 建立就业中介组织之间服务大学生就业的合作机制

就发展趋势而言，就业中介组织之间的大学生就业服务合作主要表现在以下两个方面：其一，不同区域大学生就业中介机构的合作，其中最为关键的是就业信息之间的合作共享。一方面，政府应充分发挥大学生就业信息搜集、传递过程中的调控、监督和质量监督功能，加强不同区域大学生就业中介组织之间的信息沟通，为学生跨区域就业搭建流畅的信息交流和就业服务平台。另一方面，政府应致力于打破大学生就业的市场分割状态，建立统一的大学生就业市场，缩小依附于不同就业市场的工资待遇、社会保障等方面的差异；当务之急是加强全国统一的大学生就业信息机制建设，为大学生就业提供全国统一的就业服务平台。其二，公共就业中介组织（包括政府主办的就业中介组织和高校就业服务中心）与经营性就业中介组织之间的合作。在合作模式上，可以采用契约式合作或授权式合作①，还可以通过成立全国性的大学生就业服务理事会，制定大学生就业服务准则，对大学生就业服务进行机构认证和就业服务人员培训，共同促进大学生就业政策、目标和计划的落实。在合作内容上，当前应主要致力于加强高校就业服务中心与公共就业机构、社会经营性中介组织之间的职能协调，包括大学生就业市场信息的开发、失业大学生管理、大学生创业扶持、毕业生实习岗位管理、就业技能培训，等等。

3. 加强大学生就业中介组织自身的内涵建设

大学生就业中介组织的自身建设是履行和落实大学生就业服务职能的前提。当前大学生就业中介组织尤其是高校大学生就业服务中心和隶属于政府部门的大学生就业服务机构往往表现出较多的功利化倾向，或仅仅满足于解决局部性或应急性的大学生就业问题，缺乏规范化发展和靠质量生存的能力。因此，大学生就业中介组织要从粗放发展转移到加强自身内涵建设和提高服务能力的轨道上来。

---

① "就业服务体系建设研究"课题组：《国外就业服务机构发展的总体趋势及加强建设的主要做法》，《首都经济杂志》2002 年第 11 期，第 13—16 页。

在服务队伍建设方面，坚持以机构职能为导向、以服务对象的需求为导向和以服务规范化为导向的基本原则[1]；同时借鉴国际上一些成熟的研究和实践成果，构建大学生就业人员能力和素质模型，特别强调从业人员要具备人才资源管理经验和熟悉高校人才培养实践等方面的任职资格要求。在制度建设方面，要根据中国就业环境和大学生就业的基本规律，合理规划大学生就业中介组织的职能定位、发展目标和运行规范，制定大学生就业服务规范和质量标准；在大学生就业服务中引入目标管理，把提供就业信息的数量和多样化程度作为服务质量的考核标准，尤其要把大学生就业困难群体作为就业服务的重点。在服务能力建设方面，应加强大学生人才资源管理的基础设施建设，特别要加大对大学生公共就业服务的投资力度，搭建全国统一的、运行高效的大学生就业数据平台和服务平台；与高校和用人单位合作，形成一批在就业培训、失业管理、就业帮扶、职业规划和就业指导等方面具有自身特色和优势的服务项目；主动参与到政府、高校和社会共同关心的大学生就业问题上来，积极开展大学生就业市场供需情况调研，为相关部门推进高等教育改革和促进大学生就业提供咨询建议。

## 四　小结

大学生就业市场是随着中国高等教育体制改革与社会主义市场经济体制的建立而逐渐发育和发展的，就业市场机制是大学生就业制度改革的基本方向和重要内容。一般而言，就业市场包括市场主体、市场规则和市场服务三个要素。就中国大学生就业市场而言，这三个要素还很不完善，大学生就业市场仍然处于发育和形成过程之中，主要表现在就业市场供需双方的主体地位还很脆弱、大学生就业市场的多重分割、行政过多干预市场运行、就业市场不公平竞争、就业歧视、就业服务不规范

---

[1]　曾湘泉：《劳动力市场中介组织的发展与就业促进》，《中国人民大学学报》2009 年第 6 期，第 93—102 页。

等方面。大学生就业市场建设应着力打破劳动力市场分割理念，促进大学生自由流动就业；规范大学生就业市场秩序，保障大学生公平公正就业；建立大学生就业市场的政府、市场、社会等多元协调机制，确保大学生充分就业。其中，大学生就业中介组织建设是大学生就业市场服务体系建设的重要一环。实践中，大学生就业中介组织属于公共组织、非营利组织、第三方组织，是介于政府、高校与用人单位之间的桥梁和纽带，今后应在理清大学生就业中介组织与政府、高校之间责权关系的基础上，重点加强中介组织的内涵建设，着力于中介组织的服务专业化、市场化与标准化建设。

# 第六章　大学生结构性失业及其制度规制体系建设

　　毋庸讳言，大量毕业生难以或不能及时就业已经成为制约高等教育健康发展的瓶颈，以及影响经济社会发展的主要因素之一。与此同时，大学生就业难不仅仅是表面上的"数量过剩"，而更多地表现为"结构性过剩"的特征：一方面不少用人单位"千金难觅人才"，另一方面不少毕业生"低薪难觅工作"；一方面发达地区毕业生就业"僧多粥少"，另一方面毕业生不愿意到欠发达地区就业；一方面某些院校和专业的毕业生"供不应求"，另一方面某些院校和专业的毕业生"毕业即失业"。面对这样一系列大学生就业窘境，大学生就业工作的关键是让毕业生解放观念，去最需要自己的区域和岗位就业，而不是在需求饱和的区域或岗位等待就业；大学生就业政策要着力帮助不发达地区吸引人才，使大学生人才资源得到优化配置。研究表明，大学生结构性失业问题已经影响到社会经济和高等教育的健康发展，成为当前中国政府和高等学校不得不面对的重要问题。近年来，中国高等教育持续扩招，同时由于金融危机的影响，就业岗位相对减少，导致大量毕业生堆积或难以及时就业。但值得注意的是，经济产业结构调整、转型升级又创造了大量需要大学生就业的工作岗位，但中国高等教育人才模式相对于这种"新需求"则显得应对缓慢、改革滞后。因此，总体而言，大学生就业难不是由总量过剩导致的，而是因结构性问题所引发的。

　　从接受教育的过程而言，大学毕业生的高人力资本存量得益于包括政府、高校、家庭及个人的长期投资，"结构性失业"问题是涉及利益相关者投资收益的深刻问题。在一定程度上，大学毕业生被看成高等院校"生产"出来的产品。学生品质和质量高低决定着高校毕业生在人才市场上的受欢迎程度，以及大学生进入人才市场的就业价值，反过来毕业生的就业状况和就业率会影响高等学校的社会声誉以及进一步发展的空间和所能依赖的资源。高等教育与社会发展或社会需求之间的"匹配度"，往往可以通过就业市场对毕业生的"筛选机制"来体现，也可以通过毕业生进入职场后的工作能力和社会贡献得到评价。因此，大学毕业生结构性失业问题的研究，既有利于改进高校人才培养模式，促进学科专业结构调整，又有助于提高大学生人才资源配置效率，完善大学生就业保障制度体系。

## 一 大学生结构性失业的现状及其表征

大学生就业难一方面表现为大学毕业生供给大大超过了经济增长所能提供的就业岗位的实际需要，进而体现为大学生"无业可就"；另一方面由于经济体制改革和产业结构优化升级，以及大学毕业生自身素质、技能水平、个人诉求等多重因素导致大量就业岗位"无人可就"，尤其是大学生知识结构和技能水平无法满足区域和行业企业的实际需求。可见，大学生就业难的关键症结及其困境主要体现为大学生结构性失业。

实事求是地讲，当前中国大学毕业生就业难表现为结构性失业和总量性失业并存的矛盾，但结构性失业问题更为严峻。中国高等教育从1999年扩大招生，此后高校招生数量每年递增，并迅速实现了大众化，1998年高校招生为108万人，到2011年已跃升至近700万，相应地，高校毕业生人数从2002年的145万跃升至2014年的727万。在这一过程中，中国高等教育从"精英教育"阶段快速转变到"大众教育"阶段，高等教育规模以及毕业生数量的快速膨胀，加上传统就业体制的"惯性"，固有的就业渠道很难容纳大量毕业生的就业需求，进而导致不少毕业生失业。同时，由于产业结构优化和经济体制持续深化改革，毕业生自身素质薄弱和专业技能无法及时适应就业岗位的需要，导致高校毕业生失业率上升。据测算，从 1978 年到 2013 年，以当年价格衡量的中国国民生产总值增长了 155 倍，年均增长 15.52%；与此同时，中国普通高等学校的本专科教育规模增长 28 倍，年均增长 10.08%。而国民生产总值与普通高校毕业生数之比，近 8 年来呈增长态势，结果分别是 2007 年 5.57、2010 年 6.91 和 2013 年 8.14；这一比值，在刚刚迈向市场经济体制的 1993 年是 6.19，在拉开高校扩招序幕的 1999 年是 10.98。可见，高校毕业生数量和国家经济发展总体状态是相适应的，甚至还会面临着不足，出现就业难，其实是高校人才结构和培养模式出了问题。[①]

从表面看，似乎是因中国高校毕业生数量超过就业岗位需求量而导致毕业生就业难，但实际上有着更深层的制度性原因。按照美国高等教育社会学家马丁·特罗的理论，一个国家的高等教育要从"精英教育"到"大众教育"再到"普及教育"[②]。中国 1998 年高等教育毛入学率为 9.8%，2002 年高等教育毛入学率首次达到 15%，初步迈入大众化阶段，2013 年高等教育毛入学率达到 34.5%，15 年间中国高等教育毛入学率增加 3.5 倍。但与发达国家高等教育毛入学率相比，差距依然很大，2009 年，美国、英国、法国、日本等西方主要发达国家的高等教育毛入学率分别已经达到 89%、59%、55%、59%。[③] 也就是说，造成毕业生就业困难的深层原因并不仅仅是毕业生数量过大，大学生"毕业即失业"更多地属于结构性失业。所谓结构性失业就是指经济结构调整和市场准入门槛限制等市场供求因素发生了"变化"，而高校毕业生的就业观念、知识结构、专业素养、专业结构以及人才培养数量结构的"不变"或"不匹配"造成了职位空缺与失业并存的现象。当前大学生结构性失业最显著的特点是毕业生就业供求信息不对称，进而导致

① 马陆亭：《创业教育的价值仅为就业吗?》，《光明日报》2015 年 5 月 19 日。

② 邬大光：《高等教育大众化的内涵与价值——与马丁·特罗教授的对话》，《高等教育研究》2003 年第 6 期，第 7—9 页。

③ 沈文钦、王东芳：《世界高等教育体系的五大梯队与中国的战略抉择》，《高等教育研究》2014 年第 1 期，第 1—10 页。

毕业生与职业岗位需求难以及时匹配。从根本上说，这是由大学生人才市场机制与信息机制不健全造成的结构性失业，或者称之为"摩擦结构性失业"。

从宏观层面分析，结构性失业是由劳动力市场的结构特征与社会对劳动力的需求结构不相吻合而导致的失业，具体表现为"有活无人干"与"有人无活干"并存的尴尬局面。也就是说，结构性失业主要源于劳动力供求双方的不匹配，一方面经济结构包括产业结构、产品结构、区域发展水平结构等发生了变化，另一方面现有劳动力知识技能结构、就业观念、区域分布结构等不适应这种变化，表现为"变与不变"的结构性矛盾。同时，大学生人才资源供求双方影响因素的复杂性，也决定了大学生结构性失业具有不同的表现形式和特征。

### （一）专业结构性失业

总体而言，社会对传统的长线专业毕业生需求呈现出减少趋势，但长线专业现在仍然具有一定的招生规模，因为这些专业开办时间长，无论是教学实验设备还是师资力量以及科研成果都占有相对优势，学校很难放弃长期积累的办学资源，这在一定程度上造成社会经济发展对人才需求与高校整体专业设置的结构性错位。这些学科专业的教师长期在本学科专业领域生存与发展，无论是知识结构还是研究方向都具有较强的依赖性，虽然近年来不少长线专业就业形势严峻，但由于体制和人才培养模式的惯性，改革动力还是相对不足，要调整或撤掉一个长线专业并非易事。因此，专业结构性失业主要由于毕业生所学专业无法适应市场需求造成的。尤其是进入大众化阶段，不少高校一味追求通过创办新专业来扩大招生规模，但忽视专业条件建设，对社会近期和长期需求缺乏论证和研究，往往是学生入学时是热门专业，毕业时就变成了冷门专业。同时，大学生就业也受经济发展周期和产业结构调整的影响，一般来说，人才培养改革往往滞后于企业对人才需求变化的速度，结果很可能是入学时的热门职业变成了滞销专业。

在市场化过程中，中国高等教育被称为"计划经济时代的最后堡垒"，高校专业结构调整缓慢，专业面狭隘，专业设置重复，与社会经济发展对人才需求的变化不相适应。正是毕业生专业局限性、适应能力差，导致其很难获得理想的就业岗位。学科专业结构与产业结构之间的矛盾和脱节，最终导致人才供给结构性失衡，不同学科专业的毕业生就业出现"冰火两重天"现象。

据调查，2013届大学生毕业半年后的就业率为91.4%，其中，本科毕业生半就业率为91.8%；高职高专就业率为90.9%；本科毕业生就业情况好于高职高专不到一个百分点；就业率排在前十名的本科专业为建筑学（98.3%）、安全工程（96.9%）、地质工程（96.7%）、机械电子工程（96.6%）、护理学（96.1%）、给排水工程（95.9%）、地理信息系统（95.6%）、工程管理（95.3%）、矿物加工工程（95%）、信息管理与信息系统（94.9%）；就业率较低的前十名的本科专业是物理学（85.3%）、生物科学与工程（85.7%）、化学（86.2%）、法学（86.3%）、生物技术（86.8%）、生物工程（87.1%）、音乐表演（87.6%）、动画（87.6%）、应用心理学（87.9%）、应用物理学（88%）；高职高专就业率排前十名的专业是城市轨道交通运营管理（97.6%）、学前教育（97.5%）、电气化轨道技术（97%）、铁路工程技术（96.6%）、供热通风与空调工程技术（96.6%）、临床医学（96.6%）、医学检验技术（96.5%）、药学（96.1%）、医学影像技术（96%）、助产（95.6%）；就业率较低的前十名的高职高专专业是艺术设计（85.1%）、法律事务（85.4%）、投资与理财（85.8%）、语文教育（86.5%）、畜牧兽医（86.9%）、应用韩语（86.9%）、装潢艺术设计（87.1%）、工程监理（87.4%）、航海技术（87.4%）、环境艺术设计（97.9%）。从专业所属学科门类而言，2013届本科生毕业半年后就业率最高的学科门类是管理学（93.5%），最低的是理学（88.1%）；高职高专生毕业半年后就业率最高的专业大类是材料与能源（92.1%），最低的是艺术设计传媒和旅游（均为88.3%）。[①] 值得注意的是，经贸、金融和

--------

① 麦克思公司：《2014大学生就业报告》，http：//www.eol.cn/html/c/2014jylps/。

IT 专业就业率普遍不高，但实际上人才市场缺口依然很大，主要是由于这些专业结构转型缓慢，跟不上经济结构转型的步伐，以至于毕业生无法胜任岗位要求。当前，许多高校对专业设置缺乏长期规划和市场调研，开设专业趋"热"避"冷"，忽视专业内涵建设，忽视人才培养的市场针对性，是造成结构性失业的主要原因。

### （二）能力结构性失业

能力结构性失业主要是指毕业生的能力和素质与用人单位的需求不匹配，从而导致"有业无人"的失业现象。大学生能力结构性失业既与上述专业结构性问题相关，也与大学生自身能力素质的结构性缺陷相关。一方面，专业结构与用人结构的失衡，导致大学生所学的专业知识和能力结构与用人单位的需求相脱节，或者说是用人单位所需要的专业知识和能力类型的大学毕业生"供不应求"，同时又有其他专业知识和能力类型的大学毕业生"供大于求"，进而导致部分大学毕业生结构性失业；另一方面，由于大学生在校所学专业知识陈旧、能力素质薄弱，以及人才培养模式改革滞后，与此同时，产业结构实现快速转型升级，新技术不断运用于生产过程，两相脱节从而导致出现大学毕业生能力素质不能满足岗位需求的失业现象。从本质上来说，能力结构性失业就是大学毕业生供给与需求脱节的教育困境的反映。

在大学生就业市场上，有效的供求关系主要表现为毕业生的规模、结构与质量与市场有效需求之间的衔接关系。其中，大学毕业生的能力和素质与市场需求的有效匹配是衡量大学生就业质量的主要标准。相关研究表明，不同层级的技术企业对大学生就业能力的要求是有差异的。一般而言，高新技术企业面对的市场环境及技术竞争程度比中低技术企业更为严峻，因此高新技术行业的企业在招聘大学生的过程中，比中低技术企业更为注重大学生的创新能力、学习能力、知识面和组织管理能力。[1] 从高等

---

[1] 朱勤：《产业升级与大学生就业能力构成要素实证研究——基于浙江省 327 家企业的问卷调查》，《中国高教研究》2014 年第 5 期，第 81—84 页。

教育系统与大学生就业市场的关系而言，大学毕业生的能力素质结构要
与产业结构以及就业市场对大学生的能力素质的要求相适应；从大学生
个体而言，其素质能力要与用人单位的岗位要求相适应。否则，就可能
导致高等教育产能的结构性过剩，以及人力资本对经济发展支撑作用的
弱化。① 因此，近年来，强化大学生就业能力、增强大学生就业竞争力
成为高校人才培养模式改革，以及避免出现"毕业即失业"现象的重
要目标。

### （三）层次结构性失业

所谓层次结构性失业，是指专科、本科、研究生等不同层次毕业生
结构与特定阶段社会经济发展水平结构对人才需求的不相匹配所导致的
失业。从总体上说，社会经济发展对人才的需求结构与人才的层次结构
应该成正比关系，但不同社会经济发展水平结构对人才需求的层次结构
在不同经济发展阶段和时期是有区别的。因此，大学生在就业过程中往
往会出现"职位替代"或"职位挤占"现象。一般来说，学历层次越高
就越容易就业，也越容易获得好的就业岗位，这也是人们竭力追求较高
层次教育的动因。从中国高等教育大众化进程来看，扩招最先是从专科
教育和本科教育开始的，然后是研究生教育。随着招生规模的不断扩大，
高等教育培养的各层次人才数量也在不断扩大，同时，不同学历层次毕
业生就业的结构失调现象开始出现。尤其是在人才"拔高使用"的社会
氛围下，用人单位选聘毕业生的标准主要是学历层次，因此在报酬工资
相等的情况下，用人单位倾向于招聘高学历的毕业生，进而人才市场形
成一种"挤占效应"，研究生抢占本科生岗位、本科生抢占专科生岗位，
而专科生就失去了以往的就业优势，由此出现了高等教育层次的结构性
失衡。无论是从毕业生学历层次或学校类型层次看，都表现出明显的结
构性失衡。从不同学历层次毕业生的就业状况的比较来看，调查显示，

---

① 马世洪：《以供给侧改革破解大学生就业市场结构性矛盾》，《中国高等教育》2016
年第 10 期，第 15—18 页。

2013 年博士生和硕士生的落实率最高，均为 86.2%；其次是专科生，为
79.7%；本科生的落实率最低，为 67.4%；从学校类型的比较来看，高
职大专院校的落实率最高，为 78.1%；其次是"211"（包括"985"）重
点大学，为 75.5%；普通本科院校排第三，为 75.4%；独立学院和民办
高校的落实率最低，仅为 44.3%。① 可见，大学生就业的层次结构状况
也与高校人才培养目标定位和培养质量具有很强的关联性。

从中国产业结构的现实需求来说，行业企业对一线的生产、管理、
服务的技能型人才有旺盛需求，而这类人才的培养正是高职高专教育的
应有定位。当然，如果从产业结构优化升级的角度来看，研究生及本科
生扩招具有战略性意义，但是，如果扩招严重脱离目前经济社会发展的
实际需求，则无疑会导致研究生和本科生的就业困难，或者迫使他们去
低端岗位就业，造成人才资源的结构性浪费。近年来，中国大学毕业生
出现的"高层次、低就业"或"用非所学"的状况，就是不同层次人
才供需结构性矛盾的具体体现。

### （四）区域结构性失业

区域结构性失业是指由于空间地域因素而导致的劳动力流通不畅造
成的失业现象。按西方学者的划分，劳动力市场分为主要劳动力市场和
次要劳动力市场。在主要劳动力市场中，劳动者收入高、工作稳定、工
作条件好、培训机会多，有良好的晋升机制，容易吸引包括大学生在内
的高素质人才就业，因此东部沿海或一线城市较容易形成人才"高
地"；次级劳动力市场则与之相反，劳动者收入低、工作不稳定、工作
条件差、培训机会少，缺乏晋升机制，缺乏对高素质人才包括对大学生
就业的吸引力，因此中西部地区或二三线城市较容易形成相对人才
"洼地"。从本质上而言，中国主次要劳动力市场不是人为划分的，而
是由地区间经济发展不平衡导致的。例如，东部沿海地区经济发展较
好，基础设施等硬件及社会保障制度等软件也十分健全，能使就业者享

---

① 岳昌君：《大学生就业状况究竟怎样?》，《光明日报》2014 年 1 月 28 日。

受相对较高的薪酬待遇，这些都是吸引大学毕业生就业的优势所在。中西部地区不仅薪酬水平较低，基础设施建设落后，就业机会少，而且社会保障制度不健全。因此，主要劳动力市场人才供大于求，大学毕业生趋之若鹜，次要劳动力市场求贤若渴，人才相对短缺，进而导致出现大学毕业生区域结构性失业现象。

　　麦可思公司对2011届大学生毕业半年后的调查显示，2011届本科毕业生就业区域主要集中在长江三角洲区域、泛渤海湾区域和泛珠江三角洲区域等沿海地区，占2011届本科生的70.3%。区域面积较广的西南、中原、泛东北、陕甘宁青区域及西部生态经济体只占2011届本科生的29.7%。高职高专毕业生就业区域分布比例大体相同，长江三角洲区域、泛渤海湾区域和泛珠江三角洲区域占69.2%，其他地区占30.8%。从城乡分布来看，2011届毕业生有20%在直辖市就业，30%在副省级城市就业，50%在地级城市及以下就业。其中本科毕业生、高职高专毕业生在直辖市就业的比例分别为21%和18%。[1] 从人才供给趋向上来看，高校毕业生都倾向于到大中城市和东部发达地区就业，而不愿意去中西部地区谋求发展，甚至放弃已获得的中西部地区就业岗位而选择在大中城市和东部发达地区自愿性失业；从人才需求上看，中西部地区人才需求缺口大，大学毕业生吸纳能力强，而东部沿海地区人才需求趋于饱和，新增就业岗位对毕业生的吸纳能力有限。目前，中国西部大开发战略、产业结构调整政策，以及中西部大学生就业激励政策的实施，使得占人口70%的中西部地区对大学毕业生的潜在需求要远远大于东部地区，同时中西部地区经济社会发展对人力资本的依赖程度逐渐提高，对毕业生需求潜力较大。

　　中国正处于社会和经济发展的转型期，区域之间、城乡之间经济发展水平差距较大，从农村上大学的毕业生宁愿在大城市蜗居生活，或等待性失业，也不愿意回农村就业或创业。究其原因，这与二元户籍管理

──────────

　　[1] 《2011届本科毕业生半年后就业集中区域》，http://edu.163.com/12/0606/14/83ASUI4G00294ILQ.html。

制度存在的弊病不无关系。传统的户籍管理制度使毕业生一旦回到农村或偏远地区就职，就很难有机会再回到城市工作，也很难再拥有城市居民身份。所以大学生都偏向于到大城市寻找工作来摆脱这种处境。同时，社会阶层之间的社会地位和生活质量的差别也是决定毕业生流向的无形指挥棒。就传统而言，大学生尤其是农村大学生都希望通过接受高等教育改变自身命运，改善自己和家人的生活处境，或尽可能跻身于城市生活或上层社会。因此，大学毕业生大都不愿去边远、贫穷和经济欠发达地区工作，大中城市特别是经济发达地区是他们就业的首选区域。

调查表明，2013 年高校毕业生在京津沪地区工作的占 12.8%，在东部地区工作的占 46.0%，在中部地区工作的占 22.2%，在西部地区工作的占 19.0%。从城乡分布来看，在省会城市或直辖市工作的毕业生占 52.6%，在地级市工作的占 33.4%，在县级市或县城工作的占 11.2%，在乡镇工作的占 2.2%，在农村工作的占 0.5%。[①] 可见，东部沿海或经济发达地区与中西部地区、城乡之间大学生就业结构极不均衡，主要表现就是东部沿海或经济发达地区、大中城市就业拥挤，而中西部地区或县级以下就业相对不足。实际上，经济发达地区或大中城市大学生需求市场已经饱和，而农村、西部等经济欠发达地区又相对缺乏人才资源，导致出现毕业生找不到"用武之地"与"用武之地"招不到毕业生的两难局面。

### （五）性别结构性失业

近年来，在大学生就业难的总体背景下，女大学生就业难问题尤其被社会所关注。2009 年全国"两会"期间，全国人大代表郭国庆在接受新华社记者采访时表示，女大学生就业难问题日益凸显，亟待解决。他认为，女大学生就业难是多种因素影响的结果，要消除女大学生就业歧视，应通过营造两性平等就业的文化环境，制定可操作性的法律法规，完善社会保障制度和生育保障机制，加强对女大学生就业的针对性

---

指导等专项政策予以推动落实。全国政协常委、中国残联主席张海迪认为，女大学生就业被歧视一是因为传统观念与惯性思维根深蒂固，二是因为女性生育及哺乳期使得劳动时间间断，导致大部分用人单位少招或者不招女性员工以达到利益最大化。2011 年 2 月，陕西省妇联公布的《女高校毕业生招聘中性别歧视调查研究报告》显示，受访者中未就业女性占 36.3%，比未就业男性多 12.4%；女性在求职时曾遭遇性别限制的约为 60%。

随着毕业生人数的不断攀升，高校女毕业生所占比例也在逐年增加，2011 年达到 52%，但女毕业生的就业率始终低于男毕业生。一方面劳动力市场"供过于求"，另一方面女大学生求职者遭遇性别歧视，使得女毕业生的就业形势更加险峻。近年来的就业调查数据也显示出女大学生就业"更难"的困境。调查显示，截至 2010 年 2 月底，2010 届男性毕业生的签约率为 29.5%，而女性毕业生只有 21%；从签约薪资来看，女大学生也普遍低于男生，男性本科毕业生平均收入为 2245 元，男性高职高专毕业生为 2063 元，女性的月薪分别为 1884 元、1731 元，同行业同工不同酬现象亦较普遍；女性月薪在电子行业低于男性 420 元，在物流、交通、邮政和仓储行业低于男性 523 元。[1] 从 2013 年的大学生就业状况来看，男性落实率显著高于女性。男性落实率为 77.3%，女性为 65.9%，两者相差 11.4 个百分点。性别差距主要体现在"已确定单位"和"自主创业"两项上，男性分别高出 9.8 和 1.3 个百分点。[2]

## 二　大学生结构性失业的制度性根源

有学者认为："劳动力总量过剩和结构性失业交织在一起，影响了中国大学毕业生的就业问题，至少在本世纪前 20 年，这都是非常严峻的问题。"具体到结构性失业，其原因更是多方面的。其中，中国高等

----

① 《2010 届女性大学毕业生签约分析》，http://www.gmw.cn/content/2010 - 03/08/content_ 1067570. htm。

② 岳昌君：《大学生就业状况究竟怎样？》，《光明日报》2014 年 1 月 28 日。

教育人才培养与社会需求之间本来就存在着结构性问题，加上金融危机的影响，更使大学生就业"雪上加霜"；但最为根本的原因是，中国高校普遍把建设研究型院校作为发展战略，培养的学生不能适应劳动力市场大量需要应用型人才的要求。[①]

### （一）高等教育结构与人才需求结构的矛盾

从理论上而言，中国高等教育系统应该拥有多元化的层次、类型与服务面向结构。首先，高等教育体系应具有合理的层次性结构，人才培养能够适应不同技术水平的社会需要。其次，高等教育学科结构与劳动力市场的需求结构要保持动态适应。高校在专业设置、培养目标和课程体系等方面应以市场需求为导向。美国劳工部和相关行业组织极其关心岗位需求分析，对各行各业的特点、工作要求、工作经验要求、特定的信息等都有详细和清晰的描述；中国无论是教育管理部门还是行业企业对人才培养质量都缺乏明确规制，更缺少清晰的质量标准，高等教育人才培养缺乏与社会需求之间的适应性联系。

1. 高校办学模式趋同

随着高等教育大众化的发展，中国高等教育显示出多元化发展的趋势，这在一定程度上有助于缓解社会对高等教育的需求压力，有助于满足就业市场对人才的多样化需求。但与此同时，有些高校的办学思想观念依然停留于精英教育阶段，固守传统的精英教育办学模式，具体表现为学校与学校之间盲目攀比与模仿倾向，办学模式趋同，办学目标、培养方式、管理体制基本无异。"千校一面"的办学格局不仅影响着整体的高等教育发展，也不利于高校自身的健康发展，甚至失去了学校原有的办学特色。

一是办学定位趋同。高校办学定位是办学指导思想的核心内容，它与高校办学方向选择、办学目标定位和办学特色紧密相关，是大学制定发展规划、方针、政策的理论依据。当前，高校存在盲目定位现象，盲

---

① 《大学生结构性失业，五成人找不到合适工作》，《北京青年报》2005 年 5 月 31 日。

目攀比办学层次，盲目模仿办学定位，职能定位不明确。不少高校不顾自身实际办学水平，盲目追求成为研究型、综合性大学，进而导致学校的精英化定位与大众需求之间的错位。从人才培养层面而言，教学内容丰富、课程体系结构的多样化是人才培养多样性的体现[①]，但实际上不少高校教学计划雷同、课程体系雷同、人才培养模式雷同，缺乏个性化的培养体系。这不仅导致高校失去了自身的教育特点和教育个性，而且导致低水平重复办学。

二是办学层次趋同。当前，中国高等教育办学层次趋同化主要体现为层次定位攀高，办学目标错位。不少高校盲目追求高层次办学，过于看重学校层次的高与低，甚至将办学层级作为高校办学实力和学校身份的象征。实际上，无论是专科教育、本科教育和研究生教育，还是研究型大学、教学研究型大学、一般本科高校，评价一所学校的办学质量不是这所学校的层次，或是否冠以"211 工程"或"985 工程"的标签，而是看人才培养质量、毕业生能否很快适应社会，以及在工作中表现出来的业绩和发展潜能。高校只有办出自身特色，及时为社会提供高质量的人才，才是"好"学校办学目标追求。现实问题是，目前中国高校在办学过程中相互攀比，从而造成办学层次趋同化，教育形式单一，人才培养缺乏特色。

2. 高校课程与专业设置不合理

大学生的职业素质和工作能力的提升是通过专业教育及其课程教学来实现的，或者说，高校专业和课程直接影响着大学毕业生能否适应其以后的就业需要。同时，高校专业和课程设置与学生知识结构、工作能力和综合素质密切相关。可以说，高校专业设置、课程结构以及人才培养质量与产业结构的适应性程度决定了大学生就业的真实状况。相关研究表明，专业在培养目标规格、课程结构、课程设置和方向设置等方面存在高度趋同的取向；正是因为人才培养的高度趋同，造成了特定类

---

① 罗三桂：《精英与大众化：大学毕业生就业特征比较分析》，《清华大学教育研究》2005 年第 4 期，第 82—86 页。

型、规格人才的重复培养和其他类型、规格人才的稀缺，从而最终造成结构性现象。① 本项目调查显示，中国高校人才培养模式与社会对人才需求的不适应主要表现在"专业实践教学薄弱、学生实践能力差"（36.14%）、"教学内容和课程体系陈旧"（22.21%）、"专业设置不适应市场需求"（19.32%）、"就业指导与创业教育不力"（11.74%）以及"学生综合素质不高，发展潜力有限"（10.59%）几个方面。这在很大程度上反映了中国高校专业与课程设置以及人才培养过程中带有共性的问题。

表 6-1　　　　　2012—2014 年大学本科红黄绿牌专业

| 年份 | 红牌专业 | 黄牌专业 | 绿牌专业 |
|---|---|---|---|
| 2012 | 动画、法学、生物技术、生物科学与工程、数学与应用数学、体育教育、生物工程、英语、国际经济与贸易 | 计算机科学与技术、艺术设计、美术学、电子信息科学与技术、公共事业管理、信息管理与信息系统、工商管理、汉语言文学 | 地质工程、港口航道与海岸工程、船舶与海洋工程、石油工程、采矿工程、油气储运工程、矿物加工工程、过程装备与控制工程、水文与水资源工程、审计学 |
| 2013 | 动画、法学、生物技术、生物科学与工程、数学与应用数学、体育教育、生物工程、英语、美术学 | 计算机科学与技术、艺术设计、电子信息科学与技术、公共事业管理、信息管理与信息系统、工商管理、汉语言文学、国际经济与贸易 | 地质工程、港口航道与海岸工程、船舶与海洋工程、石油工程、采矿工程、油气储运工程、矿物加工工程、过程装备与控制工程、水文与水资源工程 |
| 2014 | 生物科学与工程、法学、生物技术、生物工程、动画、美术学、艺术设计、体育教育 | 数学与应用数学、电子信息科学与技术、公共事业管理、汉语言文学、英语、工商管理、国际经济与贸易 | 建筑学、地质工程、矿物加工工程、采矿工程、油气储运工程、车辆工程、城市规划、船舶与海洋工程、审计学 |

---

① 刘小强：《人才培养分化与大学生就业关系的实证分析》，《教育研究》2010 年第 12 期，第 24—31 页。

表6-2　　　　　　　2012—2014年大学高职高专红黄绿牌专业

| 年份 | 红牌专业 | 黄牌专业 | 绿牌专业 |
|---|---|---|---|
| 2012 | 临床医学、法律文秘、计算机科学与技术、国际金融、工商管理、法律法务、汉语言文学教育、计算机应用技术、电子商务 | 计算机网络技术、计算机信息管理、物流管理、商务英语、会计电算化 | 道路桥梁工程技术、生产过程自动化技术、应用化工技术、焊接技术与自动化、楼宇智能化工程技术、供热通风与空调工程技术 |
| 2013 | 法律文秘、计算机科学与技术、国际金融、工商管理、法律事务、汉语言文学教育、计算机应用技术、电子商务 | 计算机网络技术、计算机信息管理、物流管理、商务英语、临床医学 | 道路桥梁工程技术、生产过程自动化技术、应用化工技术、焊接技术及自动化、供热通风与空调工程技术 |
| 2014 | 法律事务、语文教育、电子商务、会计电算化、生物技术及应用、工商企业管理、计算机信息技术、计算机应用技术 | 人力资源管理、国际金融、商务英语、计算机网络技术 | 电气化道路技术、供热通风与空调工程技术、铁路工程技术、楼宇智能化工程技术、石油化工生产技术、道路桥梁工程技术 |

　　从麦克思研究院发布的2012—2014年大学生就业报告分析数据中可以看出高校不同学科专业面临着不同的就业状况，动画、法学、生物技术、生物科学与工程、体育教育等专业连续三年为本科红牌专业；法律文秘、计算机科学与技术、语文教育、工商管理等专业连续三年为红牌高职高专专业。供大于求和工资待遇低是这些专业就业率低的主要原因。绿牌专业三年内也相对稳定，其中，绿牌本科专业主要集中在地质工程、港口航道与海洋工程、船舶与海洋工程、石油工程、采矿工程、油气储运工程等专业方面；绿牌高职高专专业是道路桥梁与工程技术、生产过程自动化技术、应用化工技术等专业，这与这些专业的薪资待遇较高和社会需求旺盛相关。可见，部分专业毕业生在就业市场"供不应求"，另一部分专业毕业生则"供过于求"。总体上，工科毕业生与人文学科毕业生相比，有更多的就业优势和机会。长期以来，中国高等教育人才培养模式的基本特点是重视知识传授、轻能力培养、忽视综合素质教育，加之社会需求不断变化，社会急需人才往往供给缺口很大，

而社会需求饱和的人才又"供过于求"。实践中，由于缺乏人才市场需求的预测，使得高校专业设置盲目，课程改革相对滞后，进而不可避免地导致大学生结构性失业。

第一，专业结构雷同，缺乏特色。长期以来，中国高校专业结构调整缓慢，传统专业设置较多，学生选择专业余地较少。战略性新兴产业、高新技术专业，例如信息技术、节能环保、新材料、新能源等相关专业设置偏少；交叉学科、横断学科专业设置力度不大，不能满足科学和技术发展的整体要求。同时，高校之间专业设置雷同率较高，或者说，专业布局不合理问题十分突出。据统计，2010 年新增专业中，增设院校最多的本科专业依次是"能源化学工程""光电子材料与器件""能源化学工程""遥感科学与技术""互联网工程""新能源材料与器件"等。2011 年教育部公布的新增专业中，有 22 所大学都设置了互联网工程专业。可以预见，由于在同一个专业的毕业生较多，就会在岗位需求不变的情况下产生激烈的就业竞争，使得毕业生在就业时供大于求。同时，由于高校专业设置雷同，缺乏特色，导致大学生就业中某些专业人才培养过剩，从而不得不接受与所学专业不对口的职业岗位，尤其是随着大学生就业难问题的加剧，这种专业不对口现象表现得更加明显。据统计，全国 2009 届本科毕业生的对口就业率为 67%，高职高专毕业生为 57%。[①]

第二，专业设置缺乏科学预测，前瞻性不足。一方面，政府在制定招生计划时并未充分考虑到人才市场的实际需求情况，甚至与人才市场需求严重脱节；另一方面高校对专业设置和招生规模缺乏可行性论证，忽视人才市场需求的变化趋势。当然，高校不能仅仅适应"眼前"的市场需求，需要分析专业就业前景，预测社会经济发展对人才的长远需求，否则眼前的热门专业就可能是未来的供大于求、难以就业的专业。例如，教育部 2000 年批准部分高校试开电子商务专业，迄今，经过从

---

① 彭妮娅：《大学生就业调查：专业不对口比例理科高于文科》，《中国教育报》2014年 10 月 31 日。

萌芽到迅猛发展的时期，然而，到 2009 年电子商务专业的毕业生就业率仅为 20%，远低于其他专业超过八成的就业率。[①] 其中的主要原因就是部分高校在设置专业时只追求短期市场效应，缺乏科学论证和市场调研，甚至在缺乏合格师资、培养目标模糊的状况下仓促开设相关专业，人才培养质量甚至达不到基本要求，因此毕业生难以就业现象也就不可避免了。

**（二）经济转型对大学生就业的结构性冲击**

当前，中国正处于调整产业结构、转变经济增长方式的关键时期，产业结构转型升级必然对高等教育结构和高校毕业生需求结构产生重要影响。与此同时，高等教育改革相对滞后，导致大学毕业生供给和需求在产业、职业等方面存在明显的结构性失衡，从而引致毕业生失业与工作岗位空位并存的现象发生。

1. 产业结构调整导致岗位需求相对不足

总体来说，大学生能否顺利就业取决于经济增长能否提供足够的工作岗位，而经济增长是否能够提供足够的就业岗位又取决于经济结构和经济增长速度。1980—1989 年，中国国民生产总值每提高一个百分点就能增加 250 万个就业机会；90 年代以来，这个数字下降到 70 万，经济增长对就业的拉动能力开始下降。究其原因，一是产业结构调整导致劳动密集型产业比例减少，对劳动力的吸纳空间降低，就业岗位增长趋势减缓。二是中小企业和民营企业数量严重不足。借鉴国外解决就业问题的基本经验，中小企业和民营经济是解决就业问题的生力军，也是对劳动力需求最大的领域。在投入相同的条件下，大企业提供的就业机会少于中小企业，国有企业则少于民营企业。在解决就业方面，中小企业和民营企业往往扮演了更重要的角色。然而，由于中国中小企业和民营企业发展数量不足，因此也就不能迅速从根本上解决高校毕业生就业难

---

① 姚裕群、伍晓燕：《大学扩招与就业难的讨论》，《首都经济》2003 年第 10 期，第 12—14 页。

问题。

从大学生就业应当与产业发展趋势相一致的角度来看，目前大学生就业的主渠道是现代制造业和现代服务业，但从"人职匹配"的角度而言，由于这些行业整体技术含量相对不高，未必真的需要大量大学毕业生，与此同时，技术含量较高的岗位所需要的高素质人才又相对不足，所以导致出现大学毕业生"多"与"少"并存的结构性问题。人力资源和社会保障部副部长信长星认为，结构性失业是经济结构调整必然出现的阵痛，当前，部分大学生找工作遇到一些困难或者暂时找不到理想工作，这反映了产业转型升级所能提供的高端岗位的速度，赶不上高校毕业生增长的速度；可以相信，随着经济向形态更高级、分工更复杂、结构更合理的阶段迈进，必然有大量新职业、新工种诞生，这将为高校毕业生就业提供非常好的前景。①

2. 就业市场分割导致区域性失业

受区域经济和产业发展不平衡的影响，中国劳动力市场存在着多重分割现象，包括区域间分割、部门间分割、行业间分割以及体制间分割等，这些都直接导致大学毕业生就业范围狭窄、就业信息不畅，自由流动就业受到很大限制。随着经济体制改革的深度推进，劳动力就业的区域流动更加频繁，更多的高校毕业生选择去大中城市和东南沿海地区就业，从而导致就业的"极化"现象。② 总体而言，城市劳动人口受教育程度普遍高于农村，东南沿海地区高于中西部内陆地区，这是东部或发达地区人力资本存量高于中西部或农村地区的主要原因。虽然发达地区经济发展对高层次人才的需求量较大，但相对于蜂拥而至的待就业大学生数量与所提供的岗位数量之比而言，这些地区吸引人才的优势和潜力逐渐递减，尤其是伴随着毕业生数量的逐年增多，东部沿海地区的大学生就业需求将更趋减弱。③

---

① 信长星：《经济结构调整必然伴随着结构性失业》，《证券时报》2015 年 3 月 4 日。
② 赖德胜：《论劳动力市场的制度性分割》，《经济科学》1996 年第 6 期，第 19—21 页。
③ 黄敬宝：《劳动力市场不完善与大学毕业生失业》，《改革与战略》2007 年第 1 期，第 146—149 页。

随着发达地区大学生市场的需求日趋饱和，处于主要劳动力市场的用人单位开始拔高对毕业生的学历要求，专科毕业生能胜任的岗位开始招收本科毕业生，本科毕业生胜任的岗位开始要求硕士毕业生，人才招聘中"拔高学历"现象越来越突出。与此同时，高校毕业生就业的起薪呈下降趋势，甚至出现了"零工资就业"现象。此外，城乡差异导致劳动力市场的分割，城市中相对较好的生活条件和软硬件设施，致使高校毕业生即便选择自愿性失业，也不愿在偏远地区寻找机会；从平均收入水平上看，大中城市的收入水平远高于小城市和农村。[①] 不论从教育投资成本收益还是未来发展的前景而言，大中城市就业都是毕业生的首选。从根本上说，普遍存在的劳动力市场分割是导致毕业生结构性失业的根源，主要表现就是毕业生既不愿投身于次要劳动力市场就业，又迟迟不能在主要劳动力市场就业，甚至面临长期失业的风险。

### （三）就业能力与岗位需求的结构性矛盾

当前，中国大学生就业难问题，主要是因为经济结构与劳动力结构的矛盾所致，但从供给角度讲，大学生就业能力不足也是造成大学生就业难的主要原因之一。从契合程度来看，"能力有限"不仅是用人单位对毕业生的评价，也是高校毕业生对自身能力的评价，其根本原因在于高等教育人才培养与人才市场的需求相脱节。从就业过程而言，大学生就业能力主要是指大学生找到工作、保持工作与转换工作的能力；对大学生个人而言，就业能力取决于他们所拥有的知识、技能与态度等资本，并以适当的方式把这些资本展示出来。从实质上说，大学生就业能力就是在劳动力市场上所表现出的竞争力，是大学毕业生个人综合素质的体现。当前，大学生就业能力缺陷主要表现为知识技能的缺陷与就业观念的束缚。

1. 大学生知识和技能缺陷

随着中国经济社会的快速发展，高等教育人才培养模式的不适应

---

① 岳昌君：《经济发展水平的地区差异对教育资源配置的影响》，《教育与经济》2003年第1期，第35—41页。

性越来越突出；与此同时，高等教育人才培养模式改革也不是一蹴而就的，尤其是在中国高等教育以及经济发展模式转型时期，高等教育人才培养模式改革是一个从不适应到逐步适应就业市场需求的过程。当前，中国经济发展模式、产业结构正在发生急剧变革，如果不能及时调整高等教育人才培养模式，必然会导致大学生素质或能力的适应性缺陷，进而导致大学生就业难度增加。调查表明，"敬业精神""沟通协调能力""基本的解决问题能力"被用人单位视为中国大学生最为欠缺的素质。这表明，高等教育人才培养的成效，表现为大学生在知识和技能结构上，与用人单位的需求存在严重脱节现象[①]；从表面看来，毕业生数量增多加剧了毕业生就业的难度，深层次的原因则是毕业生就业能力的不足。[②] 从高等教育人才培养过程来说，制约大学生就业能力发展的关键因素有三个：一是人才培养目标不明确；二是高校对人才市场需求的反应速度慢，反应能力弱；三是大学生对所学专业了解不够，对职业发展方向认识模糊。

2. 大学生就业观念障碍

调查结果表明[③]，高校毕业生择业观念往往受家庭和老师的影响，而就业压力也主要源自周围人（家长、老师和同辈）对自己就业的过高期望；同时，高校毕业生就业自我期望值也过高，"精英"心结依然存在，不愿意从事服务类职业，"学而优则仕"的考公务员热也是这种心结的反映。这就与社会对人才的实际需求严重错位，与当前社会主要劳动力市场需求趋于饱和相矛盾。许多高校毕业生都希望在外企和行政机关工作，而不屑去中小企业和民营企业就业，更不愿去西部地区、基层和服务类行业就业。究其原因，一是因为基层就业条件差、待遇低，与其就业期望有很大差距；二是因为基层就业发展机遇少，只有留在大

---

① 曾湘泉：《提升大学生就业能力高校如何作为》，《中国教育报》2008 年 1 月 7 日。

② 曾湘泉：《"双转型"背景下就业能力提升战略研究》，中国人民大学出版社 2010 年版，第 16 页。

③ 王霆：《我国高校毕业生结构性失业问题及对策研究》，中国政法大学出版社 2011 年版，第 27—29 页。

城市才更有发展前景。可见，大学生就业取向的"精英情结"使毕业生背负了太多的社会压力和期望，一方面毕业生对"大众岗位"不屑一顾，另一方面又对"精英岗位"望尘莫及。可以说，大学毕业生"就业难"难就难在"精英情结"以及传统就业观念的束缚上。

# 三　大学生结构性失业的制度规制策略

在社会经济快速发展以及经济结构转型升级的背景下，大学生结构性失业凸显了高等教育人才培养与社会经济发展之间所存在的结构性矛盾或错位。因此，仅仅从高等教育系统或高校的角度，很难从根本上缓解或解决大学生结构性失业问题。笔者认为，在促进大学毕业生就业的过程中，必须从社会经济发展对人才需求与高等教育人才培养适应性的视角，不仅要切实扩大就业机会、增加就业岗位总量，还要努力推进制度创新和制度规制，真正从根本上缓解大学毕业生结构性失业问题。

## （一）政府层面：完善政府职能，建立长效促进就业机制

从根本上来说，高校毕业生结构性失业是传统的就业主渠道变革的反映。因此，无论是就业主渠道的转换还是大学生人才培养模式的适应性转变，政府的规制和保障作用都不可或缺。

### 1. 完善法律法规，健全失业保障制度

大学生就业难已经成为市场经济的常态，中国当前是以市场为基础进行人力资源配置的，随着高校毕业生结构性失业问题的凸显，就业难现象便会更加突出。实践中，由于大学生就业市场机制还不健全，一方面，政府要在企业和学校之间搭建良好的信息互动平台，以促进学校与企业之间的信息沟通；另一方面，政府还要制定和完善相关法律法规来为大学生就业创造良好的制度环境，进而保障大学生顺利实现就业。

第一，加快大学生市场建设，规范就业市场法规。从理想层面而言，是在就业市场上人人享有机会均等、公平公正就业的权利。但在实践层面，大学生往往会遭遇到各种不同的就业歧视，不少用人单位在招

聘时会对毕业生的年龄、性别、籍贯、院校层级等做出硬性要求。其中，性别歧视尤其受到诟病，许多企业、公司、单位出于雇佣成本和效率的考虑，对高校女毕业生就业歧视越来越明显，哪怕在条件相同的情况下也会更倾向于雇用男性。可见，当前大学生就业市场化和法制化建设还任重道远，远远没有形成成熟的大学生就业市场保障机制。因此，政府应加快制定反就业歧视的法律法规，如《大学生就业保障法》等，大学生可以在相关政策的保障下实现公平、公正、合理、有序就业。

第二，健全社会保障制度，解除大学生就业后顾之忧。近年来，大学应届毕业生参加公务员考试竞争异常激烈，并饱受社会诟病。虽然近两年来"公务员热"逐渐回归正常热度，但依然是大学生就业竞逐的焦点。持续不减的公务员考试热，一方面是因为客观存在的就业环境不景气和就业难，另一方面是因为相对健全的公务员体系的社会保障制度对大学生的吸引力。在现阶段，尤其是民营企业或农村就业毕业生在社会保障体系建设方面依然很不完善，在这些地方短期就业或者新毕业的大学生无法获得与国有企业、行政机构以及城市就业的毕业生同样的社会保障待遇。这就意味着，大学毕业生去那里工作会存在医疗、退休、再就业等方面的风险。在这种背景下，不少毕业生会"理性"地选择报考公务员或想方设法到国有企业和城市工作。当然，虽然也有毕业生选择自主创业，但这需要自己承担创业失败以及缺少社会保障所可能带来的风险。因此，社会保障体系所能提供的就业风险防范是大学生就业时考虑最多的因素。从这个意义上讲，一味指责大学生缺乏去偏远地区或中小企业就业的奉献精神，或者仅仅依靠思想教育引导就业是不全面的。国家应当加快大学毕业生就业保障体系建设，加快城乡一体化建设步伐，使不同区域、不同行业、不同体制内就业的毕业生都可以享受到同样的社会保障。尤其是在就业困难时期，国家还可以建立针对毕业生个体的阶段性失业救济与失业补助项目，解除大学生基层就业和创业的后顾之忧，进而促进大学毕业生及时充分就业。

2. 扩宽就业渠道，加强就业机制建设

产业结构和经济发展模式转型，使得传统的高校毕业生就业渠道范围缩小了，而新的就业渠道用工量小、对人才需求的层次和水平要求高，就短期而言，需要政府通过政策引导来促进大学生就业，其中包括引导和推进社会用人制度改革、加强原有岗位的吸纳能力、创造新岗位以增加高校毕业生就业机会等。

第一，推进社会用人制度的改革，释放更多就业空间。当前，大学毕业生就业难问题在很大程度上与用人单位的用人制度有关。由于中国传统的用人政策的"惯性"，社会用人单位的人才储备存在两个方面的倾向：一方面，低学历、专业素质薄弱的人员因为具有长时间的工作经历和工作经验，占据着理应由接受过高等教育专门职业训练的人才能更好胜任的岗位，使得用人单位岗位需求处于饱和状态，对大学生需求量相对较少；另一方面，受过高等教育的人则处于显性或隐性失业状态。例如，一些银行的服务接待岗位，要求必须是研究生学历，但所从事的工作则是比较简单、重复性工作，这就造成了"大材小用"现象。现阶段改革的关键问题是，应充分发挥市场机制在配置大学生人才资源过程中的作用。首先，切实推进行政管理体制改革，制定事业单位、国企以及行政机关内部人员的结构调整目标和计划，建立良性的人员流动机制，减少用人制度上存在的不合理现象，为大学生提供更多的技术性或管理岗位。其次，做好关于乡镇、农村中小学教师编制和教师资格认证工作，对不合格教师予以合理清退，进而吸纳更多的大学毕业生到农村及乡镇中小学任教。最后，乡镇、学校、企事业单位的技术性或管理工作岗位，应由较高专业水准和高学历的人员担任，这不仅有利于促进经济社会的发展，还有利于创造更多的大学生就业岗位。

第二，健全就业激励制度，促进大学生基层就业。从世界范围来看，目前全球都存在着就业的结构性难题，并且具有很强的制度或历史"惯性"，因此不可能完全依靠市场机制把毕业生"配置"到基层职业中，市场机制也不能完全解决结构性失业的难题，这就需要政府制定相关政策来调节人才资源配置失衡的问题。当前，应该多鼓励大学毕业生到中西部、农村以及基层就业，并对他们提供相应的收益补偿或政策性扶持。2003 年，共青团中央、教育部等部门联合启动实施的支持高校毕业生去西部就业计划，旨在通过政策激励来使毕业生政策安置就业转向政策激励就业，这一方面有利于大学生人才资源的区域均衡配置，另一方面有利于促进西部地区的经济发展。但就当前就业政策的实践效果来看，现行政策还缺乏足够的吸引力，无法有效促进大学生就业。因此，在相关制度或政策设计上，还需要对毕业生未来发展方面给予更多的政策支持，使激励措施更加具体化和具有可预见性。国家通过相关政策激励大学毕业生从大中型城市就业转向乡镇或基层就业，从经济较发达的东部地区就业转向经济欠发达的中西部地区就业，从外企、事业单位、国有企业转向中小企业、民营企业就业，缓解大学毕业生就业的结构性失调和隐性失业困境。

第三，完善创业辅助政策，创造更多的就业岗位。现阶段，中国大学生就业岗位分布失衡与就业岗位相对减少并存，一方面要引导毕业生到现有岗位就业，另一方面要通过政策扶持毕业生创业来实现就业。一般而言，大学生学习能力强，掌握了最新科技知识，创新意识较强，这些都具有转化为先进生产力的潜力。虽然近年来大学生就业难问题比较突出，但相对而言，大学毕业生具有较强的就业和创业优势。通过激发毕业生的创业能力，不仅可以实现自身就业，还可以创造更多的就业机会。大学毕业生不仅仅是现有岗位的申请者，还将成为工作岗位的创造者。就现行大学创业政策的发展趋势而言，当务之急是建立大学毕业生创业基金，为大学生创业提供资金帮助，为大学生创业创造宽松的制度环境。

3. 完善就业服务体系，保障就业渠道畅通

当前中国劳动力市场信息更新缓慢，信息不完善，因而延缓了用人单位选才和高校毕业生就业之间"人职匹配"的速度，增加了相互之间搜索的成本。因此，要缓解大学生结构性失业，尤其是区域结构性失业问题，必须加快大学生就业市场建设，完善大学生就业服务体系，包括提供完备的企业需求信息和学生求职信息服务，实现区域之间供求信息的网络化、一体化，缩短毕业生搜寻工作的时间，提高大学生在短时间内的就业率；同时，高校或大学生就业中介组织还要针对大学生在就

业过程中所出现的具体问题提供就业指导、职业入门培训、组织招聘会、搭建学生实习实训平台等。

第一，建立统一的大学生就业市场。目前，大学毕业生主要通过就业市场获取就业信息，或通过市场就业，但突出问题是大学生就业市场比较零散，不同区域、不同行业、不同高校在各不相同的时间都会有不同层次、不同类型的人才招聘会，像教育部、劳动部、人事部门等都有招聘会，每年举办时间不固定、地点不固定，或者根据常规工作而定，或者根据临时任务而定。这虽然具有信息发布的针对性、区域性、灵活性等优点，但其弊端也显而易见。就业市场分割，就业信息分散，使得不少毕业生错失招聘信息与就业机会。实践中的关键问题是要通过区域市场协调，建立信息共享机制，建立全国统一的大学生就业市场，减少信息流转过程中的信息缺失和失真，进而实现大学生在区域、不同劳动力市场之间的自由流动就业。

第二，建立统一的大学生就业信息网站。政府部门、高校和就业中介组织需要加强协作，建设全国统一的大学生信息网络平台，以便用人单位和毕业生能及时找到供求信息。因为在就业的过程中，毕业生常常无法及时、准确地找到适合自己的岗位，用人单位也苦于信息短缺或信息不完整而难以及时招聘到满意的员工。通过统一的网络平台建设，加强区域之间的就业信息交流，不仅可以提高双方相互选择的效率，而且对于促进大学生自由流动就业、缓解大学生结构性失业问题具有重要意义。

## （二）高校层面：深化人才培养模式与机制改革

从高等教育与人才市场之间关联的角度看，当前大学毕业生结构性失业主要源于高等教育人才培养与市场需求脱节，或者说，高等教育人才培养不能适应经济社会发展的需要。这不仅加剧了毕业生就业难度，也对高等教育资源造成极大浪费，同时也在很大程度上影响到社会经济的健康发展。尤其是在中国经济发展增速放缓、产业结构转型升级的"新常态"阶段，经济社会发展对大学生人力资本供给提出了更高要求，因此深化高等教育供给侧结构性改革，实现高等教育由低水平供给向高水平供给的跃升，无疑是破解大学生结构性失业困境的关键。①

从根本上来说，大学生能否在人才市场顺利就业，一方面取决于毕业生本人的专业知识与专业能力，另一方面取决于学生自身表现出来的综合素质。但值得关注的是，大学生就业还受毕业院校层次以及母校声誉的影响。不少用人单位在招聘毕业生时，主要看四个方面：学校声誉；导师声誉（对研究生而言）；专业对口；个人综合能力。也就是说，毕业生在人才市场上是否"走俏"，在很大程度上取决于其就读院校人才培养的水平和质量的高低。随着高等教育越来越关注消费者（学生、家庭和雇主等）的需求，"大学生'毕业'的意义也发生了变化，传统的毕业是学生修满学分、考试然后获得各种学位或证书，这些都是采用学术成就来证明的方式。当前越来越多的大学被要求对学生学什么以及如何学习肩负起更大的责任，将'增值'作为学习成效评估的标准"②。因此，为彻底扭转大学生就业困境，促进大学生充分就业，高校人才培养体制与人才培养模式改革势在必行。

1. 建立校企合作人才培养机制

高校毕业生参与企业培训和社会实践活动，不仅是一次近距离了解社会和用人单位的机会，也是锻炼社会实践能力、社会适应能力的途径。从企业的视角而言，支持和接纳毕业生实习或培训，一方面有助于宣传行业企业文化，拓展与高校的合作空间；另一方面可以为行业企业储备人才，降低人才培养成本。中共中央国务院《关于深化教育改革，全面推进素质教育的决定》指出："高等学校在实施素质教育的过程中，必须要加强社会、企业、学校之间相结合的作用，大力推进科学研究与高等学校之间的合作，鼓励学校和企业联手建立科研机构、科技企业以及和高校签订由学校向企业输送优秀学生实习机会的相关合作。"

---

① 马世洪：《以供给侧改革破解大学生就业市场结构性矛盾》，《中国高等教育》2016年第 10 期，第 15—18 页。

② ［美］菲利普·阿特巴赫、利斯·瑞斯伯格、劳拉·拉莫利：《全球高等教育趋势——追踪学术革命轨迹》，江有国等译，上海交通大学出版社 2010 年版，第 145 页。

《高等教育法》也规定："国家应鼓励高等学校同社会、企事业单位及其他组织团体在多方面进行合作，例如科学技术的推广和开发等。"实践中的关键问题是，高校应与行业企业搭建有效的合作教育平台，建立高校毕业生实习实训基地，并通过有效的人才培养合作机制，为毕业生就业打好基础。

校企双方在人才培养过程中应建立良好的互利合作关系。在现代高等教育体系下，高校不能封闭地进行人才培养，必须联合企业参与到培养人才的过程中来。实践中，不仅要让企业参与到人才培养的实施过程中，还要让其参与到人才培养的计划和规划的制定过程里。为此，高校需要与企业进行深度教育合作，充分整合和优化企业教育资源，使人才培养成效最大化、资源利用最优化。另外，学校还可以邀请企业参与人才培养质量标准和人才培养质量评估，"订单式"培养企业所需人才，以此调动企业参与学校人才培养的积极性。实践中，人才培养质量的高低是校企双方共同关注的焦点，也是高校与企业能否建立长期、有效合作关系的关键。高校毕业生在企业实习阶段，企业应积极参与实习指导，并对学生的实习表现作出及时的评估，并反馈给学校，以便学校及时调整人才培养计划和教学方式。

2. 推进大学生就业指导个性化和专业化

大学毕业生在就业过程中就像是一个"自我推销员"，在就业过程中应充分展现出自身的优势和特长，以此赢得用人单位的青睐。同时，由于毕业生"涉世"不深，不可避免地存在着就业盲目性和非理性行为，这就需要学校对就业学生进行针对性的指导。需要指出的是，目前毕业生就业指导工作浮于表面，针对性和专业性不够，对于毕业生了解社会就业形势和劳动力市场的需求，以及具体的就业辅助的有效性不强，因此，建立一支专业化、高素质的就业指导队伍迫在眉睫。作为高校的就业指导中心除了为学生缓解就业压力、提供及时准确的就业信息、创造顺利的就业条件之外，还要鼓励和支持学校各种相关社团通过相关活动分享就业信息，交流就业经验。

作为学校，要根据学生自身实际和人才市场的情况以及经济社会发展的需要，引导学生明确就业目标定位，调整就业预期，减少在择业过程中的盲目性，尽快实现就业。"任何事物的发展过程都存在着特殊性与普遍性，而特殊性是一个事物和另一事物的区别所在。"由于人是个体的人，因而各不相同，高校毕业生也是一样。所以，高校在对毕业生进行就业指导时既要看到所针对群体的普遍性又要看到指导对象的特殊性，这样才可以更好地"因材施教"，实现学生个性化就业指导的目的。目前，高校就业指导还满足不了不同个体的需要，个性化指导体系很不健全。实践中，高校应把高校毕业生分成不同的类别，按照区别对待、专业化指导的思路，除了按常规的专业和学科分类指导外，更多的是对高校毕业生的就业特点、条件、期望等进行个性化指导。

3. 构建多元化的人才培养模式

随着中国高等教育规模扩张以及高等教育大众化，高等教育人才培养目标和类型呈多样化发展态势，传统单一化的人才培养模式已不能适应新形势下经济发展的需要。不同层次、不同类型的高校在人才培养目标上的定位不同，很难用统一的质量标准衡量水平高低，即使是同一类型和层次的学校之间，由于服务面向不同，质量标准也很难一致。事实上，由于社会需求的多样化，必然要求人才培养目标的多元化，高等教育人才培养必然要适应人才市场的竞争机制、供求规律。同时，高校只有办出特色，彰显人才培养的质量特色，才能适应社会多元化的需要，形成系统化而又具有特色的人才培养体系。那么，如何构建多元化的人才培养模式？实践中需要关注两个方面的问题：一方面，绝大部分毕业生都要依靠所学的专业知识资本应聘工作，为了突出专业教育的目标，就要注重打好专业知识基础，增强专业实践能力，把专业理论学习与实践锻炼贯穿于人才培养的全过程；另一方面，为增强学生的社会适应性和发展潜力，就必须注重发展学生的个性特长，培养学生的创新能力和综合素质，使毕业生在职场更有综合竞争力。

反思中国高等教育人才培养模式的具体实践，虽然高等教育规模日趋增大，但人才培养的创新性、多样性、特色性十分薄弱，主要是由于中国高校人才培养模式过于单一，缺乏学生个性化的发展时空。现代社会产业结构调整和优化升级进程加速，劳动者就业岗位变动更加频繁，如何培养适应社会所需要的人才，是高等教育人才培养模式改革需要正视的问题。一个专业存在的价值虽然不能仅仅以就业率的高低来衡量，但在现代市场经济条件下，就业率是人才培养质量的重要指标。实践中，衡量人才培养质量有两个指标：一是学生就业的专业对口率；二是学生就业的专业适应性。仅仅以专业对口的标准来培养人才，显然是不利于受教育者未来的职业转变的。因此，如何在专业"对口性"与"适应性"之间达致平衡，是高校人才培养模式改革需要重视的课题。

人才培养模式多样化改革，实践中关键要解决好三个问题：一是要确立以学生发展为本的人才培养模式，包括以学生的兴趣、爱好来设置专业，同时给予学生更多培养创造性和自主性的机会。当然，"以人为本"并不是说必须满足学生的全部要求，学校教育不能只有自由而没有约束，因此必须在综合考虑学校所能提供的教育资源以及教育规律的基础上，尽量满足学生对学习环境的期待和要求。二是政府分层指导，鼓励高校合理定位人才培养目标。尤其是一般本科院校要重新审定人才培养目标定位，近年来，由于一般本科院校人才培养缺乏特色，毕业生就业问题比较突出。相对而言，高职院校培养目标明确，着力服务于区域或地方经济发展，不少高职院校毕业生就业状况良好。重点大学，如部属院校，大学生就业不是问题，但在就业形势不好时，重点大学的毕业生就会挤占原属于一般本科院校的就业岗位。① 可见，不同层次或类型的高校只有合理定位、办出特色、形成办学定力，才能增强大学生就业的社会适应性，才能化解大学生就业的层次性失衡问题。三是把人才培养模式改革与大学生就业工作结合起来。实践中，大学人才培养模式改革是分学科专业进行的，而不同学科专业的就业状况与社会需求也不尽相同，所以人才培养模式的多样化是不同学科专业的多样化，只有针对不同学科专业的就业状况进行人才培养模式改革，才能真正提升大学生就业的社会适应性。北京部分高校率先将大学生就业工作纳入本科教

---

① 《求解：大学生就业"难不难"》，《光明日报》2014 年 6 月 24 日。

学工程来立项建设①，把就业工作与人才培养过程结合起来，就是通过人才培养模式改革促进就业的有效尝试。

### （三）社会层面：建立大学生就业支持体系

大学毕业生是高层次的人才资源，他们思想进步，充满活力，富于创造性，能够快速融入社会，是经济社会发展以及和谐社会建设的重要力量。因此，高校毕业生就业问题，不仅仅是经济和社会问题，更是一项事关全局的政治问题，对于维护改革发展和维护社会稳定具有重要意义。如果大学毕业生就业难问题不能得到有效解决，创新驱动战略和科教兴国战略目标就很难实现。因此，大学生就业问题不仅仅是高校和政府的责任，也是全社会的责任。

1. 创造良好的大学生就业社会舆论环境

就业是民生之本，大学毕业生能否顺利就业关系到千家万户的安定和幸福。尤其是在就业问题相对突出的环境下，政府、社会、行业企业、高校、家庭以及学生都应该承担起各自的责任。由于受到来自社会、媒体、家人以及朋友的影响，传统的"学而优则仕""大学毕业就应该在城市就业"的观念依然存在，愈演愈烈地报考"公务员热"的根源就在于社会对公务员收入和社会地位的传统意识。同时也有部分原因是父母不希望孩子太过辛苦，希望孩子生活相对安逸，进而干涉孩子的择业过程。因此，就业也需要家长转变观念，多与子女沟通，共同协商孩子的就业问题，而不是一味地把自己对于未来工作的好恶强加于孩子。同时，正确而积极的社会舆论有助于化解大学生就业矛盾，改变传统的就业观念，引导大学生在平凡的工作岗位上实现自己的人生价值和发展目标。

2. 企业积极参与高校人才培养和就业工作

行业企业不仅是招聘和接纳大学生就业的社会组织，也是参与培养

---

① 赵正元、曹阳：《高校大学生就业工作将纳入本科教学工程》，《中国教育报》2012年7月24日。

大学生就业能力的责任主体。一方面，行业企业通过选才、用才、储才等人事制度改革，挖掘企业接纳大学生就业的潜力，另一方面要通过搭建大学生创业平台、校企合作教育，积极参与高校人才培养过程，提高大学生就业能力和实践能力，从而为促进大学生就业承担更多的社会责任。从校企合作教育的具体途径而言，企业实习不仅有助于学生将专业知识转化为实际工作能力，也可以为大学生积累创业实践经验。当前，不少毕业生在创业过程中所遇到的主要问题是经验不足和能力欠缺，因此，搭建社会、企业和学校之间的创业就业合作平台，为毕业生提供创业服务和创业培训，有助于提升大学生创业能力，规避可能的创业风险。

3. 积极推进大学生就业政策的有效落实

第一，建立和完善就业困难毕业生的就业援助制度。每逢就业季，都有部分学生就业困难，而通过制定扶持政策给予就业困难学生有效的就业援助，帮助他们顺利就业，这是政府的责任。在实践层面，要使就业援助能够切实促进就业困难毕业生就业，就必须以就业困难毕业生的需要为根本，充分考虑他们的利益和面临的就业困境。当前，中国大学生就业援助的关键是要结合就业困难毕业生的主客观特点，实施有针对性的就业援助方案。实践中，就业援助主要包括政策援助、岗位援助、创业援助、补贴援助，以及心理援助和法律援助。当然，就业困难毕业生援助是一个系统性的工程，需要政府、高校、社会等相关主体的共同参与、协同工作，关键问题是建立健全就业援助工作领导机构，健全协同就业援助机制，同时切实监督检查就业援助工作的成效和质量。

第二，鼓励和支持大学生自主创业。长期以来，社会对大学生自主创业存在着一些错误观念和看法，阻碍了中国自主创业的发展；同时，高校忽视创业教育，学校教育对大学生创业缺乏推动力。传统的观念认为，"找不到好的工作，所以去创业"，"只有那些家里经济实力比较好的才有资金去创业"，错误观念加上必要的创业保障政策的缺失，压抑了学生创新创业的活力。近年来，随着经济体制改革，以及大众创业意识的觉醒，人们对创业有了全新的认识，加之政府政策和学校创新政策的激励和引导，不少怀有创业梦想的毕业生开始创业，乐于创业。当然，大学生创业要有适宜的"土壤"和制度氛围，一方面社会企业要积极支持大学生创业，企业与高校、政府三方联动，支持大学生创业园区建设，营造良好的大学生创业生态环境。另一方面社会要宽容大学生创业失败者，支持建立大学生创业风险基金；实际上，创业失败或受挫的大学生绝非人生的输家，创业经历不管是对他们今后就业还是再创业都是一笔宝贵的财富。

# 四 小结

大学生失业可以分为毕业生总量失业和结构性失业，前者表现为毕业生绝对数量的失业，后者表现为毕业生相对数量的失业。总量失业是大学生失业的表面特征，结构性失业是大学生失业的根本特征。因此，考察和分析大学生失业应该更多地从考察和分析结构性失业入手。实际上，不同层次高校、不同专业、不同区域、不同性别的学生群体的就业境遇是有区别的，大学生就业难与大学生失业不是所有大学生都面临的境遇。大学生结构性失业的原因是多方面的，主要表现为产业结构与人才培养结构的失衡、区域需求结构与供给结构的失衡、大学生就业市场的分割，等等。实践中，大学生结构性失业需要综合治理，需要从政府就业政策调控层面、高校人才培养模式与结构改革层面、社会就业环境与就业市场建设层面进行综合改革，着力建构大学生就业供需之间的动态平衡机制。

# 第七章　高等教育人才培养与就业市场的衔接制度建设

促进大学生充分就业既是国策也是民生。大学生就业问题不仅关系到高等教育的个人投资能否获得预期收益，进而影响人们高等教育的投资行为，而且关系到大学生人才资源能否实现有效配置，进而影响社会经济的可持续发展。近年来，不少学者试图证明，由于中国高等教育规模扩大而导致的大学生就业人数逐年攀升与社会就业岗位相对缩减之间的矛盾，是大学生就业难问题产生的根源。实际上，大学生就业难除了可以归因于高等教育自身的问题之外，也与劳动力市场的发育程度及其运行机制是否完善密切相关。就二者之间的关系而言，当前我国大学生就业环境的变化和劳动力市场的发展，为增强中国高等教育人才培养模式对劳动力市场人才需求的适应性，并进而对促进大学生就业制度改革提供了契机。

## 一　高等教育人才培养与就业市场的实践关联

自中国高等教育进入大众化阶段以来，大学生就业难表现出一种长期性和持续性的态势；更为值得关注的是，大学生就业难是在近年来中国经济快速发展背景下产生的。究其原因，虽然与中国高等教育规模的持续扩大有很人关系，但更与经济发展对大学生就业的吸纳能力偏低密切相关。与此同时，席卷全球的经济危机，以及新一轮的产业资源在全球范围内的优化配置和战略性重组，促使中国必须通过产业结构调整来达到经济发展方式的转变。这就必然会对中国高等教育人才培养模式和专业结构产生深刻影响，一方面，经济结构转型有助于拓展大学生就业市场，促进高等教育人才培养模式和专业结构的适应性调整；另一方面，经济结构转型也必然要求高等教育人才培养模式与劳动力市场之间的供求机制的适应性变革。

### （一）人才培养模式、劳动力市场与大学生就业的关联

关于如何促进大学生就业，中国政府的政策目标和制度建设取向是清晰、明确的。《中华人民共和国就业促进法》第二条规定："坚持劳动者自主择业、市场调节就业、政府促进就业的方针，多渠道扩大就业。"2002 年教育部、公安部、人事部、劳动保障部四部门联合发布的《关于进一步深化普通高等学校毕业生就业制度改革有关问题的意见》也明确指出："建立市场导向、政府调控、学校推荐、学生与用人单位双向选择的就业机制。"可见，中国大学生就业制度改革的方向与国家宏观层面建立适应市场经济发展的劳动力市场就业制度的要求是一致的。但对于什么是大学生就业难，目前到底存在不存在就业难，人们的认识则有较大差异。有学者认为，大学生就业问题不是因为"扩招"才有的，就业问题在扩招之前就已经存在；扩招不是就业难的直接原因，即使不扩招也同样存在同龄人口的就业问题，并且还可能提前 3—4 年就业。① 实际上，西方国家大学毕业生同样不能实现完全就业，也存在不少大学生"毕业即失业"的问题。那么，为什么大学生就业问题在西方国家没有成为问题，或者就业难问题没有像中国这么突出？究其原因，这可能与中国产业结构或经济结构有关，也与大学学制、人才培养模式、工作搜寻时间安排以及就业市场机制不成熟等因素密切相关。笔者认为，大学生充分就业并不是指大学生完全就业，在市场经济条件下，不完全就业是绝对的，任何时候也不可能实现所有大学生的完

---

① 李彬：《中国产业结构转换与大学生就业关联性研究》，《中国人口科学》2009 年第 2 期，第 34—43 页。

全就业。

实践中，是否存在大学生就业难现象有两个关键指标：一是大学生的失业率是否超过了社会的承受力，以及是否影响了人们接受高等教育的积极性；二是大学毕业生是否存在大面积的结构性失业问题。调查显示，2011 届大学毕业生毕业半年后就业率为 90.2%，虽然 2009—2011 届大学毕业生失业率整体上呈现下降趋势，但 2011 年仍然达到 9.8%，有将近 65 万大学毕业生半年后仍处于失业状态；在已就业毕业生中，有 14.0% 处于低就业状态（即从事与专业不相关的工作或半职工作）；受雇全职工作的大学毕业生的工作与专业相关度为 64%，其中，本科毕业生为 67%，高职高专为 60%；在红牌专业（即就业率较低的专业）中，部分是由于供大于求造成的，但更多的是人才培养质量达不到产业的要求造成的。① 可见，无论是就大学生失业的数量还是就业质量而言，都存在事实上的就业难问题。

大学生就业问题的解决，就其现实影响因素而言，有赖于大学人才培养和劳动力市场的共同作用，即既取决于大学人才培养质量的提升，又取决于劳动力市场的不断发育成熟，涉及大学生人才资源的"生产"和"营销"两个环节。在计划经济体制或精英教育背景下，大学毕业生"统包统分"或"供不应求"，不存在就业问题，因此既不存在人才培养质量问题，或者说，质量问题没有成为利益相关者关注的焦点，也不需要劳动力市场调节大学生就业，也就是说，不存在大学生就业的供求矛盾。随着中国市场经济的发展和高等教育体制的变革，"制约大学生就业的因素越来越表现为一种多因素、复杂的、深远的存在"，实践证明，大学生就业制度改革必然是就业环境的产物，深刻地反映着社会变迁所留下的足迹，进而表现为大学生就业制度改革的形式、内容、结构、体制机制的新变化。②

---

① 麦可思公司：《2012 年中国大学生就业报告》，http://job.jyb.cn/jysx/201206/t20120611_497687.html。

② 闫广芬、吴俊：《大学生就业背景下的美国高等教育改革及其启示》，《中国高教研究》2011 年第 5 期，第 49—52 页。

　　当前，中国高等教育改革之所以强调大学人才培养模式改革的重要性，是因为劳动力市场对高层次人才的需求是多样化和经常变化的，高等教育人才培养模式的类型也应该是多样化的。这种多样化不仅体现在不同层次和类型的高校中，也体现在不同的学科和专业中。从具体的实践层面而言，高等教育不同的人才培养模式，其培养目标、课程体系和教学内容、教学模式和方法，以及相应的考核评价、教学管理制度安排等方面也应该有所区别。不同的人才培养模式"反映了高等学校与劳动力市场，尤其是高层次劳动力市场之间的不同的结合与对接机制"，以及"在面对劳动力市场的就业挑战时所采取的不同选择，和人才培养的不同思路与办学的不同定位"①。

　　本质上，高等教育人才培养模式改革是与劳动力市场的多元化需求密切相关的。社会服务面不同、工作岗位技术层次不同，就需要培养不同层次和不同类型的人才。所谓结构性失业，表面上看是大学毕业生数量供大于求，实际上是人才培养模式单一化的反映。因此，大学人才培养模式改革是解决大学生就业问题的根本途径。在市场经济条件下，没有人才培养模式的多元化改革，高等教育人才培养与劳动力市场需求的结构性矛盾就不可能得到解决。当然，高等教育培养人才的数量和质量是否"适销对路"，还要受到劳动力市场需求结构和市场机制成熟度的制约。

　　劳动力市场是劳动力交易的场所以及相应的制度安排，必须具备劳动力的供给主体和需求主体两个基本要素。大学生就业市场是劳动力市场的子市场，其供给主体是各级各类大学生，需求主体是各级各类企业和行政事业单位。与中国整体的劳动力市场一样，大学生人才市场也经历了从计划配置向市场配置转型这样一个逐步发育的过程。在现实境况下，大学生就业市场除具有一般劳动力市场的共性之外，还具有自身的特殊性：从就业市场分割状态而言，大学生就业市场不

---

　　①　谢维和：《对口与适应——高校人才培养与劳动力市场的两种关系模式》，《北京大学教育评论》2004 年第 4 期，第 9—11 页。

仅具有制度性分割、区域性分割因素，还具有就业时间和就业经验的分割①；从供求主体而言，大学生人才市场是层次相对较高的人才市场，不仅表现在供给主体的知识和技能层次较高上，而且表现在需求主体的岗位技术层次要求相对较高上。此外，与一般劳动力市场求职者相比，大学生更倾向于在知识密集型行业岗位就业，或在产业链的高价值环节就业，同时，也只有具有较高知识技能的人才，才能胜任这些岗位职能的要求。

劳动力市场运行是一个复杂的过程，受到社会经济环境、技术进步、产业结构、政府规制等多种因素的影响，各种影响因素的不同组合方式，形成了劳动力市场不同的供求状况和劳动力资源的配置机制。②从大学生个体职业选择而言，从表面上看，是大学生自由抉择的过程，然而实际上不可避免地受到就业市场所能提供的职业岗位、工资待遇、发展前景等方面的限制；从大学生就业市场的供求关系来看，表面上是"供过于求""供不应求"和"供求平衡"的供求矛盾此消彼长，进而体现为大学生工资价格的差异和上下波动的特征，实际上是经济或产业结构的变化与高等教育人才培养之间适应性程度的反映。也就是说，大学生就业结构必然受到一定经济发展阶段经济发展水平的制约，实际上，"劳动力需求作为产品需求的派生需求，其结构与一国的经济结构紧密相关，这包括经济的产业结构、区域结构以及微观层面上的规模所有制结构"③。因此，单纯从大学生供给的角度进行调整，已不能有效解决中国大学生的就业问题。

当前，中国大学生就业问题既有高等教育人才培养的责任，也有大学生就业市场的原因，促进大学生就业的关键在于对劳动力市场的人才需求状况进行管理，提高市场对大学生的有效需求以及企业吸纳大学生

---

① 应松宝：《论大学生就业市场分割与高等教育的相互作用》，《中国高教研究》2007年第3期，第35—37页。

② 赖德胜：《教育、劳动力市场与创新型人才的涌现》，《教育研究》2011年第9期，第8—13页。

③ 赖德胜、吴春芳、潘旭华：《论中国劳动力需求结构的失衡与复衡》，《山东社会科学》2011年第3期，第79—83页。

就业的能力。一方面，产业结构升级可以提供更多高质量的就业岗位，长期来说，这是解决大学生就业问题的根本途径。可以预见，随着产业结构转型升级与经济发展方式的转变，生产过程所需要的技术层级以及人力资本存量会不断增大，相应地，大学毕业生必然会在生产过程中发挥越来越重要的作用，大学生就业需求量也将大幅增长。另一方面，完善大学生就业市场运行机制，有助于缓解大学生因就业市场的制度性、区域性分割以及就业信息不充分而导致的就业障碍。实践表明，经济发展较快的城市或地区，大学生就业的市场化程度也较高；反之，市场机制不健全，只会拖经济转型的步伐。

### （二）产业结构转型、大学生就业与专业结构之间的关联

毋庸赘言，大学生人才资源的供需失衡是大学生就业的主要矛盾，也是大学生就业难问题的根源。尽管其原因复杂，但产业结构与高等教育专业结构的不匹配是矛盾的主要方面。当前，社会各界对大学生就业问题的关注主要集中在大学生难以就业的人数逐年增长，也即每年大批毕业生难以就业之上，而相对忽视了对大学生结构性失业的关注。实际上，大学生就业难不是大学生就业群体的整体表征，而只是某些学科专业和部分毕业生的局部现象；不同的学科专业和不同的学生个体甚至表现出完全不同的就业境遇。从根本上说，结构性失业与总量失业是一个问题的两个方面，解决结构性失业问题是降低大学生失业总量的基本途径。一般而言，就业总量要通过就业结构的形式来反映，大学生就业结构分布反映了不同产业及其内部各生产部门对大学生就业需求的变化，大学生就业总量受产业结构发展水平的制约，不同行业吸收大学生就业能力与产业类型和产业的效率相关。① 一方面，产业结构升级改造对吸纳大学生就业具有促进作用，另一方面，大学生就业结构的分布是判断高等教育学科专业设置与产业结构匹配程度的重要依据。

———————————

① 李彬：《高校学科专业结构与大学生就业问题研究——以江苏省为例》，《清华大学教育研究》2010 年第 2 期，第 96—102、108 页。

从发展的角度而言，产业结构不是简单的静态比例关系，而是一个在动态中体现的过程。一定的产业结构有其形成和演变的历史缘由和现实条件。在不同国家的不同发展阶段，产业结构的特征和变动趋势是不同的。[①]　就现状而言，一方面，由于中国产业结构不合理，或产业结构重心较低和技术含量不高，产业发展对拉动大学生就业需求受到很大限制，尤其是在高等教育大众化背景下，大学生失业就成为一种必然现象。另一方面，当产业结构变化或变化已经成为一种必然趋势时，大学生就业结构应该与产业结构的变化相适应，否则，就可能会因为缺乏人才支撑而导致产业结构转型困难或动力不足。这两个方面是中国产业结构与大学生就业结构非一致性或偏离的具体表现，也是大学生就业难或结构性失业问题的主要成因。那么，如何根据产业结构转型的要求调整高等教育专业结构，改革高等教育人才培养的供给机制，是当前中国高等教育改革和大学生就业制度改革的重要课题。无论是在国家层面还是在区域范围内，产业结构与高等教育专业结构之间的协调性好，即专业结构与产业结构升级大致同步同向变动，则大学生就业空间就会加大。反之，若产业结构和高等教育专业结构不匹配，则产业结构转型升级受阻，大学生就业空间就会受到制约和压缩。

在新常态背景下，转变经济发展方式、调整产业结构已经成为中国确定不移的战略选择。《我国国民经济和社会发展十二五规划纲要》明确指出："加强农业基础地位，提升制造业核心竞争力，发展战略性新兴产业，加快发展服务业，促进经济增长向依靠第一、第二、第三产业协同带动转变。"可见，产业结构的升级改造，提升相关产业和产品的技术含量和附加值是产业结构调整的主要方向。这就必然要求从业人员结构和素质结构也要有相应的调整和提升。可以预见，随着产业结构转型的持续推进，经济发展对大学生的就业需求必将得到大幅度提高。但理论的应然并不等于实践中的必然，要想实现大学生人才资源供给与产

---

①　金碚：《现阶段我国推进产业结构调整的战略方向》，《求是》2013年第4期，第56—58页。

业结构转型的协调发展，就需要合理引导高等教育专业结构调整，使之能满足产业结构调整所带来的大学生人才资源需求。同时，中国产业政策和投资结构正在发生明显变化，产业结构的变化可能会形成大学生的结构性失业；产业政策的变化可能形成大学生的摩擦性失业；同时还要关注不同区域产业结构和资源禀赋的差异对高等教育专业结构调整的具体影响。这些都是我们在处理产业结构与高等教育专业结构之间的适应性关系时必须注意的问题。实践中，各级政府需要从产业结构与高等教育专业结构协同调整的角度，采取有针对性的引导政策，促进产业结构调整和大学生人才资源供给的结构性平衡。

## 二　高等教育人才培养与就业市场需求的制度困境

大学生能否充分就业既与高等教育人才培养质量有关，也与劳动力市场及供求机制有关。当前人们更多地把大学生就业难归责于高等教育，实际上，劳动力市场缺陷可能是更为根本的原因。劳动力市场分割导致大学生人才配置效率偏低，劳动力市场的信息机制失灵导致高等教育人才培养价值取向的迷失。与此同时，席卷全球的经济危机，以及新一轮的产业资源在全球范围内的优化配置和战略性重组，促使中国必须通过产业结构调整来达到经济发展方式的转变。这就必然对中国高等教育人才培养的专业结构产生深刻影响，一方面经济结构转型有助于拓展大学生就业市场，促进高等教育专业结构的适应性调整；另一方面经济结构转型也必然要求高等教育专业结构与劳动力市场之间供求机制的适应性变革。

### （一）高等教育人才培养模式与劳动力市场的悖逆和矛盾

目前，学界和大众舆论将大学生就业问题简单地归责于高等教育，比如因高等教育扩招和质量下滑等因素而导致大学生就业难，这有失公允和全面。应该说，高等教育人才培养确实存在问题，但如果对劳动力市场不进行改革和创新，仅靠高等教育改革，那么，大学生就业问题同样不可能得到有效解决。实际上，高等教育人才培养模式与劳动力市场需求之间相互悖逆与矛盾，是近年来中国大学生就业难持续存在的主要原因。

1. 高等教育人才培养模式改革滞后于劳动力市场的多样化需求

高等教育作为最高层级的人才培养活动，尤其是作为就业前的准备性教育，不可能封闭于"象牙塔"之内进行，满足劳动力市场对高层次专门人才的需求，是高等教育的首要职能。当前，推进产业结构调整和产业优化升级已经被提升为国家经济发展的重要战略，在此背景下，加快第三产业发展和第二产业升级改造，以及优先发展信息、新能源材料、生物制药、基因工程等战略性新兴产业成为中国经济社会发展所面临的必然选择。根据产业就业互动理论，产业结构调整必然带动劳动力结构和技术结构的一系列根本性变革，引起劳动力就业产生新组合，并由此促使为其提供人才支撑的高等教育结构做出相应调整。因为"高新技术产业发展的前提条件就是高等教育制度创新和办学实力的突破"，"没有学术领军人物和拔尖创新人才，一定发展不出高新技术产业"①。然而，实际上，中国高等教育无论是学科专业结构还是层次结构以及人才培养的具体方式都严重偏离了产业结构调整和劳动力市场的要求。学科专业建设简单遵循学科发展的逻辑，而不是以劳动力市场和经济发展的实际为依据；专业设置偏于"人治"和"跟风"，缺乏科学的学术论证和周密的市场调研，许多新专业内涵建设严重不足，忽视与产业结构调整的市场需求对接。在这种情况下，高等教育人才培养与劳动力市场需求的结构性失衡也就不可避免。

如果说学科专业建设和调整改革滞后可能会导致大学毕业生结构性失业的话，那么在高等教育人才培养中学术性取向和职业性取向的价值冲突，以及相应的课程体系和课程设置与劳动力市场的脱节就可能会导

---

① 闵维方、蒋承：《产业与人力资源结构双调整背景下的大学生就业——一个历史和比较的视角》，《北京大学教育评论》2012 年第 1 期，第 2—12 页。

致大学毕业生知识技能性失业。长期以来，尤其是在精英教育条件下，中国高等教育更倾向于进行学术性知识教学和科学研究，而培养学生的就业能力并不是高等教育所关注的核心问题，因此高校也就不可能将主要资源以及主要的课程安排，用于培养学生职场所需要的就业能力和就业素质。实际上，这也是中国大学教育长期排斥职业教育，以及专门的职业教育质量不高和得不到社会尊重的主要原因。在高等教育办学实践中，在课程设置上主要体现为重学术取向轻职业取向，重理论课程轻实践课程，重学科逻辑轻市场需求；在教学模式上，体现为重视学科专业的学术性规训，忽视与学科专业相匹配的职业训练，重视教师主导教学过程，忽视学生的个性化发展。

从世界范围来看，在大众化阶段，日、欧等国和地区十分重视大学生就业与专业之间的有效对应，特别是近年来，面对入学者资质、学习方式和教育体系变化的趋势，日、欧国家和地区社会各界开始对高等教育的社会效用性，以及大学教育与劳动力市场的衔接关系进行反思，并着力开展各类学术性、实践性的教学改革。[①] 当前，中国大学生就业难问题，固然有某些学科专业的毕业生供大于求的结构性原因，但最根本的是由高等教育传统的课程体系及其学术性导向的教学模式而导致的大学生就业能力偏低与人才市场需求之间的不相适应造成的。当然，尽管目前高校、政府和用人单位对大学毕业生就业能力内涵的理解还不尽相同，但就业能力并非仅仅是指就业岗位技能，而主要是指大学毕业生的经验积累和学习成绩能否转化为社会活动的实践能力，包括独立的工作能力、协作能力、沟通能力、分析和解决问题的能力以及个性心理品质等。可见，高等教育如何在课程改革和人才培养中处理好高深知识与职业技能、学术性取向与职业性取向之间的实践关系，是大学生就业能力培养和解决大学生就业难亟待重视的课题。

---

① ［日］吉本圭一：《大学教育与劳动力市场的适切性——基于日欧毕业生调查的实证分析》，《北京大学教育评论》2012 年第 1 期，第 72—90 页。

2. 劳动力市场分割与市场机制不成熟导致高等教育人才培养过程中错乱的价值取向和信息偏失

由于中国劳动力市场发育较晚，无论是在运行机制还是在结构形式上，劳动力市场都还很不完善，加之市场本身所固有的"失灵"，劳动力市场供求机制难以有效引导高等教育人才培养模式改革。一方面，由于计划经济管理体制的"惯性"制约，产业结构调整和升级改造对人才的需求难以及时在劳动力市场的供求信号中反映出来；同时，由于长期以来社会用人单位只是习惯于从高校招聘人才，缺乏社会参与高等教育人才培养的有效制度和机制，因此经济结构变化对人才的需求也就难以及时转化为高等教育人才培养模式改革的决策和动力。另一方面，产业结构具有相对稳定性的特点，如果缺乏足够的政策牵引和较为紧迫的经济危机环境，经济结构在短期内很难实现突破性改变。实践中，由于中国经济结构固有的路径依赖，经济结构调整和产业升级改造速度缓慢，但与此同时高等教育规模在迅速扩大，人力资本积累速度快速提升，现有产业和经济结构很难吸收、消化大量大学毕业生就业，进而引发大学生失业问题。

当前，随着市场经济的发展，劳动力市场已经成为人力资源配置的主要途径，与此同时，人才资源的市场配置机制引导人们进行高等教育投资和专业选择的功能进一步凸显。在此背景下，学生接受高等教育正在逐步脱离"计划安排"的轨道，而更多地具有理性选择的成分和对自身职业发展前景的考虑。但市场是一把"双刃剑"，尤其是在劳动力市场呈现分割的状态下更是如此。尽管接受高等教育有助于大学生提高自身素质，有助于突破某些劳动力市场分割的限制①，但实际上，中国大学毕业生市场仍然呈现出多重分割的状态，主要表现为制度性分割、区域性分割以及主次市场分割等。不同就业市场之间的工资待遇、社会保障、就业环境、晋升机会等都有很大差别，并且次要劳动力市场与主要劳动力市场界限分明，流动极为困难；相对而言，高学历、热门专

① 应松宝：《论大学生就业市场分割与高等教育的相互作用》，《中国高教研究》2007年第3期，第35—37页。

业、重点大学的学生，进入主要劳动力市场就业的机会较多。

实践中，大学生就业市场的这种多重分割状态对高等教育人才培养的消极导向是多元的。不少学生为了获得在主要劳动力市场或经济发达区域就业的机会，片面追求高学历、争读热门专业、迷恋名牌大学、竞相到发达地区就学，进而导致整个高等教育系统的结构性扭曲。不同层次高等教育不安其位，办学缺乏特色，人才培养模式同质化倾向明显；高等教育改革长期倡导的为区域经济发展服务、培养技能型人才、重视学生个性化发展等人才培养理念很难落到实处；为了迎合人们对所谓热门专业的追求，有些高校甚至放弃了对学科专业的理性调整和人才培养模式改革的努力；由于缺乏统一的劳动力市场价格和信息共享机制，政府和高校很难科学规划高等教育发展和人才培养服务面向。可见，劳动力市场分割不仅导致人们对高等教育的非理性需求，而且是导致中国高等教育人才培养模式改革滞缓的不可忽视的因素。

### （三）产业结构转型与高等教育专业结构失衡的表征

一个国家或地区的大学生就业与经济发展存在着必然联系，但不同的经济发展阶段，大学生就业量与经济发展并非呈现出增长的一致性，进而出现大量毕业生失业或难以及时就业的现象。究其原因，既可能是由于高等教育专业结构与经济结构之间的供需矛盾所致，也可能是就业市场供需体制机制不畅使然。

1. 现有产业结构难以容纳更多的大学生就业，表现为大学生就业市场的"供大于求"

从总体上看，快速而良性的经济发展能够拉升大学生就业量，但在经济发展至饱和阶段之后，由于技术、资本等生产要素结构趋于稳定和惯性运行，就业量并非必然会随之增长，甚至可能会出现一定阶段的下降。随着中国经济总量的增长，产业发展对大学生就业的吸纳总量有了明显提高，但各产业的大学生就业比例发生了明显变化，且愈益表现出不均衡发展的态势。也就是说，现有产业结构与大学生就业结构之间呈现出偏离状态。当前，中国第一产业对大学生就业总量的贡献相对较小，第二产业的发展规模与大学生就业总量比重的一致性较高，仍然是吸纳大学生就业的主体，而第三产业内部行业之间大学生就业的比重极不均衡，第三产业对大学生就业的吸纳能力有待进一步挖潜和提升。可以预见，加快发展第三产业，着力进行传统产业的升级改造，是今后中国产业结构调整的基本方向；相应地，高等教育的人才培养结构与大学毕业生就业结构也必须与此相一致。

在过去十多年里，中国第三产业就业占比虽然有所增长，从 2000 年的 27.5% 上升至 2011 年的 35.7%，但相对于发达国家 60% 以上的占比还有很大差距。2000 年，美国第三产业就业占比为 74.3%，法国、英国和澳大利亚等国也都在 70% 以上。从第三产业吸纳大学生就业人数的发展趋势来看，1991—2001 年，第三产业就业人数增加了 9200 万人，而这一时期大学毕业生累计只有不到 800 万人，大学生毕业人数占第三产业新增就业人数的比重仅为 9%；2001—2011 年，第三产业就业人数增加了 7459 万人，比 20 世纪 90 年代减少了，而同期累计的大学生毕业人数则呈爆发式增长，达 4400 万人，大学生毕业人数占第三产业新增就业人数的比重达 59%。[①] 可见，为什么近年来中国大学生就业越发困难，其中固然有高等教育规模扩张的原因，但第三产业发展滞后导致吸纳大学生就业人数远远滞后于毕业人数的增长是主要原因。值得注意的是，现有产业结构之所以难以容纳大学生就业，并不是因为大学毕业生的绝对数量超过了经济发展的承受能力。

实际上，相对于其他发达国家，无论是中国 GDP 总量和经济发展规模都理应可以承载更多的大学生就业量。但长期以来，中国经济发展形成了以资源劳动密集型和劳动力密集型为主的产业结构，高等教育专业设置也主要以资源劳动密集型、劳动力密集型为主，而技术密集型和高新技术产业及其相关专业设置相对不足，尤其是在经济发展模式快速转型和产业技术升级加速的背景下，导致产业结构升级与专业人才供给

---

① 廖宗魁：《产业结构滞后导致大学生就业难》，http：//money. 163. com/13/0522/14/8VG30UUN00253B0H. html，2013－5－22。

的契合度不高，进而产生大量毕业生失业。

2. 高等教育专业结构调整滞后于产业结构转型，表现为大学毕业生的结构性失业

高等教育的专业结构调整是一个多层次、宽内涵的概念，不仅是专业数量及其在校学生人数的增减，而且也包括专业培养目标和方向的变化；既是指国家或区域层面高等教育系统的专业结构优化，也是指一所高校内部专业结构的调整。就本质而言，高等教育专业结构调整是经济结构对人才需求的反映，而经济结构的战略性调整必然要求对高等教育范式和人才规格进行适应性调整。① 但在实践中，由于传统高等教育管理体制以及既有结构"惯性"的约束，高等教育专业结构与产业结构存在着不同程度的错位或时滞现象。

其一，随着市场经济的发展，高等教育与经济发展的关系已经脱离了"计划"的轨道，变得越趋复杂和难以"计划"，高等教育专业设置和人才培养越来越难以适应迅速变化的市场环境；相对于经济发展环境的快速变化对经济结构调整的强劲驱动，高等教育专业结构调整则具有滞后性，人才培养更需要一个较长的周期，所以高等教育专业调整既要满足现时的经济结构的要求，又要关照可能的发展趋势，的确是一个复杂和难度较大的问题。当前，政府对高等教育专业设置和调整仍然侧重于资质审核、总量控制、程序管理等方面，布局调整、质量监督、信息发布、规范发展等功能还没有得到充分发挥，高等教育专业设置与调整仍然呈现为"无序"和"自为"的状态。在这种背景下，结构性失业也就不可避免地成为大学就业问题的常态。

麦克思《中国大学生就业报告》表明，2009—2012 年，大学生就业红牌专业（失业量较大、就业率和就业满意度较低的专业）基本相同，本科就业红牌专业主要集中在动画、法学、生物技术、生物科学与工程、数学与应用数学、体育教育、生物工程、计算机科学与

①　胡平：《经济结构战略性调整对高等学校专业结构设置的影响》，《中国高教研究》2011 年第 7 期，第 56—58 页。

技术、英语、国际经济与贸易等专业。高职高专就业红牌专业主要集中在临床医学、法律文秘、计算机科学与技术、国际金融、工商管理、法律事务、汉语言文学教育、计算机应用技术、电子商务等专业。这也在一定程度上反映出高等教育专业结构调整相对于产业结构需求的惰性和滞后性。

其二，一定的经济结构不仅要求高等教育专业的数量结构与之相适应，而且要求高等教育专业人才培养的层次和技能结构与之相适应，因为社会经济发展不仅需要引领行业发展的拔尖创新人才、学术型人才，也需要更多的实用型人才、技能型人才。因此，高等教育专业的人才培养目标和专业方向应该体现出多层次和多样化的特点。但在办学实践中，高校之间专业设置雷同，人才培养模式单一，片面强调课程体系的学术性和理论教学的重要性，忽视学生实践能力的培养，人才培养缺乏自身特色和市场针对性，不少毕业生难以学以致用或就业能力薄弱，进而导致大学毕业生结构性失业或技能性失业。

**3. 高等教育人才供给与产业结构转型需求之间衔接机制不健全，表现为大学毕业生的摩擦性失业**

产业结构转型不仅有赖于人才培养的高等教育专业结构的合理性，而且有赖于人才资源的自由流动和大学生能够及时充分就业，否则高等教育专业结构与产业结构之间的平衡只能是"纸上谈兵"。当前，中国劳动力市场的整体态势是，"由于新兴产业对劳动的需求大于供给，所以出现了岗位空缺；衰退产业对劳动的供给大于需求，则出现了失业情况"[①]。就大学生就业市场而言，由于产业结构调整而引起的结构性失业是较为普遍的现象。但如果大学生能够在不同产业、不同区域、不同部门之间自由流动，且大学生就业市场的信息是完全、迅速、流畅的，即便不能消除失业现象的存在，至少也可以减少岗位空缺和失业并存的现象。但这种理想化的市场模型在实践中受到劳动力市场发育程度的制

---

① 李刚：《中国城镇人口失业结构与结构性失业》，《南京社会科学》2001 年第 3 期，第 23—28 页。

约，大学生就业表现出比较明显的流动受阻和就业滞后现象。

其一，大学生就业市场信息不完全，包括就业政策传递机制不畅、岗位需求信息区域分割、内部人与外部人的信息不对称等，导致大学生就业搜寻成本上升，以及市场对大学生人才资源调节机制的失灵或受阻。

其二，由于高等教育人才培养模式单一，大学毕业生就业的通用素质薄弱，面对产业结构转型以及技术密集型产业的迅速发展，大学毕业生的就业准备明显不足；再加上区域之间、行业之间、城乡之间就业市场的制度性分割，大学毕业生难以实现自由流动就业。

其三，尽管劳动力市场大学生就业服务机构数量众多，但服务质量和服务效率偏低；高校大学生就业服务部门主要侧重于就业咨询、信息服务、程序性管理等方面，缺乏与社会用人单位和就业市场的沟通协调机制，致使大批毕业生难以及时就业或充分就业。

# 三 高等教育人才培养与市场需求的衔接机制建设

当前，中国学界和大众舆论出于对高等教育发展和人才培养质量问题的深刻反思，主要关注高等教育改革对于解决大学生就业问题的迫切性，而对劳动力市场对大学生就业的影响关注不够。也就是说，大学生就业问题，既有高等教育人才培养的责任，也有劳动力市场的责任。因此，要破解大学生就业难题，建立高等教育人才培养与劳动力市场需求之间的良性互动衔接机制至关重要。

## （一）深化人才培养模式改革，适应劳动力市场需求

人才培养模式改革是高等教育改革的核心，也是高等教育改革的难题，因为它不仅是一种操作层面上的改革，而且涉及高等教育人才培养与市场经济，特别是与劳动力市场之间的关系，是一项极为复杂的系统工程，因而"这一改革实质上是一个高等教育管理体制机制的改革，

是一次制度的创新"①。从整个高等教育系统而言，建立多层次、多样化、灵活而开放的人才培养体系是人才培养模式改革的目标。

首先，要促使各层次各类型高等教育办出特色。当务之急是"探索建立高校分类体系，制定分类管理办法，克服同质化倾向"；"根据办学历史、区位优势和资源条件等，确定特色鲜明的办学定位、发展规划、人才培养规格和学科专业设置"②。

其次，不同高校、不同学科专业，要根据其办学定位、人才培养目标、服务面向等，确定不同的人才培养模式；即使同一学科专业，也应该根据学生资质和未来发展方向采用分类培养模式；人才培养模式改革要以知识传授为手段，以能力培养为目标，尤其要注重培养学生的学习能力和人际交往能力，进而有效提升大学毕业生的核心就业能力。③

最后，高等教育人才培养模式改革不能封闭进行，一方面，高等教育对经济发展和劳动力市场不仅仅是简单的适应，而是要研究经济结构调整和劳动力市场发展的趋势，提前规划学科专业结构和人才培养体系，并在实施过程中进行动态调整；另一方面，高校要加强与社会企业和用人单位的沟通和联系，建立社会参与人才培养、就业工作的体制机制，及时根据市场的需求进行有针对性的人才培养模式改革。

**（二）合理规划产业结构调整，吸纳更多大学生就业**

产业结构调整对大学生就业的意义包括两个方面：一是产业结构调整通过劳动力市场信号和价格机制引导高等教育学科专业调整和人才培养模式改革，推进高等教育培养适应劳动力市场需要的人才；二是通过产业结构调整增加对高技能人才的需求，从而吸纳更多的大学生就业。当然，产业结构调整的动力主要来源于经济系统内部以及国家经济发展

---

① 谢维和：《对口与适应——高校人才培养与劳动力市场的两种关系模式》，《北京大学教育评论》2004 年第 4 期，第 9—11 页。

② 《教育部关于全面提高高等教育质量的若干意见》，http：//www.edu.cn/gao_ jiao_ 788/20120423/t20120423_ 768680. shtml。

③ 康小明：《人力资本、社会资本与职业发展成就》，北京大学出版社 2009 年版，第179 页。

的战略需要，主要目的是提升企业生产效益和产品的市场竞争力，而不是主要着眼于解决大学生就业问题。然而，事实上，产业结构调整如果能实现与高等教育规模的同步增长，或经济发展能够吸纳更多的大学生就业，那么就能够实现经济发展与高等教育发展的"双赢"。

从大学生就业市场的供求状况而言，企业是大学生需求的主体，而企业又是组成产业的个体，是相对独立的经营实体。据统计，在就业市场上，96.8%的用人需求量集中在企业，机关、事业单位的用人需求比重仅占0.7%，其他单位的用人需求比重为2.5%。在企业用人需求中，内资企业占75.6%，其中以私营企业、有限责任公司和股份有限公司的用人需求较大，所占比重分别为25%、26.6%和9.8%，国有、集体企业的用人需求比重仅为5.3%。① 同样，企业对于促进经济增长、增加大学生就业岗位具有不可替代的主体性作用。实践中，调整产业结构离不开企业的重组、结构调整、技术升级、行业转移以及在竞争中的优胜劣汰。

因此，产业结构调整一方面要根据经济发展的内在规律和外部经济环境提出的要求，另一方面必须考虑高等教育发展所能提供的人才支撑。第一，各级政府要把高等教育改革与发展规划、人才队伍建设规划纳入经济发展和产业结构调整规划之中，统筹协调经济发展与高等教育发展、人才队伍建设的关系，使高等教育人才培养与产业结构调整相适应。第二，要加快科技型第三产业的发展，以及第二产业由东部沿海向中西部地区的转移，以解决中国第三产业吸纳大学生就业不足以及大学生就业的区域结构失衡问题。第三，把第二产业或传统产业的转型升级和发展高科技产业结合起来，如果说前者是解决大学生就业问题的主要途径，那么后者是提升国家竞争力、提高就业质量的根本途径。②

---

① 《经济转型：大学生就业新机遇》，《光明日报》2010年5月30日第6版。
② 闵维方、蒋承：《产业与人力资源结构双调整背景下的大学生就业——一个历史和比较的视角》，《北京大学教育评论》2012年第1期，第2—12页。

### （三）推进劳动力市场改革，促进大学生顺利就业

从较为理想的状态而言，一个完善的劳动力市场主要体现出四个方面的基本特征：一是劳动力的同质性，即劳动力具有相同的技能、知识和工作态度，可以相互替代；二是就业条件的均等性，即劳动者无论受雇于哪家企业，其工作条件与待遇，获得的利益是相等的；三是劳动力供给的分散性，即没有单个劳动力或劳动力团体能够控制劳动力供给，从而影响工资变动；四是劳动雇佣方相对独立，即每个用工单位的劳动力数量在劳动力总需求中份额较小。[①] 当前，一方面中国劳动力市场运行依然受到计划体制惯性的制约，另一方面与市场经济相适应的劳动力市场运行机制还处于形成过程之中，这两种力量的交织使中国大学生就业以及高等教育人才培养面临着较为复杂的环境和制约因素。因此，深化以大学生充分就业为目标的劳动力市场改革势在必行。

其一，加快统一劳动力市场建设。政府统筹规划城乡、区域之间大学生就业工作，规范收入分配，逐步缩小行业、区域之间的收入差距。当前要着力加大去中西部地区就业大学生的政策落实力度，缓解大学生就业的区域结构失衡；最根本的办法是大力发展地区经济，通过经济发展增强就业机会、提高收入水平，进而提高对大学生就业的吸引力；尤其是二线、三线城市要把地区经济发展与吸引人才战略结合起来，通过政府、企业等多方努力，为大学生发展创造更宽广的平台。

其二，加快劳动力市场的信息化建设。充分的劳动力市场信息不仅有利于大学生及时就业，而且有利于引导高等教育有针对性地进行人才培养模式改革，增强对人才市场的适应性。政府和就业中介机构要加快劳动力市场信息基础设施建设，完善高校、企业和劳动力市场大学生就业信息的数据库系统及其发布机制，准确地向高校和大学生传递人才需求信息，减少信息搜寻成本和信息误差；建立政府、高校与劳动力市场之间对话沟通机制，及时交流人才使用和培养中的问题，推动建立利益

---

① 梁晓滨：《美国劳动市场》，中国社会科学出版社 1999 年版，第 317—318 页。

相关者共同参与高等教育人才培养的体制机制。

其三，加强劳动力市场运行的规范化建设。相对于用人单位，当前大学毕业生是劳动力市场的弱势方，所以如何规范用人单位在劳动力市场上的行为，维护大学生权益是保持高等教育健康和就业公平的关键。当务之急是尽快出台与大学生就业相关的包括实习和就业、工资待遇、社会保障、性别平等方面的法律法规，为大学生公平公正就业营造良好的市场环境。

### （四）建立高等教育专业与产业结构调整之间的主动适应机制

在产业结构调整的过程中，正是由于大学生就业结构和就业素质与产业结构不协调才产生了结构性失业。因此，针对大学生人才资源的供给结构和就业素质存在的主要问题，我们需要优化高等教育专业结构，主动适应产业结构调整对人才的需求。

其一，在政府层面，国家教育主管部门要着重从宏观调控、信息系统建设、总量控制、区域布局等方面加强对高等教育专业设置与调整的规制与管理，下放高等教育专业设置权限，放松对专业目录的限制，给予高校更多的专业设置和调整的自主权力；"探索建立高校分类体系，制定分类管理办法，克服同质化倾向"①，针对不同的学校和专业制定不同的准入标准和质量标准。地方政府要统筹高等教育发展，制定高等教育专业结构的总体规划，在充分调研和摸清情况的基础上，根据国家战略和区域经济发展需要以及市场需求与发展潜力，合理布局学术型、应用型和技能型的专业设置比例，避免重复设置和资源浪费。在国家和省级政府层面，根据大学生就业与失业情况、市场需求态势、经济发展趋势等建立专业预警机制，并在招生计划、专业存废、准入审批等方面进行调节和控制。

值得一提的是，政府对大学生就业的管理和引导政策，要改变简单

---

① 《教育部关于全面提高高等教育质量的若干意见》，http：//www.edu.cn/gao_ jiao_ 788/20120423/t20120423_ 768680. shtml。

地以毕业生就业率判断专业好坏、决定专业存废的做法。2012 年，教育部下发的高校毕业生就业工作通知表示，如果某专业的就业率连续两年低于 60%，将被调减招生计划直至停招。这种做法也许其出发点是好的，但如果运用不当，就可能助长弄虚作假、急功近利的心态。实际上，高等教育的办学规律天然地排斥以就业率为中心的评价标准，虽然现代高等教育人才培养倡导以社会需求为导向，但更追求培养学生健全人格、提升精神境界之目的。因此，这种政策不仅刚一出台就颇受诟病，而且在实践中也确实导致不少高校虚报就业率甚至造假的不良后果。同时，还存在另外一种现象，就是不少就业率高的专业，其专业对口率相对较低。虽然在现代市场经济和就业需求猥琐的环境下，不必过分强调专业对口就业，但如果专业对口率极低或就业质量不高，那么这个专业在该学校存在的必要性就值得怀疑。切实可行的做法是，把毕业生就业率和专业对口率结合起来，综合评价该专业毕业生的就业状况，这不仅可以获得该专业可靠的就业质量信息，而且还可以引导高校合理调整专业设置，促进专业人才培养模式改革。

其二，在高校层面，不同高校要根据各自办学定位、人才培养目标、服务面向等，实施差异化发展战略，确定相应的学科专业结构，同时要把改造旧专业与建设新专业结合起来。一方面要通过拓宽专业口径、确立新的培养方向、充实现代教学内容等途径提升传统专业品质，整合相关专业；另一方面要根据新兴产业发展趋势，在市场需求调研和专业设置论证的基础上，设置和建设新兴产业相关专业。不同学科专业要根据"学术教育—职业教育"连续谱系中的培养目标定位，选择合适的人才培养模式，调整课程体系与教学内容，尤其要把培养学生的就业能力和实践能力贯穿于人才培养的全过程[①]，进而增强大学毕业生的社会适用性和人才市场的竞争力。

从学科性质来分，高校专业可分为基础型专业和应用型专业。基础

---

① 马廷奇：《人才培养模式、劳动力市场与大学生就业》，《高等教育研究》2013 年第 3 期，第 34—39 页。

型专业与职业的对应性不强，主要偏重于学术训练，或为毕业生进一步进行职业选择打好基础，这类专业应保持现有规模，注重提升质量，不宜根据就业市场的变化而盲目增减；应用型专业要紧密结合产业结构转型调整的需要，及时进行专业调整和补充，改革人才培养模式，提升学生的职业适应能力和就业能力。总之，产业结构调整对高校专业结构调整既是机遇也是挑战，一方面高校要切实重视产业结构调整对大学生就业所产生的影响，另一方面要把产业结构调整作为高校专业结构调整的契机。

# 四  小结

大学生能否充分就业，有赖于大学人才培养和劳动力市场的共同作用，不仅取决于人才培养的质量与结构，也取决于劳动力市场的需求状况，以及市场机制的有效运行，涉及大学生人才资源的"生产"和"营销"两个环节。其中，最能反映大学生就业市场需求状况的指标是高校人才培养的专业结构与产业结构之间的一致性程度，二者之间的错位是导致大学生结构性失业的根源。当前，中国高等教育专业结构与产业结构之间的矛盾十分突出，一方面，长期以来中国传统的产业结构技术层级较低，对大学生就业的吸纳能力有限；另一方面，中国产业结构和发展模式快速转换，相对而言，高等教育专业结构调整滞后于产业结构调整的需要。因此，大学生保障制度建设必须从就业市场的供给与需求机制两个方面进行改革。从高校层面而言，人才培养要自觉关注社会需求，根据人才市场与产业结构调整的现状与趋势，改革人才培养模式、调整专业结构、提高人才培养质量；从政府层面而言，合理规划产业结构调整与高等教育结构调整之间的关系，加快大学生就业市场规范化建设，建立人才市场与人才培养之间的有效衔接机制。

# 第八章　美英两国大学生就业保障制度体系及其实践

在西方，大学生就业保障制度是公共就业保障制度体系的组成部分，但大学生就业群体与其他就业群体的不同之处在于，大学生群体除了享有公共就业保障系统所提供的制度保障和服务之外，高校还有专门的大学生就业服务和保障系统。也就是说，西方大学生就业保障制度体系一般包括公共就业保障体系和高校就业保障体系两部分。在这个体系中，政府、高校、中介组织和用人单位等相互协同、共同承担保障大学生就业的责任和职能。美国、英国是世界上最早建立大学生就业保障体系的国家，其大学生就业保障制度建设的实践经验和实践案例不胜枚举，可以为中国大学生就业保障体系建设提供鲜活的案例参考。从历史发展过程来看，美国、英国都是具有深厚高等教育传统的国家，高等教育类型多样化、结构复杂，同样也遇到过高等教育发展与经济需求之间的结构性矛盾和大学生就业问题。因此，分析美英两国政府、高校、就业中介组织和用人单位在英美两国大学生就业保障体系中的作用，研究相关主体独立发挥作用和相互协同的大学生就业保障机制，有助于我们多角度了解美国、英国大学生就业保障体系的特色，同时为中国大学生就业保障体系建设提供实践经验借鉴。

## 一　美国大学生就业保障制度体系建设与政府职能

据美国《教育统计文摘》资料显示，2014 年，美国高等学校总数为 4009 所，在校生人数为 1459 万人，毛入学率超过 95%。大学生数量增加，势必会进一步加剧就业竞争和就业压力，尤其是在近年来金融危机背景下，美国大学生就业形势也愈发严峻，许多大学生找不到与学历相应或与专业相关的工作，只得退而求其次从事学历要求低的低薪甚至兼职工作。① 据美国乔治城大学教育与劳动力中心 2012 年发布的一项调查报告，近几届大学毕业生（22—26 岁）的失业率为 8.9%；据美国就业专家分析，大学毕业生找工作难的现象，有 75% 的属于经济周期因素，另 25% 的则属于教育与就业市场脱节的结构性因素。② 因此，促进大学生就业是政府、社会、高校等不同利益主体共同的责任。其中，美国政府在大学生就业保障体系中一直扮演着强力推行和规范化的角色，在教育政策、资金投入、法律保障以及项目实施几个方面给予教育领域极大的支持。尤其是在经济危机席卷全球、就业形势低迷的情况下，美国政府出台了一系列政策法规来抵御全球金融危机对美国大学生就业市场的冲击，确保大学毕业生就业能够得到有效保障。

## （一）政府的大学生就业法规建设功能

### 1. 就业法规在大学生就业保障体系中的作用

衡量大学生就业保障制度体系有效与否的主要依据是有无完备的就业法律法规，大学生就业保障制度体系的有效运行也依赖于法律法规的导向及其规范作用。美国大学生就业保障制度体系建设是在"先有法后行动"的原则下进行的，因此只有依托法律法规，美国大学生就业保障体系才是有法可依、运行有序的，避免了盲目和失序。

首先，美国政府注重通过法律法规对大学生就业进行宏观调控，确保大学毕业生就业服务行为的时效性和及时性。美国联邦政府在依法规范大学生就业过程中有明确的自我定位和自我责任。政府以法律的形式规划和保障大学生就业，并以具体政策措施尤其是财政措施来予以扶

---

① 丁小希：《美国大学生求职选择：早规划不求一步到位》，《中关村》2014 年第 3 期，第 107 页。

② 余晓葵：《美国：大学生就业也难》，《光明日报》2012 年 5 月 5 日。

持，而非仅仅是发号施令者。政府在保障就业的立法过程中，具有以下几方面的功能：致力于解决政府应该如何促进高校培养优质毕业生，满足社会需求；如何促进毕业生顺利适应社会，找到合适的就业岗位，履行相应的社会责任；如何拓宽就业渠道，培养具有国际竞争力的人才等。此外，政府还力求通过立法解决大学生就业发展过程中的实际困难，如为大学生创设实习机会的企业给予减税免税优惠，倡导大学生自主创业，鼓励大学生自行创造就业机会，等等。

其次，美国政府加大拨款力度辅助促进大学生就业项目，其资助对象多以大学毕业生及用人单位为主。美国总统奥巴马曾提出"机会课税扣除"政策，旨在使每年学生可减免约 4000 美金的机会课税，用于大学学费或者寻找工作机会的相关费用。[1] 此外，美国政府的诸多促就业政策还带有相应的附加条件，在实践中起到了调节大学生就业的作用，也有利于引导高校、政府和社会机构资助大学生就业。当然，联邦政府并非无偿拨付就业资金给州政府、高校和用人单位，而是带有导向性的条件，如学校助学贷款发放、用人单位扩大招聘人数等，并需要受资助单位配套相应资金才能予以兑现，从而引导高校及社会用人单位资金向政府资助和倡导的方向聚集，产生广泛的社会支持大学生就业的协作效应。

最后，政府对就业行为予以监督管理，实施问责制度，强化就业相关主体的责任意识。问责制度是以促使参与大学生就业工作的相关责任主体自主反思教育问题、走出金融危机下的就业困局、以高质量的人才培养为目标、实现大学生顺畅就业的责任体系。就业问责制旨在建构权力有效实施和责任主体之间的关系机制，激活参与大学生就业的行政组织和官员的权责意识。美国法律法规明确规定了高校、社会用人单位、中介机构以及高校毕业生在就业过程中的责任和目标，强调权力赋予以及责任追究。权力赋予主要体现在政府授予高校和用人单位以办学、授课、科研以及招聘、培训等具体实权。问责制度则是指责任履行情况将

---

① 杨怀祥：《美国大学生就业服务体系研究及对我国就业指导工作的启示》，《学校党建与思想教育》2010 年第 1 期，第 72—73 页。

受到大众和相关法律规定的问责。当学校挥霍大量资源却不能实现促进大学生就业、培养符合市场需求的毕业生时，通过政府的监督和量化统计标准的考核，便会受到政府以及公众的质疑，责任人会受到弹劾。当用人单位在招聘和雇佣大学生时，如若没有达到预先设定好的招聘目标，也会受到公众和政府的问责及干预。美国学者波特和切斯特提出，教育工作者、政府官员以及社会单位都需要共同对促就业工作的规划负责。联邦政府每年都会对大学生就业保障体系的参与者进行数据采样和调查，并通过资料收集、报告、会议听证等方式，力求使联邦政府在促进大学生就业这一领域的法律法规得到有效贯彻实施。

2. 美国大学生就业法规及其实践

美国是一个高度法制化的国家，美国人崇尚在法治约束下调节社会关系，解决社会问题。政府实施的促就业拨款项目和颁布的相关法律法规是大学生就业保障制度体系的重要组成部分。美国政府颁布的就业法律法规不仅为大学生就业提供了可靠保障，而且为大学生就业提供了必要的经费支持；同时政策法规也对参与大学生就业保障的各方主体予以监督，并有相应的工作要求和责任分工，明确规定相关主体保障就业的职责范围，确保每一位学生、每一所高校、每一家用人单位以及每一家职业中介机构都在法律管束与控制的范围内行事。1965 年制定的《高等教育法》规定，政府有责任帮助面临就业困境的学生。1971 年的《紧急就业法》、1973 年的《康复法》，以及 1976 年的《均等就业法案》，都明确规定任何公民包括大学毕业生在内都有平等就业的权利，任何组织及个人不可以种族或性别为由剥夺大学生公平就业的权利。1978 年的《充分就业和经济平衡增长法》、1980 年的《综合就业与培训法》、1982 年的《工作培训伙伴法》、1983 年的《职业恢复和教育规定》、1984 年的《卡尔帕金斯职业教育法》，都规定必须为大学毕业生就业提供就业辅导服务。另外，美国政府还相继颁布《就业年龄歧视法》（1986 年修订）、《家庭支持法》（1988 年）、《劳动力投资法》（2000 年）等①，这些法律

———————————

① 林晓云：《美国劳动雇佣法》，法律出版社 2007 年版，第 77—79 页。

法规都对大学生就业提供间接或直接的规制与支持。伴随着就业市场发展以及与之同时出现的就业新问题，美国政府通过立法促进就业工作，不仅为大学生就业提供了法律支持，也有利于保障就业服务的质量。

2008 年 8 月 14 日，美国《高等教育机会法案》正式被纳入高等教育法律体系，旨在推进学费高涨、奖学金申请手续、校园安全和毕业生就业难等问题的改革进程。美国自爆发金融危机以来，不少放贷机构开始陆续撤出学生贷款领域，大学毕业生不得不应对学生学杂费和就业费用支付的难题。《高等教育机会法案》旨在加强高校资源承载力和可入学率，提高学生竞争能力以及毕业生对未来社会的适应能力，并具体规定了大学生就业保障体系的相关利益主体在促进大学生就业工作中的主要职能。

其一，就业信息公布公开化、透明化。首先，建立就业用户网站，为学生及家庭提供相关就业信息，为用人单位构筑筛选人才的参考平台。其次，公开就业信息的相关条款，并计算每年各单位的录取率，包括实习率、就业率、失业率等。再者，针对每年就业率、失业率、录取率、淘汰率、行业性别分布率等提出相关调查报告并予以公布。最后，政府通过评估结果进行鼓励式拨款，激励提升就业信息平台的就业服务质量。

其二，建立大学生就业项目问责制。具体措施包括要求民间就业中介服务机构必须遵守收费标准化以及信息诚信化等原则；通过制定监督和考核条目，规范用人单位招聘行为，避免就业歧视；落实奖惩机制，建立大学生就业过程中政府官员、高校就业部门权责对等机制；鼓励教育部门和高校与用人单位合作，分享人才培养与大学生就业信息，建立人才培养与就业的合作机制。

其三，培养与提高大学生就业竞争力。具体包括高校与用人单位、企业以及其他利益相关者合作，创建促大学生就业计划；从用人单位获得招聘要求和人才需求信息，并据此有针对性地改革课程体系，培养学生的专业技能和就业能力；加强高校教师的培训以及就业指导中心的建设，增强教师就业指导能力；督促用人单位创造更多的实习机会，鼓励学生积极参加用人单位实习，为毕业生积攒宝贵的实践工作经验。

继 2008 年《高等教育机会法案》之后，2009 年奥巴马政府通过了《复苏与再投资法案》。该法案旨在提振美国经济，创造就业机会，削减不必要的财政开支来渡过金融危机，具体内容包括改善基础设施、替代能源建设、扩大教育机会、教育财政投入以及增加就业机会、减免税负等内容。根据该法案，总计投入 7870 亿美元促进经济发展，其中 1000 亿美元用于建立国家智能能源网和医疗信息技术基础设施、发展电动汽车产业、扩大宽带接入、奠定国家高速铁路系统基础等。奥巴马说："政府的行为是空前负责和透明的，因此，美国人民将意识到，他们的钱正在被很负责地进行投资。"① 这些投入不但转变了美国的经济，有助于加速美国科技的重大进步，而且创造了新的就业，尤其是缓解社会青年以及大学毕业生的就业问题。②

依照《复苏与再投资法案》，拨付 670 万美元用于高等教育资助，并取得了明显的、促进大学生就业的效果。一是高校制定了较为严格的学业标准以及职业准备标准，并对大学生就业能力进行评估，进而推进了学生的专业发展；二是为学生建立由学前教育至大学毕业后整个职业生涯的数据系统，并跟踪记录，从而为大学生职业生涯规划储备了较为可靠的参考依据；其三，支持建立产学研企相结合的促就业战略联盟，给予企业、用人单位退税、避税等方面的政策优惠，激励行业企业和用人单位积极支持大学生就业工作。

近年来，美国政府致力于高效、透明和负责地执行《复苏与再投资法案》，以扩大美国经济发展对大学毕业生就业的积极影响。同时，美国政府意识到开展大学生就业市场调研，实施大学生就业工作问责制，是确保美国大学生就业保障制度体系有效运行的制度支撑。

---

① 卢仁山、沈国华：《美国大学生就业指导体系构建对我们的启示》，《技术经济与管理研究》2006 年第 3 期，第 79—82 页。

② 中华人民共和国科学技术部：《美国发布恢复和再投资法案对创新影响的报告》，http://www.most.gov.cn/gnwkjdt/201009/t20100907_79292.htm。

### （二）政府的大学生就业信息服务功能

#### 1. 联邦政府劳工统计局的就业信息服务

登陆美国劳工部网站，很容易找到当下最新的就业信息、劳动力统计数据、职位发布信息、行业特色介绍以及就业市场分析报告等内容。这些内容都具备完善的相关数据支撑，包括就业率、失业率、最低工资、平均工时数、平均小时工资等劳动用功基本指标，并且每月每季度都会进行信息更新，具有较强的时效性和可信度。

美国劳工统计局作为官方劳动力市场监测机构，每年为个人、高校及社会单位提供多达数十项的劳动力市场数据以及全面的市场分析报告。这些数据以及相应分析结果会依照科学定义的标准划分为十几个项目，这些项目涵盖劳动力市场的各个方面，包括全美各地区就业、失业、薪酬、劳动时间、性别比例、年龄结构、劳动力受教育程度、特殊劳动力资源配置率等具体因素。美国劳工统计局收集的数据不仅仅局限于历史数据，同时也对未来一定时期做出预测和评估。以美国就业统计项目（CES）为例，该项目从 14 万个社会用人单位及各级政府主管部门抽取样本，在美国 900 万失业人口中抽取接近 41 万个研究样本。其中排除无效样本之后得出样本总数为非农雇员总数的 1/3。CES 项目每月从社会各单位和部门搜集关于就业、工时和收入等方面的参考数据。劳工统计局对 CES 项目的数据收集工作由其下属的三个地区数据收集中心（DCCS）完成。首先，由地区数据收集中心通过电话、函授、电子邮件等途径对每个被列入调查对象的公司进行初始记录；然后通过固定的电话、电子传真或者网络方式定期收集固定数据，或者与被调查单位达成协议以自动报告的形式，如按键式数据录入、传真或互联网高效自动传输信息等方式收集数据；大型企业通常是采用电子数据交换的方式向劳工统计局数据中心登记数据。[①] 总之，多元化的信息供给渠道有

---

① 赵瑛：《美国高校毕业生就业现状及其启示》，《中国冶金教育》1999 年第 1 期，第 19—23 页。

助于被调查对象持续保持对此项调查活动的热情及响应率。因此，美国劳动力市场的信息采集与监测活动能全面高效展开，离不开政府部门的支持和保障作用；劳动力市场信息采集与监测职能，为促进就业工作提供了可靠的信息资源。

### 2. 州政府社会发展局就业信息服务

州政府"社会发展局"的职责是制定州社会发展规划。在大学生就业保障体系中，州政府通过财政拨款，为大学就业提供特别援助。州政府"社会发展局"设置了常规项目资金，并逐年依次增加。这些款项多半用于对大学生进行职业技能培训，建立与市场需求相适应的高增长行业或高需求行业的专门人才培养体系，增强学生的就业竞争力。"社会发展局"主动与社区学院联系，促成高校与社会用人企业之间的合作伙伴关系，并致力于建立以适应市场需求为导向的新型培训体制，以拓宽就业范围，增强就业竞争力。

州政府"社会发展局"除了针对各州具体情况制定宏观就业政策并进行就业调查等基础性工作外，还为在校大学生提供各类就业信息服务。州政府"社会发展局"网站主页公布当时当地劳动力市场的信息，如州内失业率、每小时平均工资、就业成本指数、联邦最低工资等，以及与就业相关的其他信息，如地方工资、经济发展趋势、工业竞争、标准化培训等。除此以外，收集就业市场的职业需求状况及不同职业对知识、技能的具体要求，并以相关数据为基础来预测经济发展对未来就业需求的影响，指导高校调整设置专业和专业课程，确保大学毕业生在校所学知识、技能能够满足社会单位对用工的要求。

### （三）政府颁布补偿性就业促进政策

#### 1. 减免大学生贷款，缓解经济压力

美国政府降低大学生经济压力的主要举措是减免学业贷款，同时也通过学业贷款减免来促进大学生就业。美国的贫困大学生资助模式经历了近半个多世纪的演变和发展，逐步走向完善，至今已建立了完善的资助操作模式，包括贷款、奖（助）学金、校园工读和减免学费等。在

2007 年以前，资助形式主要以助学贷款为主，资助目的以促进高等教育公平为主，主要依据家庭经济条件这一标准；资助对象主要是贫困大学生群体。其后，开始强化资助英才培育功能，增设了学术竞争助学金（ACG）和激励有天赋的学生学习自然科学和数学助学金（National Smart Grant）。

美国现行助学贷款主要有帕金斯贷款、斯坦福贷款和学生家长贷款。帕金斯贷款由政府出资、学校管理，面向特困大学生及研究生。学生在校期间的贷款利息由政府支付，学生毕业或离校后 9 个月开始还款。借款的学生毕业后如果参军、服役或到特定公立中小学任教，均可部分或全部减免贷款。斯坦福贷款由政府出资、政府承担风险或由金融机构出资、政府担保，面向有经济资助需要的大学生，分为政府贴息贷款和无贴息贷款两种。贴息贷款面向家庭经济条件较差且收入低于社会平均生活线以下的贫困家庭，政府为这类学生支付在校期间所有贷款也包括贷款利息；无贴息贷款则主要帮助社会中产阶级家庭的子女，政府不承担为其支付在校期间的学生贷款利息。学生毕业后 6 个月开始还款，还款期一般为 10 年，最长可延至 30 年。[①] 实践中，美国大学生学业贷款减免政策在很大程度上缓解了大学生就学和就业压力，使他们毕业后在进入社会时更有自信，更加轻松。

2. 完善并扩大奖学金制度

美国奖学金一般是将经费直接拨往高校，随后由学校予以颁发。美国奖学金设置一般分为三类，即非服务性奖学金（Non-Service Scholarship）、服务性奖学金（Service Assistantship）和学校贷款（loan）。服务型奖学金又分为助教金（Teaching Assistantship）和助研金（Research Assistantship）两种。这类奖学金的被授予者一般是硕士、博士生，少数本科生也可获得这类助研金，但比率较小。服务型奖学金以现金形式向学生发放，并在大多数学院协助免除学杂费（Tuition and Fees），但

---

① 戴勇：《基于就业公平的转型期高校贫困学生就业扶助政策研究》，南京大学 2011 年博士学位论文。

要求获得此类资助者每周需要担任 12—20 小时的辅助教学或研究工作。非服务性奖学金包括学院助学金（Fellowship）、奖学金（Scholarship）、全免学杂费（Tuition & Fee Waiver）、州内学费待遇以及其他依学院情况而定的奖励（awards）。这种奖励不同学院在金额和受益学生范围上有很大差别。学校贷款（loan）的金额一般相对较少且限制较多，申请者大多是研究生和本科生，能够申请到的奖学金类型也不同。实践中，政府奖学金的拨发政策在帮助大学生完成学业和促进就业方面起到了重要的推动作用。

3. 引导大学生从事公共服务类工作

为应对金融危机，促进大学生就业，美国联邦政府推行并启动了"2009 年青年塑造计划"（Youth Build USA 2009），倡导青年特别是大学毕业生为社区奉献自己，为他人做贡献。与此同时，加大力度推进"美国公共服务行动计划"（A call to serve leaders in education allied for public service）等公益项目，鼓励大学毕业生到高需求领域或地区从事公共服务类工作。值得注意的是，美国登记加入和平卫队、美国国民服务队和美国支教队的人数稳居世界第一。一些名牌大学毕业生也响应政府号召投身于公共服务工作，"2011 年，哈佛大学的毕业生中，高达 14% 的学生申请了美国支教队，前往国内一些较为落后的公立学校教书"①。这些公共服务计划的推行有助于转变大学生就业观念，鼓励大学生到高需求地域或地区为国服务，实现人生价值。

## 二 美国大学生就业保障制度体系建设与社会职能

用人单位、社会中介组织是美国大学生就业保障体系的重要组成部分，同时，以美国大学和雇主联合会为代表的社会团体也在大学生就业工作中发挥着重要作用。据统计，目前美国已有近 2000 家高校和 2000 多家用人单位成为该联合会成员，每年为 100 多万大学生提

---

① 冯中豪：《欧美毕业生工作前让自己先潇洒一年》，《新京报》2012 年 6 月 25 日。

供就业服务。① 在美国，用人单位包括政府和行业企业等是大学生就业的接受者和吸纳者，社会职业中介组织在大学生人才资源的供需者之间起着"牵线搭桥"的作用，服务于用人单位和毕业生的就业需求。

### （一）用人单位在大学生就业保障体系中的职能

社会用人单位具体是指具有人事任免权和人事使用权，并具有向劳动者支付劳动报酬的责任与义务的组织和团体，是吸纳大学毕业生就业的最终机构。② 在美国，用人单位的范围涵盖了营利性质的企业单位、个体经济组织、国家政府机关、事业组织和其他社会团体。美国业界将用人单位约定俗成地统称为"雇主"，因此政府部门、私营部门以及社会其他组织均被视作大学毕业生的雇主。在美国大学生就业保障体系中社会用人单位担负着促进大学生就业的职能，是美国大学生就业保障体系中不可或缺的组成部分。实践中，将社会用人单位纳入大学生就业保障体系的主要目的是高效地培养大学生的实践能力、技术能力、从业技能。

自 20 世纪 70 年代起，美国政府就拨出专款支持社会用人单位开设大学生实习、就业平台。同时，全美 11 个州相继出台了一系列促就业计划，扩充了参与大学生就业支持的用人单位的规模和数量。1976 年，美国卡内基高等教育委员会成立。该委员会在保证高等教育系统有序合理发展的同时，也为广大学生提供广泛的社会实践机会；在保护精英性院校的高度选择性的同时，也协同联邦、州以及地方各级政府和用人单位刺激职业教育的发展，满足社会对职业技术人才的需求。该委员会成立以来，推出过多份高等教育质量、职业教育发展、毕业生就业以及用人单位劳动力需求状况等问题的调查研究报告。其中，1973 年出版的《学院毕业生和工作报告》曾提出："市场需求下降，会加剧社会紧张，

---

① 穆东：《美国大学生就业面面观》，http://news.xinhuanet.com/world/2014-07/03/c_1111449396.htm。

② T. A. Finkle, "Graduates Employment of American Universities Instruction Work," *Journal of Small Business Management*, 2006, 44（2）: 186-189.

毕业生生产过剩将导致一场社会危机……毕业生会从迷梦中醒来、学无所用甚至失业。"[①]

依照美国相关政策规定，用人单位有义务为学生提供社会实践和教学实习机会；为加强用人单位与学生之间的联系，美国大学在实践中探索形成了多样化的合作模式，尤以校企合作教育模式最为突出。从社会用人单位与高校的沟通方式看，校企合作一般可分为四种模式，即"一企对多校""一企对一校""多企对多校"和"多企对一校"；从用人单位与高校合作的方式来看，又可分为交替、平行、学徒式、强制式、任选式、选择式以及学分式等多种模式。[②] 无论哪一种合作教育模式，其基本构架均是以知识学习和实际工作实践相交替完成的。虽形式有所不同，但其目的都是鼓励大学生将在学校学到的专业理论知识应用到社会实践或生产实践中去，达到学以致用、理论联系实际的效果，同时也为学生毕业后顺利进入就业市场奠定经验基础。可见，美国社会各界已将理论与实践相结合问题与大学生就业问题紧密联系在一起，同时也是通过产学合作促进大学生就业的主要途径。

为保证用人单位与高校之间在大学生就业过程中的有效合作，美国政府以及社会机构对学生参与合作教育有诸多保障和支持性政策。从校方来说，学校教务部门针对企业的合作意向制定与之相匹配的教学计划，并严格保障合作方案的有效落实；用人单位有义务和责任为学生提供现场操作的机会，并提供相应的物质和技术支持，保障学生实习工作顺利完成，并保障切实取得实习成效，同时给予实习生一定的酬劳补助，以此缓解经济困难学生的学业负担；实习结束后，用人单位有责任为参加实习的学生做出客观公正的实习评定，并将最终鉴定结果反馈给毕业生所在高校，可以作为毕业和就业的实际证据。

---

① 丁国钰、张书红、赵颂梅：《美国大学生就业指导机制对我国的启示》，《河北省社会主义学院学报》2011 年第 3 期，第 33—35 页。

② 娄进举：《美国大学生就业指导工作及启示》，《交通高教研究》2001 年第 3 期，第 69—72 页。

### （二）社会中介机构在大学生就业保障体系中的职能

在大学生就业保障体系中，就业中介机构是联系高校、毕业生与社会用人单位之间的桥梁，而非仅仅是从事职业介绍的社会组织。值得一提的是，美国社会职业中介机构属于第三方组织，人力资源市场、人才交流中心、民间基层职业介绍组织等均带有社会民间属性。这与中国侧重政府属性的社会职业中介机构有较大区别。美国大量中介机构在学生和用人单位、高校与用人单位之间从事与就业相关的服务；政府给予它们与州发展局同等的政策和待遇。[①]

美国职业中介机构是独立于学校之外帮助大学毕业生就业的社会性组织。该类组织主要分为两类：一类是通过帮助大学毕业生找到工作并从中获得一定报酬的营利性中介机构，另一类是仅仅只为大学毕业生提供就业信息并对大学生就业能力进行培训的非营利性职业中介机构。与中国职业中介机构相比，美国职业中介机构结构相对简单，主要为大学生提供就业服务，包括营利性质的人才租赁公司、人才中介公司、猎头公司，以及非营利性质的就业服务团体、社区大学生就业服务中心等。

在非营利性就业组织中，总部设在美国宾夕法尼亚州伯利恒的全美高校和雇主协会（NACE）最为著名。该协会创建于1956年，是一个完全独立于政府与高校之外的公益性民间独立组织，该协会的宗旨是帮助学生选择工作，帮助雇主制定人员招聘计划，提供优秀人才人选。该协会每年还出版一些定期刊物，对就业市场的现状、发展趋势以及求职和招聘过程中所遇到的法律问题等进行调查和分析；每季度展开大学毕业生起薪调查以及雇主和大型会员调查；通过职业选择（job choice）出版物和职业网站（job web）等信息平台，协助雇主寻找符合公司需求的毕业生。该协会还主办了《择业》杂志，许多学校把它列为学生就业和求职的指导用书。[②]

---

[①]　马立武：《美国大学生就业市场呈现新特点》，《中国教育报》2006年4月21日。
[②]　杨河清、谭永生：《国外高校毕业生就业统计比较及对我们的启示》，《人口与经济》2011年第6期，第28—33页。

　　除全美高校和雇主协会（NACE）以外，还有全美高校人事机构从业人员（ACPA）、全国职业发展协会（NCDA）、全美高校咨询协会（AC-CA）、全国学生人事机构行政人员协会（NASPA）、全国学生就业协会（NSEA），等等①。这些具有中介性质的组织均为美国大学生就业保障体系的组成部分，在促进大学生就业过程中发挥着不可或缺的作用。

### （三）就业市场在大学生就业保障体系中的职能

　　美国大学毕业生就业完全依照市场规律运行，已经形成了良性的市场运行机制。近年来，在金融危机的影响下，美国就业市场呈现出持续低迷、回升乏力状态，实体经济生产能力严重下滑，企业订单减少，开工不足，直接导致企业用人需求量下降，社会整体失业率居高不下；大学毕业生就业市场在这种背景下，呈现出竞争激烈的态势，大学生就业难问题也较为突出。全美高校和雇主协会（national association of colle-ges and employers）公布的调查数据显示："预计雇主聘用2012届大学毕业生人数将比去年实际雇佣的人数减少19%"，"超过2/3的雇主表示，经济形势迫使其不得不重新评估并制定大学生招聘计划，而且几乎所有雇主都说将减少招聘人数"②。就业网站 careerbuilder. com 的调查显示，只有43%的雇主愿意招聘大学毕业生，较之往年招聘人数锐减。同时，大学毕业生的薪资水平也在下降，据全美高校和雇主协会对850所大学的接近4万名毕业生所做的随机抽样调查显示，2012年应届毕业生的平均起薪水平较之2011年降低了将近2个百分点，其中计算机科学类专业2012年下降了3个百分点，文科毕业生的平均起薪水平并没有发生较大变化，但整体相较前一年仍下降了1个百分点。Career-builder. com 的网站调查显示，有接近20%的企业雇主认为，有必要降

---

　　① 菲利普·G. 阿特巴赫：《21世纪美国高等教育社会、政治、经济的挑战》，中国海洋大学出版社2007年版，第375—377页。

　　② M. Laukkanen, "Exploring Alternative Approches in High-level Entrepreneurship Education: Creating Micro-machanisms for Endogenous Regional Growth," *Entrepreneurship and Regional Develop-ment*, 2000, (12): 25-28.

低大学毕业生起薪，许多公司为降低人力资源成本，有意设置大量实习岗位以代替全职高薪岗位，在这种背景下，不少求职者不得不屈就报酬极低的职位，甚至愿意应聘实习岗位，以渡过就业困难阶段。与此同时，应届大学毕业生对就业市场充满悲观失望情绪，求职意愿和求职热情也大幅降低，而选择待业、实习或者继续深造的毕业生比例大幅上升，而非成为现实劳动力。

在就业市场低迷不振的情况下，美国政府、高校、社会单位采用多种措施，刺激劳动力市场人才需求。如美国政府在《劳动力投资法案》中提出，应多维创建高尖端行业、特殊行业、劳动密集型行业以及教育类行业的就业岗位，创造更多的适宜大学生就业的机会。同时，高校根据就业市场的变化开设就业指导课程，调整专业课程设置，使高校人才培养更具有针对性和适应性。现阶段，美国就业市场运行的关键动力是市场经济的人才供需法则、雇佣单位的雇佣需求、人才资源配置的市场机制以及大学生对就业的信心；同时，政府对大学生就业市场导向性政策，以及人才市场对高校人才培养的引导功能对保障大学生就业具有重要作用。

## 三　美国大学生就业保障制度体系建设与高校职能

在美国，高校不仅是人才培养的主体，也是大学生就业的责任主体。在美国大学生就业保障体系中，大学生就业指导中心是专职负责与毕业生就业相关事务的机构，有相对成熟的运行机制和清晰的职责分工，在大学生就业过程中发挥着"中枢"作用。实践中，美国各高校就业指导机构主要负责向毕业生提供就业信息、向雇主推荐学生就业、举办就业洽谈会等职能。据调查，经学校推荐的毕业生成功率通常高于其他渠道；美国 70% 的毕业生是通过教授、导师、就业机构推荐就业的。[①]

① 马立武：《美国大学生就业市场呈现新特点》，《中国教育报》2006 年 4 月 21 日。

### （一）高校就业指导机构的设置

在美国，大学生就业状况直接影响着学校的声誉和今后的招生情况，而每年高校招生行情的好坏又会进一步影响学校当年学费、公司捐款、民间组织捐助等经费收入，所以全美高校普遍重视对于大学生的就业指导工作。[①] 如今，所有高校几乎都设置了自己的就业指导中心，专门负责为在校学生甚至往届毕业生提供就业服务。实践中，高校就业指导机构还自成一体，分层次、分阶段进行就业指导服务工作：第一阶段是学校就业指导中心以收集整理学生信息、宣传就业指导理念、培养学生接受就业指导意识并且建立有针对性的人才培养方案为目标；第二阶段是学校就业指导部门，工作范畴主要包括毕业生就业心理咨询以及统一的就业指导课程讲授；第三阶段主要是结合专业自身特点，有针对性地进行一对一的交流与指导，针对每个毕业生的个性和大学初期就制定好的人才培养方案，为学生展开个性化的就业辅导，具体解决每一个毕业生的就业困惑和疑难。

在高校内部，就业指导中心一直是为大学毕业生提供就业指导服务的核心机构，一般由一名副校长直接负责管理。经过不断探索和经验累积，就业指导中心的工作成效已经获得了社会的认可和重视，因此该机构越来越多地赢得来自多方面的经费援助。宽裕的运行经费保证了就业指导中心的正常运作，并更容易将先进的信息手段引入就业指导工作中。在人员配备方面，除了配备较多的专职人员外，还配置相当数量负责咨询和跟踪调查的就业服务兼职人员。高校内部的就业指导机构编制主要以学校招生人数、意愿和劳动力市场情况来确定，就业服务人员和大学应届毕业生人数比例大概为 1∶200，中心内部工作人员主要负责整理和发布毕业生就业信息；编办各类与求职和就业市场分析相关的期刊；组织校园招聘事宜、宣讲会、就业"双选会"以及就业指导讲座；

---

① 卢仁山、沈国华：《美国大学生就业指导体系构建对我们的启示》，《技术经济与管理研究》2006 年第 3 期，第 66—69 页。

与社会用人单位建立联系，组织校友会，等等。就业指导中心还将就业指导作为课程记入学生平时的总成绩里。学生入学第一年，就业指导中心便开始开展就业指导教育，向学生灌输职业生涯意识，使其对自身职业定位有一个初步的认识；第二年辅助学生正确客观地认识自我，深入了解自己的性格、兴趣和专长，指导学生选择适合自身发展的专业类别，有侧重地培养学生的职业技能；第三年帮助学生搜索社会企业详细信息，查看了解雇主资料和当前市场需求状况，鼓励学生参加社会实践和相关招聘会，同时让学生直接感受就业市场的紧张氛围，培养学生面对就业挑战、接受现实以及抵御就业风险的能力；第四年辅导学生写求职信，传授求职要领和面试技巧等专门技能。欢迎毕业生回到母校寻找求职援助或者接受各种就业指导和培训教育。

大学生就业工作离不开社会的参与和支持，美国高校大学生就业指导中心是高校与社会合作的"窗口"，也是促进大学生就业工作的"合作中心"。美国高校通过加强与用人单位之间的联系，了解大学生就业市场需求，主动满足大学生就业和劳动力市场的要求。美国高校高度重视合作教育，通过实习项目和校外实习活动，培养学生的专业技能和实际工作能力；通过与用人单位合作，还可以获得办学资源和办学信息，提高办学和人才培养的针对性和准确性。[①] 为适应社会对大学毕业生的要求，高校一般以文、理学科为界，分学科进行就业指导工作，尤其注重培养学生"准备从事任何一种职业"的核心思想，帮助学生实现自身的就业及创业愿望，培养学生务实、竞争意识，理性对待科技、经济和文化发展的多样性，有信心面对不断发展变化的工作环境和竞争压力。

## （二）高校就业指导机构的工作职责

### 1. 建立信息网络平台

高校就业指导中心的重要职责之一是借助不同媒体平台搭建就业信

---

① 杨国军：《从欧美经验看我国大学生就业服务体系的完善与创新》，《职业教育研究》2008 年第 6 期，第 54—56 页。

息网络，搜集对毕业生有用的就业信息。在日常工作中，高校就业指导中心均不遗余力地开拓与雇主沟通的渠道，以函授、面谈、讲座、电话连线、传真、邮件以及网站宣传等形式收集并整理就业信息，并通过校园网络免费为学生提供就业服务，完成"云共享"机制。毕业生可通过校园网络平台随时获得最新发布的就业信息，并把求职信息通过网络传输给雇主。高校通过搭建方便快捷的毕业生网络平台，将毕业生推向了就业信息环境中的主体地位，使高校毕业生这一待就业群体相对更容易获得就业信息，获得更多的就业优势资源。其一，建立"就业信息图书馆"（Career Library），其中包含了各行业缺失人力的岗位信息数据库、行业人力资源数据库以及检索技能指导，等等。① 其二、高校就业指导中心有专门的资料室、多媒体设备阅览室等常规场所，便于学生查阅相关就业图书报刊资料、光盘录像语音视听资料以及电子数据库资料等。

2. 拓宽毕业生就业途径

美国高校为拓宽毕业生就业渠道和途径，不仅通过校友会建立了与社会联系的桥梁，还与社会相关机构以及用人单位建立了广泛的联系。首先，美国高校校友会联盟是高校联络用人单位的一大助力，无论是美国知名大学还是社区学院，均设立了校友会，尽力为大学毕业生提供优势就业资源。例如，麻省理工学院（MIT）的信息图书馆就设有"Alumni services"（校友服务）这一项目，就业指导中心、"校园资源拓展中心"负责建立档案以及信息更新工作，记录校友提供的信息并且定期与校友联系，邀请校友回校交流，从而为毕业生提供更多的就业机会。② 其次，不遗余力地加强与用人单位和社会的联系，积极观测社会人力资源结构和人才需求变化情况，并建立了稳定的就业与人才培养之间的信息反馈机制。

---

① 乔磊：《美国教育地平线》，暨南大学出版社 2010 年版，第 311—314 页。
② 刘江勤：《美国高等教育适应社会发展的特色及启示》，《教育发展研究》2001 年第 7 期，第 32—36 页。

### 3. 举办促就业招聘活动

美国高校在大学生临毕业之际，往往会定期开展校园招聘会、职业交流会或者举办"求职日"等活动，尽可能提供机会使毕业生可以近距离、面对面与雇主、企业代理人、人力资源管理人员进行交流。美国教学日历绘制图上往往都会标注出固定的招聘日；校园内经常举办校园招聘会、"双选会"等活动，使学生了解就业岗位要求以及雇主需求，使其有针对性地选择适合自己的职业。在招聘会现场，学校就业指导机构也会接待来自各界的招聘代表，组织类似中国高校组织的"供需洽谈会"等活动，促进就业的效果十分明显。

### 4. 开展创业教育活动

美国大学生创业教育实践受到社会各界的重视，也得到了社会各方力量的支持和资金投入。在美国高校，"创业学"已经成为一个专门的学科分类，设有学士、硕士、博士学位，专业涉及"创业启动""风险管理""市场营销"以及"商业计划书撰写"等课程。[1] 创业教育绝不仅仅是以培养学生成功地开办公司、创办企业为目的；不管学生将来是否自主创业，关键是要通过创业教育培养学生的创业精神和创业能力，使他们在未来的职场中更具有开拓性、创新性和进取性，使他们的工作更有成效。创业教育课程一般分为两部分，即创业理论学习以及创业实践操作。其中，创业理论学习除了传统课程的开设外，还附设了各类创新创业教育项目。这些创业教育项目涉及面广，内容丰富，几乎涵盖了创业教育的各个方面。这些项目多数是针对某一专题展开研究的，如专门针对妇女开设的女性创业项目，针对高校残障学生开设的特殊创业项目，针对退伍士兵进入大学学习后的特种创业项目，等等。美国高校创业教育呈现出多元化、开放性等特点，创业教育已经成为教育者与受教育者、校际之间、州际之间甚至国际之间合作教育的主要途径，不少创业教育项目学生参与范围广、实践性强，成为美国高校通过创业带动大

---

① 赵瑛：《美国高校毕业生就业现状及其启示》，《中国冶金教育》1999 年第 1 期，第 67—68 页。

学生就业的主要动力。

### （三）美国高校内部就业保障制度的实践特征

#### 1. 相关主体联合促进大学生就业工作

实践中，发端于就业指导的美国大学生就业保障体系不断完善，体系日趋成熟，进而形成了较为先进的工作理念。美国大学生就业保障体系建设，注重将大学生就业相关主体都纳入大学生就业保障体系中，不断强化各利益相关主体所应承担的大学生就业责任，注重发挥各方主体在大学就业保障中的资源优势和参与能动性，逐步形成一套以指导大学生自我评价、确定专业方向、提升就业技能、选择就业目标为核心的大学生就业实践促进体系。在美国大学生就业保障体系中，高校大学生就业指导参与主体具有多样化的特点，政府、高校、用人单位、社会相关组织和中介机构等都是大学生就业指导与服务的积极参与者和利益相关方。实践中，在政府相关政策的引导和调控下，美国高校就业指导与服务部门、用人单位人力资源部门与社会中介机构互相补充、协同合作，构成了体制完备、运行有效的大学生就业指导与服务体系。

#### 2. 就业指导工作范围广泛

美国高校就业指导服务范围十分广泛，涵盖高校所有在校学生、学生家长、往届校友以及与高校存在长期或短期合作关系的社会用人单位诸多对象，某些高校甚至为社会上的肄业青年提供职业咨询服务，体现出高校就业服务机构的社会性和全面性。美国就业指导工作内容十分丰富，包括针对学生专门制作的心理人格测验以及道德素养评估测试；针对大学毕业生求职全过程开设的职业咨询、笔面试技巧、求职心理、职场礼仪等就业指导课程；针对学生上岗实习见习所设置的实训、讲座及模拟活动等。美国高校就业指导有早期性和全程性特点，大学生在进校之初便开始接受来自校内就业指导中心的职业生涯启蒙教育，随后就业指导中心会有针对性地开设就业指导、就业咨询、职业评估及促就业课程，服务对象覆盖在校生及往届学生。从内容上看，就业指导机构均为学生量身制作具有针对性的个性化指导方案，根据学生群体本身的特性和每个学生的兴趣爱好引导学生寻找适合自身发展的职业目标。在就业指导过程中，学生可以通过电话、函授以及面谈的方式接受就业指导中心专家教师的辅导，也可以直接通过网站访问、浏览就业辅导信息或者接受网络测评。与此同时，美国高校就业指导机构还积极联系社会用人单位和社会职业中介机构，旨在为在校学生提供多种实习见习机会，使大学生在接受大学教育期间能普遍获得三次左右的实习机会，这不仅有利于锻炼学生实际操作能力和社交能力，也有利于形成自身的职业发展方向，明确自己的职业定位。

3. 注重大学生就业能力培养

美国大学十分重视学生的操作能力和专业实践能力，在大学四年的学习生涯中，校内就业指导机构会尽可能为学生创造更多的实习机会与经费支持，并鼓励学生自主争取实践机会，勇于接受来自社会用人单位的各种挑战；本着以挖掘学生的潜力，尊重学生的个性爱好，引导学生做好就职准备为宗旨，真正将学生置于大学生就业保障体系的主体地位。美国文化价值观强调个人能力，评估个人就业的优劣完全由个人能力好坏来评判，其整体就业责任由学生自身承担，不可推卸给学校甚至社会。因此，美国众多大学生在刚踏入择业环节时，并不会带着挑剔的眼光，而是先找到一份基本能维持生计的工作，然后进一步寻找更加适合自己的职业。美国某大学就业服务网站进行的民意调查显示，80%的受访者都认为，"首先是要有活干"；"找工作应该是有活就干"；理想要从现实做起。① 纽约州的克拉克森大学就业指导中心主任凯瑟琳·约翰森则指出，美国大学生择业的特点之一就是在找工作的时候，往往并不局限于从事的第一份工作，而是先就业后择业，低起点远规划。高校就业指导工作便是引导学生建立脚踏实地、勇于实践的就业理念，培养择业过程中必须具备的坚强品质和客观态度，形成良好的择业观与就业观。

---

① 赖德胜：《缓解大学生就业困境的政府职责》，《大学生就业》2008 年第 8 期，第 93—96 页。

# 四 英国大学生就业保障制度体系及其改革与实践

2008 年，随着金融危机在全球范围内蔓延，世界经济发展速度明显放缓，尤其是像英国这种以跨国企业为经济命脉的老牌欧洲强国，经济增长局面更是一蹶不振。在这种背景下，就业市场产生动荡，劳动力市场供过于求，就业压力与日俱增，就连众多资历雄厚的跨国公司也处于机构人员过剩的状态。大学毕业生作为新生就业者同样面临着就业市场缩水的困境。近年来，英国大学生就业问题也引起了政府以及社会各界的广泛关注，出台了相关保障措施，有效地促进了大学生就业。

## （一）英国大学毕业生就业现状扫描

### 1. 大学毕业生就业人数逐年递减

英国高等教育统计局 2010 年 11 月 23 日发布的统计数据显示，英国该年度第三季度 18—24 岁青年失业率达到 20%，相较前一季度增长了 1.03%。虽然就业率高达 96.9%，居于英国大学就业率榜首的萨里大学这样的高校，但不可否认的是也存在着像伦敦南岸大学和伦敦教会大学这样就业率仅在 75% 左右徘徊的大学，英国大学就业率差距加大和持续走低的现象已经日趋明朗化。[1] 有资料显示，2008—2010 年，英国青年失业率一直居高不下，但是申请进入大学的人数却逐年递增，大学生数量的急剧上涨以及经济危机所引发的就业市场低迷已经使得就业市场出现竞争异常激烈的态势；2005 年大学毕业生平均每 70 人竞争一个岗位，社会专家称 2006 年英国大学毕业生中将有接近 1/10 的人面临毕业即失业的尴尬处境，成为 17 年来就业最不景气的一年。[2] 在如此的就业竞争压力之下，大学毕业生何去何从，成为近年来英国社会各界

---

① 朱继光、祝伟：《英国大学生就业能力培养模式及其启示》，《高等教育研究》2010 年第 5 期，第 31—35 页。

② 庞辉、兰文巧：《英国大学生资助政策的发展研究》，《教育评价》2006 年第 3 期，第 167—173 页。

热议的主要问题之一。

英国不少教育界人士以及社会人士认为，导致毕业生就业率下滑的原因主要有三个方面。其一，大学生毕业人数呈逐年增加趋势，在就业市场岗位供应有限的情况下，就业基数不断加大使得官方所统计的就业率数据不断下降；其二，金融危机严重制约了新生就业岗位的设立以及原有岗位的巩固，使当前劳动力市场需求量缩水；其三，单从就业竞争力来看，刚毕业的大学生弱于已具备工作经验的劳动力，所以从企业运营成本中的培训费用这一点来看，社会企业单位更青睐于有工作经验者，大学毕业生就业率自然不容乐观。

2. 毕业生整体质量下滑导致就业困难

近年来，英国常有教育界人士以及媒体披露，高校出现了诸如学位水分增加、剽窃现象猖獗等情况，更有学者向教育当局递交相关报告，反映相关情况，并希望政府部门予以整顿。① 2009 年，伯明翰大学联合其他几所英国知名大学以及教育界相关人士，共同向教育当局递交了一份长达 500 页的报告。报告指出，由于英国高等院校在面临资金严重不足的情况之下被迫盲目扩招，导致越来越多的不合格学生走出学校，文凭大量充水，剽窃行为泛滥的现象与日俱增。为此，学校本身需要为毕业生质量下滑负起一定的责任。据《星期日泰晤士报》报道："英国大学一些专业存在课时减少、逃课学生多、教学质量下降问题，引得学生怨声载道。"② 可见，英国大学毕业生整体质量下降已经成为众所瞩目的焦点问题。

通过对上述现象的分析，我们可以看出，近年来，英国高等教育在人才培养质量以及培养学生的学术和职业能力等方面存在着诸多问题。大学本身的基本职能是教学育人、科学研究、服务社会，可是现行的许多英国大学只是过分迫切地争取学校声望排名、提高学生就业率、扩充

---

① R. H. Waterman, J. A. Waterman, B. A. Collard, "Toward a Career Resilient Workforce," *Harvard Business Review*, 1994（4）：5-21.

② 杨国伟、王飞：《就业：国外促进政策及对中国的借鉴》，《中国人口科学》2004 年第 5 期，第 131—134 页。

学校规模等，却往往忽视了提高教学质量、提升学生素质的根本宗旨。所以，在日积月累的"教育质量贬值"影响下，大学毕业生就业质量必然会下降，也面临着就业难的尴尬处境。

### （二）英国政府为促进大学毕业生就业所采取的措施

1. 政府支持对大学生进行职业技能培训

英国劳动力市场调查委员会调查结果显示，现行失业群体增加人数最快的年龄层分布在 19—24 岁之间。其原因可归结为：首先，这一年龄段人群本身缺乏工作及社会经验，而用人单位本身想节约运营成本中的员工培训费用，所以更加青睐于招聘拥有相关工作经验者；由金融危机所直接导致的英国经济不断衰退，许多用人单位不仅不会有新生岗位的招聘，甚至本身都面临着裁员、缩减规模的困境，所以失业群体扩大也成为理所当然的事实。在这些因素的影响之下，政府推出了一系列就业资金援助计划，以缓解就业市场低迷、大学生就业难的情况。例如，英国财政大臣曾提出并竭力推行为大学毕业生提供实习与就业机会的财政投资项目，预计整体投资额度达到 5000 万英镑，以鼓励学生和用人单位双方共同发挥作用来激活就业市场[①]；2010 年"英国技能投资战略白皮书"也提到，英国政府将会投入 4 亿英镑为 19 岁以上失业人群进行技能培训，同时投资 3.5 亿英镑在企业部门建立上岗培训机构，以便进行成人上岗培训。在就业市场低迷的困境中，政府主动提供资金增强职业培训，激活大学生就业市场，缓解因金融危机所带来的就业压力，确实使得处在就业恐慌中的人们倍感安慰。

2. 政府重视就业管理机制改革

20 世纪 60—90 年代，英国大学生就业监督机制一直不够健全，致使国内的就业市场一直较为混乱。首先，结构性失业状况明显，许多岗位需要专门技术人才，但是高校供给无法满足其要求，导致岗位存在但

---

① 刘福军、成文章：《高等职业教育人才培养模式》，科学出版社 2007 年版，第 27—28 页。

是无人能为，同时毕业生又大量失业的状况。其次，许多企业给予大学毕业生的不公待遇也阻碍了大学毕业生顺利进入职场，争取好的工作岗位的机会。进入 21 世纪，英国政府大力着手整顿就业市场监督机制，采取相应的措施保障大学生及时高效就业。如建立全国性和区域性的大学毕业生就业网络，以便搜集、分类、汇总、发布就业信息，使得学生能快速获得具有个性化、针对性强的就业信息，大大提高了就业效率；通过建立相应的信息管理系统来记录和甄别信息的真实性，保障学生就业的合法权益和安全性；设立专门的人员跟踪大学毕业生就业质量，即使是在学生走上工作岗位之后依然给予其相应的建议和指导，使得毕业生尽快适应社会工作环境，在工作岗位上得到进一步发展。

3. 政府鼓励大学生自主创业

为降低大学毕业生就业竞争压力，英国政府鼓励大学毕业生自主创业，并且制定了一系列支持大学生创业的政策。其中，最值得一提的就是推行减税政策，鼓励大学生创业投资。由于英国政府早就意识到资金是制约大学生创业的一个大瓶颈，尤其是创办风险大、投资多的科技型企业。为了鼓励股权投资投向大学生创办的科技型企业，自 20 世纪 90 年代开始，英国就开始采取各种税收激励政策，拓宽私人股权市场投资的范围。官方报告指出："在 20 世纪 90 年代后期，英国私人股权投资在价值上增加了 3 倍，2000 年时超过 60 亿英镑。"近几年来，英国又相继推出与创业投资相关的法律法规，主要包括《公司投资法规》（EIS）、《创业投资信托法规》（VCT）和《公司创业投资法规》。如《公司创业投资法规》就规定："以股权投资的方式进入创业投资领域的公司，可以获得税收优惠。如果投资于未上市的小型高风险企业，并持有股份 3 年以上，可获得的公司税抵免额为投资额的 20%；公司税推迟纳税。如果再投资，可获得公司税推迟纳税；损失补偿。处理股权投资时，如果出现资本损失，投资公司可以得到损失补偿。"① 目前，

---

① Cliff Evans, "Directorate for Education, Higher Education Management and Policy," *Harvard Business Review*, 2007, (2)：7-13.

英国私人股权融资在商业市场上已趋于普及化，私人股权创业投资市场已成为当前欧洲最大的市场，每年提供大约38%的创业投资资金，为大学生创办科技型企业提供源源不断的资金支持。

4. 政府加强与民间组织合作

虽然英国政府早在20世纪80年代就成立了英国高等教育统计局（HESA）以监督并指导英国高等教育的发展，但实际上这一机构在促进英国大学毕业生就业方面的作用并不突出，它无法从根本上满足大学毕业生对于就业信息、就业指导的需求。因此，近年来政府逐渐加强了与民间组织的合作，以保障大学生顺利实现就业。这些民间组织包括行业协会、职业信息中介，以及拥有与就业相关的特色项目组织。例如，英国最大的两所高等教育从业协会，即大学毕业生就业服务联盟（HECSU）与大学毕业生就业顾问协会（AGCAS），均是专为全英大学生就业指导中心及就业指导人员培训而设立的，力求通过提高各类型、各层次、各级别的高校就业指导部门的服务质量来促进大学毕业生就业。又如，极负盛名的英国大学毕业生就业中介机构，Graduate Prospects 以及 Target jobs. com ，就分别以实体机构和网络媒介的形式为数以万计的大学就业指导部门、大学毕业生以及用人单位提供或者发布职业信息，同时对每一个职业本身要求的技能经验以及优缺点进行逐一分析，以供大学毕业生进行岗位选择时参考。同时，与就业相关的特色项目组织也为促进大学毕业生就业做出了重大贡献。这些特色项目包括为就业者提供信息共享的"信息转换合作项目"（KTP），专门为大学生创业提供资金援助的"英国高等教育基金"，为大学毕业生安排实习机会的"壳牌岗位实习计划"（Shell Step），等等。[①] 由此看来，这些民间组织确实在加强英国大学毕业生就业竞争力和促进就业方面做出了突出贡献。

---

① David Neumark，"School-to Career Programs and Transitions to Employment and High Education，" *National Bureau of Economic Research*，2009（4）：102-103.

## （三）英国高校为促进毕业生就业所采取的改革举措

在英国政府出台一系列保障大学生就业的政策措施之后，英国高校也不遗余力地配合政府克服金融危机对大学生就业带来的冲击，纷纷出台了极具针对性的和特色化的就业保障措施，以减缓大学生就业市场的压力。

### 1. 提升就业指导能力

英国于进入 21 世纪开始就规定所有大学都要成立就业指导中心，主要是使毕业生在离校之前可以接受大学生职业能力培训，旨在提高学生的逻辑思维能力、创造能力、判断能力、沟通能力以及专门的从业能力，以便将来学生参加招聘面试和在工作岗位上能更好地应对挑战。实践中，英国高校就业指导中心主要从以下几个方面展开工作：首先，针对每个学生自身的具体情况制作大学毕业生就业档案，登记学生本身的基本信息和记录学生本身的个性特色；其次，依据学生本身的基本情况、个性特长、工作意愿以及就业市场需求状况为学生制定职业生涯规划，以便有方向、有目的、有计划地选择职业，实现个人发展；最后，尽力做好大学生就业服务工作，实现毕业生与用人单位之间的"人职匹配"。

例如，利物浦大学的就业指导中心承担以下职责：教授学生择业技巧，为学生提供就业信息、建议和指导；长期与雇主保持联系与合作，收集各个领域劳务市场的相关信息，同时不断扩展新的就业市场；提供职业培训课程，培训内容涉及领域包含销售市场、工程技术市场、IT业、广告业、金融业等，培训方式多种多样，包括假期全天培训，业余时间短期培训等；为大学生提供就业咨询与指导，主要内容包括现场招聘程序、面试技巧辅导、相关面试建议、集中的就业讲座、计算机应用知识指导等。近年来，利物浦大学的毕业生就业率一直稳居全英高校的前列，其就业指导模式得到了国际上许多同类大学的赞同和效仿。[1] 从

---

[1]　Claudia Gold, The Quiet Revolution That Transformed Women's Employment, Education, and Family, Richard T. Ely Lecture, 2008: 23-24.

利物浦大学的案例中我们不难看出，就业指导工作的制度化、规范化，对于提高大学生就业质量和增加毕业生就业率有显著功效。又如，谢菲尔德哈勒姆大学拥有专门的就业指导中心，其职责包括指导学生准备简历、向学生传授求职技能、对学生进行职业测评、一对一地帮助学生总结求职经验教训、举办招聘会帮助学生找到合适的工作等。同时，谢菲尔德哈勒姆大学注重将"就业能力"培养植入教学的每一个环节，包括专业教学和课程教学大纲之中，进而让学生真正具备自主学习、把知识转变为技能、适应环境变化等多方面的能力。[①]

2. 培养学生职业意识，造就实践型大学生

可以预见，金融危机过后，随着经济复苏，就业市场将呈现出需求回升的态势，社会经济发展对大学生的需求也会增加。在这种背景下，不少高校通过课程体系改革尽力适应这一发展趋势。其中，高校尤其注重为学生创造实践机会以培养其实践能力，以便更加快速地适应就业市场变化和职业发展的需要。如英国利物浦大学创设了假期旅游实习项目，便于本校旅游专业的学生进行实践学习；英国哈勃亚当斯大学与工程建设单位共同合作创建了"工程专项人才选拔计划"；英国普林斯顿大学创立了以挑选毕业生为目标的实习模式，对学生进行一定的岗前培训，尔后优秀者予以聘用[②]；谢菲尔德哈勒姆大学在本科课程中，学校的绝大部分专业都开设了"学习＋带薪实习＋学习"的三明治项目。学校把实习安排在大学三年级，到大学四年级时学生再回到学校完成学业，以便学生把实践和理论融为一体。谢菲尔德哈勒姆大学将学生在企业的实习定义为"以工作为基础的学习"；对于没有找到校外实习机会的学生，学校会为其提供"与工作相关的学习"机会，即为学生在校园内提供模拟实习场景，以发展学生与工作相关的必要技能。[③] 目前，

---

① 姜乃强：《谢菲尔德哈勒姆大学：让学生具备"就业能力"》，《中国教育报》2008 年 1 月 30 日第 5 版。

② Dr. Jean A. Pratt, "IS Staffing During a Recession: Comparing Student and IS Recruiter Perceptions," *Journal of Information Systems Education*, Vol. 21 (1).

③ 姜乃强：《让学生具备终身受益的"就业能力"》，《中国教育报》2008 年 1 月 30 日第 5 版。

高校为大学毕业生提供实习机会的实践案例已经成为促进大学生就业的常态。可见，增强大学毕业生的实践能力无疑已经成为英国高校教学改革的重点，培养毕业生的就业竞争力已经成为高校人才培养模式改革的首要目标。

3. 扩大优质学科及研究生培养规模

为增加大学毕业生的就业竞争力，英国高校一直致力于扩大优质学科，在巩固原有优势和老牌专业的基础上，开设更多适应社会需求的新兴专业，并且在热门专业中采取扩招政策，以便给学生更多的发展或未来的就业机会。例如，在英国一贯具有工科优势的老牌学校——布莱顿学院为了迎合就业市场的需要，适应英国对于传媒人才的普遍渴求，近年来大力发展属于文科性质的"大众传媒"专业，这一举措还提高了学校的就业率。同时，许多高校为了缓解大学生就业压力，通过扩大研究生招生规模，积极为学生拓宽除就业渠道以外的毕业出口通道。众所周知，研究生培养在英国历来是政府和社会高度重视的问题，研究生培养评估受到政府和社会的高度关注。本着"保证质量"的一贯宗旨，英国高校注重采用"全面质量管理"，并且联合高等教育质量委员会、高等教育基金委员会、高等教育质量保障局以及社会机构共同管理和监督研究生培养质量[1]，目的是使研究生掌握牢固的专业知识，同时具有适应严酷的社会就业竞争的能力。当然，研究生扩招可以暂时分流本科毕业生以避免就业市场过分拥挤，缓解大学生就业竞争压力。从某种意义上说，这也是促进大学生就业、提高大学生就业率的主要措施之一。

4. 校企结合，促进就业

在促进大学生就业方面，英国高校非常注重与用人单位和往届校友的联系与合作。例如，英国利物浦大学的"城市规划专业"是每年就业率最高的"黄金"专业，其就业率居高不下的秘诀则是校方每年会有意识地记录所有离校毕业生的工作单位及联系方式，为将来后续毕业

---

① Maite Blazquez & Wiemer Salverda. Low-wage Employment and the Role of Education and on the Job Training. EALE Annual Conference, Amsterdam, September 2008：25（2）.

生就业建立广泛的社会资源。从往届毕业生提供的本单位招聘资料中，可以较清晰了解所需人才的类型和要求，并有针对性地培训应届毕业生，使得学生就业更有胜算。[①] 可见，保持与用人单位和校友的联系与合作是英国高校增加就业率、促进就业的一大法宝。

# 五　小结

英、美两国拥有世界上最发达的高等教育体系，也拥有最为成熟的大学生就业保障体系。英美两国的大学生就业状况表明，两国同样存在着大学生就业与大学生失业问题，但之所以两国大学生就业没有成为突出的供需矛盾，是因为大学生就业保障制度的有效性。英、美两国大学生就业保障制度体系的共性特征是建立了由政府、高校、社会等多元主体责任明晰、相互协同的体制机制。美国政府的大学生就业保障责任在于颁布和实施就业法规、监督就业市场行为、发布就业信息、就业激励与补偿等；社会用人单位的大学生就业责任在于参与高校人才培养、提供就业和实习岗位等，就业中介组织的责任在于提供就业服务、开展就业调查、发布就业信息等；高校内部建立了功能完备的大学生就业指导机构，负责开展就业咨询与信息服务、举办就业活动、开展创业教育等。英国近年来为应对金融危机对大学生就业的冲击，政府与高校联合行动，包括培养学生职业技能与创业意识、提升职业指导能力、校企合作促进就业，大学生就业得以有效保障。

---

[①] Patrick J. Bayer B. , Douglas Bernheim John Karl Scholz, "The Effects of Financial Education in the Workplace: Evidence from a Survey of Employers," *National Bureau of Economic Research* , 2009: 4 (2).

# 第九章　大学生就业体制的协同与
　　　　　联动机制建设

大学生就业既是政府与社会各界普遍关注的焦点话题，也是民生难题。那么，在中国大学生就业制度由"计划机制"向"市场机制"转型的过程中，大学生就业难的根源到底是什么？是行政"惯性"制约还是市场机制运行不畅？是就业结构性矛盾还是毕业生数量绝对过剩？在大学生就业市场化过程中，利益相关主体之间应该是什么关系？虽然学术界对这些相关问题进行了多角度、多因素分析，但大部分研究过于微观，缺乏从宏观层面对大学生就业体制的分析。本章拟从多元利益相关者的视角分析大学生就业的体制性障碍，探讨走出大学生就业困境之路。

## 一　大学生就业体制改革动力：
## 　　多元利益诉求的反映

大学生就业体制主要是指大学生就业相关主体之间的结构关系及其运行机制的总称。大学生就业体制不是一成不变的，随着经济体制和高等教育管理体制改革以及就业环境的变化，大学生就业体制也在发生相应的变化。在计划经济时期，高等教育人才培养与毕业生就业是确定性关系，高校负责人才培养，政府负责学生分配，毕业生都能在政府安排下就业，不存在就业难问题，更不存在失业问题。因此，政府是大学生就业过程中的唯一责任主体，对大学生就业担负着无限责任。随着市场经济的发展，政府在大学生就业过程中的"绝对权力"开始逐渐弱化，并把部分权力让渡给高校、用人单位、学生个体和劳动力市场，大学生就业体制从政府"统包统分""保当干部"转向"市场导向，政府调控，学校推荐，学生和用人单位双向选择"①；同时，大学生就业体制由政府作为唯一主体的行政管理权转向政府宏观调控权、学校办学自主权、用人单位选择自主权和学生择业自主权、劳动力市场的人力资源调配权等多元权力主体"共治"的体制格局。

### （一）大学生就业体制中多元主体的分化

大学生就业过程中相关主体地位的确立，不仅意味着相关主体成为权力行使的主体，而且成为利益诉求的主体、责任承担的主体。政府作为大学生就业公权力的执行主体，追求实现大学生充分就业、高等教育人才培养与社会经济之间协调发展以及社会的和谐稳定；高校作为人才培养的主体，旨在通过提高人才培养质量，培养"适销对路"的人才，提升高校自身的社会声誉和核心竞争力；社会企事业单位作为人才需求的主体，旨在根据自身发展需要和效益优化原则选聘和储备人才；毕业生作为人力资源的供给主体，主要是通过就业实现人力资本投资的最大回报，实现个人的社会价值和人生价值；劳动力市场作为人才资源的"交易"场所，旨在通过竞争和价格调节机制实现大学生人才资源的优化配置。可见，虽然不同利益相关者之间的价值取向和责任承担不同，利益诉求及其实现途径也并非完全一致，甚至存在着矛盾和冲突，但在实现促进大学生充分就业这一目的上是一致的。同时，就是因为利益相关者之间利益诉求的非一致性和一致性，对建立多元利益主体协同合作的大学生就业体制提供了必要性和可能性。

实践中，中国大学生就业体制变革是以"市场"逐渐走向前台为标识的，而市场发育的过程又是与政府职能的转变过程相伴而行的。实际上，"政府和市场的关系一直就是考察各国政治、经济和社会发展的

---

① 罗建河、叶忠：《论我国大学生就业责任的分担》，《国家教育行政学院学报》2009年第7期，第18—23页。

主轴；政府和市场互为边界，以及两者互动的情况构成各国政府类型的主要判别标准，同时也是政府改革和经济改革的主要内容和核心问题"①。就中国大学生就业体制改革的过程而言，主要遵循的是自上而下的强制性逻辑，政府一直处于主导性地位，市场实际上只是被作为实现高等教育发展、缓解大学生就业压力的工具和手段，并没有获得目的性的地位，所以仅仅用市场逻辑很难解释大学生就业难问题及其制度性根源；与此同时，虽然高校、用人单位和学生本人获得了越来越多的就业选择权利或利益诉求的渠道，但仍然处于相对弱势地位，其权利保障主要取决于政府与市场二者之间所能提供的制度空间。从这个意义上说，大学生就业难主要源于政府与市场之间的体制不畅，大学生就业体制改革也主要体现为政府与市场之间关系的变革，其他利益相关者的权利诉求都可以在这种关系框架中得以反映。

**（二）大学生就业体制的实践困境**

当前，由于大学生就业保障体系中的政府与市场之间的体制性障碍，以及其他利益主体的关系冲突与角色错位，导致大学生就业体制在实践中表现为多重制度困境。

其一，经济高增长，大学生低就业。近年来，中国经济快速发展，从 2010 年开始，经济总量跃居世界第二位。按理说，经济高增长应该可以吸纳更多的大学生就业，而实际上近年来大学生就业率不升反降。可见，经济发展与大学生就业不是简单的线性关系，经济规模的增长并不等于大学生就业率的提升。如果经济增长没有同时实现经济结构的改变、人才配置的市场机制的完善，经济发展对大学生就业的吸纳效应就可能十分有限，甚至可能出现"高增长低就业"或"高增长零就业"的现象。② 在这种背景下，毕业生人数的快速增长

---

① 陈剩勇、李继刚：《后金融危机时代的政府与市场：角色定位与治理边界》，《学术界》2010 年第 5 期，第 5—16 页。

② 蔡昉、王美艳：《如何实现保增长与保就业的统一》，《理论前沿》2009 年第 11 期，第 10—13 页。

与新增就业岗位相对有限之间的矛盾就表现为大学生就业市场的主要矛盾。

其二，就业结构性失衡，就业压力增大。实质上，供给总量过剩只是大学生就业难的表面现象，结构性失业才是大学生就业问题的症结所在。[①]　大学生就业结构性失衡在实践中的表现也是多方面的，不仅体现在大学生就业的区域间失衡、产业间失衡、行业间失衡、所有制间失衡、城乡间失衡上，而且表现在高等教育专业结构、层次结构、技能结构与人才市场需求结构之间的失衡上。当然，大学生就业结构性失衡上原因是多方面的，但最根本的原因在于就业市场的制度性缺陷，如户籍管理僵化、市场分割体制、就业信息屏障等，大学生失业也因此可以归结为制度性失业。[②]

其三，市场调节机制弱化，大学生求职偏好固化。近年来，虽然政府出台了多项鼓励大学生基层就业的政策，但由于劳动力市场的制度性分割，毕业生仍然偏好在体制内单位、垄断行业、一线城市或东部地区就业，市场主导大学生人才资源配置的作用一直没有得到充分发挥。同时，人才市场与高校人才培养之间体制性阻隔仍然强势存在，高校在招生、学科专业与课程设置、学位授予等方面仍然受行政权力较多的控制和约束，人才市场引导高等教育改革的信号功能以及高校主动适应市场需求的导向机制还不健全。

不可否认，大学生就业体制改革支撑了中国高等教育发展的大众化进程，推进了大学生就业市场的发育，大学生就业体制正在由一元主体控制向多元主体参与的体制转变。但这并不意味着大学生就业制度改革是一个十分顺遂的过程，实际上，形成完善的市场化就业体制还需要深化改革，进行综合性改革。尤其是随着近年来中国经济发展放缓以及相应的就业机会的减少，现行的大学生就业体制性缺陷进一

---

① 于洪霞、丁小浩：《高校毕业生就业专业结构匹配情况及其影响因素探析》，《教育学术月刊》2011 年第 8 期，第 33—36 页。

② 谭庆刚：《制度性失业与中国大学生就业难》，《人口与经济》2011 年第 1 期，第 22—26 页。

步加剧了大学生就业困境。实际上，只要让市场来配置劳动力资源，就不可避免地会出现大学毕业生失业现象；失业既是市场配置劳动力资源发挥作用的结果，也是市场配置劳动力资源发挥作用的前提。[①]或者说，失业是中国计划经济向市场经济转型，以及高等教育体制改革逐渐深化的表现。

## 二 大学生就业的体制性障碍：结构困境与机制失灵

如前所述，大学生就业难更多的是高等教育人才培养与经济发展对人才的实际需求之间结构性失调的反映。因此，政府所实施的激励大学生就业政策到底能在多大程度上解决大学生就业的难题，或者说仅仅靠政策能不能弥补市场运行的不畅？这是在分析大学生就业困境时必须首先予以关注和解答的问题。在宏观层面，大学生就业问题可以表述为两个失衡，即高等教育人才培养的结构失衡和大学生就业的产业结构失衡，且两者在具体的大学生就业过程中具有紧密的相关性。

### （一）人才培养结构性失衡是大学生就业问题的根本原因

市场经济的发展以及高等教育的适应性变革，打破了高等教育的封闭办学格局，高校面向市场需求办学的自觉性逐渐增强。但由于中国高校长期处于"卖方市场"地位以及高等教育管理体制的"路径依赖"，高校自我封闭性的人才培养体制依然存在，具体表现为人才培养仍然受到较强的行政制约、人才培养模式固守学术性逻辑、市场竞争意识薄弱、教学改革容易受到现行人才培养体制的困扰，等等。在这种背景下，高校的专业设置、人才培养缺乏清晰的定位和鲜明的办学特色，来自人才市场或用人单位的需求信息往往被模糊化处理，或不被重视，难

---

① 赖德胜、孟大虎等：《中国大学毕业生失业问题研究》，中国劳动社会保障出版社2008年版，第160页。

以及时内化为高校人才培养以及教学改革的动力。这是导致大学毕业生就业技能薄弱以及大量结构性失业的直接原因。

实践中，高等教育规模增长与人才市场就业需求减弱所导致的大学生就业难，只是大学生就业难问题的一方面，规模扩展的同时而忽视结构优化是问题的另一面。麦克思中国大学生就业报告表明，2009—2012年4年间，大学生就业"红牌专业"（失业量较大、就业率和就业满意度较低的专业）基本相同，本科就业红牌专业主要集中在动画、法学、生物技术、生物科学与工程、数学与应用数学、体育教育、生物工程、计算机科学与技术、英语、国际经济与贸易等专业。高职高专就业红牌专业主要集中在临床医学、法律文秘、计算机科学与技术、国际金融、工商管理、法律事务、汉语言文学教育、计算机应用技术、电子商务等专业。这也在一定程度上反映出高等教育结构调整相对于社会需求变化的惰性和滞后性。实际上，高等教育发展是建立在大学生就业市场需求基础上的，一旦就业市场需求下降，或大批学生难以及时就业，对高等教育发展和社会稳定就会产生负面影响。尤其是在经济危机的背景下，高等教育又因长期以来对市场需求的忽视和人才培养模式改革的滞后，进而导致规模日渐庞大的大学毕业生难以及时就业。因此，为了保证高等教育和社会经济的良性发展，政府也只能依靠大学生就业政策来激励和援助大学生就业，但实践表明，如果没有就业体制的根本性改革，这些政策只能是"治标而难以治本"的缓兵之计。

### （二）产业结构固化不仅是经济问题，也是大学生就业难的症结

大学生能否顺利就业由市场需求来决定，而市场需求则与产业结构对大学生就业的容纳能力相关。如果产业结构层级较低，技术含量不高，或者是以资源劳动型或劳动力密集型为主的产业结构，那么对就业者仅仅是体力或最基本技能的要求，不需要具有较高的受教育程度和专业技能，这就必然导致大学生就业需求量降低。因此，中国产业结构问题不仅仅是经济发展问题，而且是劳动力就业问题，同样也是大学生就业问题。如果按大学生就业所涉及的就业质量、市场需求量和产业结构

三个要素展开追溯分析，就会发现产业结构不仅决定着大学生就业需求量和就业率，而且决定着大学生就业质量。

一般而言，产业结构具有相对稳定性，甚至具有较强的发展路径惯性，但也不是一成不变的，产业结构调整的速度与规模取决于市场竞争状况和科技创新能力；产业结构相对稳定，大学生就业数量和结构也相对稳定，而产业结构的加速调整或剧烈变动，就会对固有的高等教育人才供给结构和需求结构产生巨大冲击。实际上，产业结构的这种稳定性和变动性的统一，就是导致中国大学生就业结构性困境的根源。一方面，当前中国经济在长期发展过程中已经形成了以第二产业为主的产业结构。相应地，第二产业也是吸纳大学生就业的当然主体，但由于第二产业技术升级滞缓，大学生就业需求已经相对饱和；虽然近年来第三产业发展迅速，具有较强的吸纳大学生就业的潜力，并正在成为大学生就业的主要渠道，但由于第三产业中高新技术服务业发展规模相对不足，限制了对大学生就业的需求。另一方面，面对激烈的国内外市场竞争尤其是全球范围内经济危机的冲击，调整产业结构、转变经济发展方式已经成为中国确定不移的战略选择。在这种背景下，战略新兴产业快速发展，企业加快技术升级改造，对高素质劳动者的需求量急剧增加，但由于高等教育人才培养结构和人才培养模式改革相对滞后，与社会经济发展的实际需求表现出明显的不适应，从而导致大量学生"结构性失业"或"技能性失业"。目前，大学生就业市场出现的"无业可就"与"虚位以待"并存的情况就是这种结构性困境的反映。

**（三）大学生就业难也是由政府失灵所导致的市场失效造成的**

从大学生就业的促进机制而言，大学生就业难的影响因素大致可以归为两类：一是政府性的；二是市场性的。其中，市场通过供求机制和价格机制对大学生就业产生导向和信号作用；政府不仅可以通过社会保障制度建设和供求结构的政策调整产生导向作用，而且还可以通过教育资源和教育机会配置、市场规制、维护就业公平等途径有效促进大学生就业。从实践现状而言，大学生就业难主要是由于政府失灵所导致的市场失效造成的。

其一，社会保障制度水平滞后于高等教育发展和大学生就业市场发展的需求。相较于高等教育的快速发展和大学生就业的市场化进程，大学生就业的社会保障制度建设严重滞后，大学生就业面临许多后顾之忧的困扰。

其二，劳动力市场分割制约大学生自由流动就业。受传统的二元经济结构、户籍制度和区域经济发展不平衡等因素的影响，大学生就业市场至今仍然呈现出多重分割状态，这不仅限制了市场机制配置人才资源功能的发挥，而且压缩了大学生就业的选择空间和机会。

其三，高等教育人才培养与经济发展需求相脱节。无论是中央政府还是地方政府层面，都缺乏高等教育与经济社会发展之间的统一规划、统一管理和相互调适机制；与此同时，政府通过行政和政策手段深度介入大学生就业市场，市场自主调节机制难以充分发挥作用；虽然政府支持和鼓励大学生去中西部和基层岗位就业，但又缺乏可持续性的保障制度建设，大学生就业难的深层次矛盾依然存在。

其四，法制缺位，市场规制缺失。大学生就业市场是基于契约基础上的平等竞争的制度体系，它离不开市场主体之间平等竞争、自主自愿的法制环境。长期以来，由于大学生就业体制分化程度较低，高校与用人单位之间的联系简单，大学生就业市场缺乏分化，就业中介组织发育迟缓。[①] 在这种背景下，政府包揽了本应由市场所承担的角色，而放弃了市场监管与规制的责任，进而导致大学生就业市场发育程度低、市场机制不健全。可见，大学生就业的政府失灵有的是政府不作为的结果，有的是政府不当作为的结果，表现为政府"缺位""越位"与"错位"并存。

实践中，政府失灵必然消弭大学生就业市场的公平竞争，导致信息失真和价格机制扭曲，在这种情况下，市场失效也就不可避免。大学生就业市场失效可能导致两个结果：一是产业结构调整困难；二是高等教

---

① 谢维和：《中国大学生就业体制的分析》，《中国大学生就业》2003 年第 10 期，第 4—7 页。

育人才培养模式改革步履维艰。二者相互制约、互为条件，一方面产业结构调整有赖于大学生人才资源的支撑，另一方面，产业结构调整通过市场需求信息对高等教育人才培养模式改革产生导向作用。但市场失效消解了市场竞争和信息导向功能，市场调节难以转化为大学生人才资源的优化配置效应。同时，就业市场的分割性体制使大量毕业生集中于国有或高新企业、发达地区或主要劳动力市场就业，而不愿意到中西部地区、中小企业或次要劳动力市场就业，这既影响了产业结构的转型升级，又导致大学生就业的产业结构失衡。可见，低效的或市场化改革不彻底的大学生就业体制机制，必然导致大学生低效就业、结构性失业、制度性失业，也必然会影响经济转型和高等教育的健康发展。

# 三　大学生就业体制改革取向：学生发展与充分就业

当前，中国社会经济发展已经进入新的历史转折时期，这个转折点以劳动力市场发育、产业结构升级转型与对劳动者素质要求的提升为主要特征，同时也预示着劳动力就业制度的深层次变革。相应地，这个转折点的到来也意味着中国大学生就业保障制度建设必须跳出传统的思维框架，以促进学生发展为中心，尽快建立大学生就业的市场机制。

## （一）大学生就业体制改革要以学生发展为中心

从最理想的状态而言，大学生就业体制改革的目的是保障所有大学生都能公平、公正和及时就业，但实际上这一目标不可能完全实现。大学生结构性失业、技能性失业、自然性失业，以及就业过程中的非公平现象是不可回避的客观现实。当前，由于大学生就业影响因素的复杂性，大学生就业工作陷入了"头痛医头，脚痛医脚"的境地，缺乏系统规划和相对成熟的改革理念。虽然政府采取了诸如灵活性就业、安置性就业、临时性就业等政策措施，但大部分属于缓解就业压力的"仓促应对"之策，缺乏"治本"战略思维。在这种背景下，实现大学生就业制度从政策促进模式到以学生发展为中心的促进模式转向，是大学生就业保障制度建设的基本理念。

之所以强调"以学生发展为中心"，是因为实现学生的充分发展既是大学生就业的目的，也是实现大学生充分就业的前提。这里所说的大学生发展主要是指大学生就业能力和就业素质的发展，包括专业素质和就业技能的提升、社会适应性以及学习能力和融合性思维品质的增强等。当前，大学生就业工作主要集中在如何使已毕业学生实现顺利就业以及促进大学生就业机制建设上，社会的关注点也主要聚焦于就业难问题本身，而忽略了大学生为什么就业难，以及大学生素质和技能缺陷对就业的阻碍。以大学生发展为中心的就业促进模式，不仅关注大学生就业问题本身，而且更为关注人才培养过程与毕业后就业实习和就业培训，以及大学生就业后的社会适应性。

概括而言，以大学生发展为中心的就业促进模式包括三个基本特征：其一，全员性。大学教育本来就属于就业前的专业教育，就业指导与就业服务不是专门针对就业困难学生的行为举措，而应该是使全体学生都受益的个性化教育和职业生涯规划教育。其二，全程性。大学生就业教育要从大学新生"入校"开始，人才培养模式、专业设置、教学内容等方面的改革都要关注人才市场需求及其与经济发展的适应性。可以说，以大学生发展为中心是大学生就业理念的深层次变革，是大学生就业保障制度建设的观念先导。其三，全面性。大学生能否顺利就业，归根结底取决于大学生的就业能力。大学生就业能力的核心不仅仅是专业知识的多少，而是做人和做事的综合体现。因此，大学教育或者说整个教育体系都要倡导素质教育观念，培养学生的创新意识、学习主动性以及综合素质和能力。

值得指出的是，高等教育人才培养过程最关注就业，但也不能仅仅为了就业，尤其是研究型大学更要慎提"以就业为中心"的口号。一方面，大学重视学生就业，或者把就业放在突出位置，可以给学校和老师带来动力，进一步关注社会需求和学生需求，增强人才培养的针对性；同时，就业压力和人才市场的激烈竞争，可以倒逼高校和教师改革课程体系和人才培养模式。另一方面，虽然就业工作重要，但找工作不是大学教育的全部，大学不是职场"加油站"，如果只盯着就业这一目标，就可能给学生带来不必要的就业恐惧，从而难以安心向学、心态浮躁，把主要精力都投入为就业做准备中，而忽视了真正的学术训练、精神体验以及思想境界的提升，这必然也是大学教育的损失。可见，如何在大学教育中处理好职业准备性教育与素质养成教育之间的关系，也是当前高等教育人才培养模式改革的重要课题。

### （二）大学生就业体制改革应着眼于促进大学生自由流动就业

在今后相当长一个时期内，中国二元经济结构状态不可能在短期内消失，大学生就业压力还将持续存在。但实际上，目前大学生就业市场的"供大于求"现象不是整体经济发展对大学生就业需求真实状况的反映，而是大学生就业市场分割所导致的制度性结果。与理想状态相比，大学生就业市场还留有计划经济时期的典型特征：劳动力市场分割、行政干预过多、竞争机制和市场机制不健全、不同程度的就业歧视、地方保护等，大学生就业空间受到很大限制。因此，打破就业市场的制度性隔离，推进大学生自由流动就业，是大学生就业保障制度建设的基本要求。

实践中，对户籍制度的改革、社会保障体系的建立，以及对各种不利于大学生自由流动就业的政策调整，都属于破除就业市场分割制度的改革。事实上，中国大学生就业市场的发育是与市场经济的发展相伴随的，这一过程同时也是大学生就业保障制度模式由政府保障向市场保障转变的过程。通常情况下，一个变化着的社会，政府关于大学生就业政策倾向的转变需要根据社会经济发展阶段性需要来推动；一旦转折点到来了，政策调整就要顺应发展阶段要求的必然性，违背这个必然性就会受到惩罚。① 中国高等教育发展过程充分利用了市场机制对大学生资源

---

① 蔡昉：《劳动力市场转型和发育的中国经验》，《中国发展观察》2008 年第 9 期，第 15—17 页。

的重新配置效应，同时就业市场发育提升了人才资源的配置效率，促进了经济快速增长。现在关键的问题是，要进一步破除对大学生人才资源流动的制度限制，让大学生人才资源按照市场经济发展对大学生的需求流动起来，提升市场配置人才资源的效率。实践表明，大学生人才资源的全方位流动也是促进经济发展的重要因素之一，可以提升人才资源对经济增长的贡献率。当然，经济发展首先要本着扩大就业的原则，各级政府应该在发展理念上、投资方向上更多地考虑大学生就业问题，最大限度地提升经济发展对大学生就业的拉动效应。同时着力加强大学生就业市场的建设，通过提升就业市场的灵活性以及完善就业服务职能来促进大学生充分就业。

　　近年来，人们在求解大学生就业难问题的同时，开始关注大学生自由创业问题。从创业与就业的关系来看，创业可以促进大学生就业，是增加大学生就业机会有待开发的"蓄水池"。目前中国大学生创业率不足1%，而美国大学生创业率达20%—23%。① 现实中的差距就意味着潜力，如果每年新增创业大学生1个百分点，就能新增70万左右的创业大学生，并且还能成倍增加其他大学生的就业机会。同时，创业还可以打破就业传统的行业、地域、体制限制，促进大学生灵活就业、自由就业。当前，大学生创业还有诸多限制，比如融资问题、风险问题、大学生创业后的户口问题、学籍管理问题、缺乏经验问题等，都在很大程度上限制了大学生创业的积极性。一方面，要落实好现有大学生创业政策，包括创业培训、工商登记、融资服务、税收减免等各项优惠政策，营造宽容失败、奖励成功的社会氛围；另一方面，要做好大学生创业的跟踪指导和个性化服务，提高大学生创业的成功率。值得注意的是，教育部《关于做好2015年全国普通高等学校毕业生就业创业工作的通知》明确指出"高校要建立弹性学制，允许在校学生休学创业""鼓励扶持开设网店等多种创业形态"等政策，这就进一步为大学生自由就业创造了宽松的政策环境。

---

① 赵树播：《为什么美国大学生创业率高》，《光明日报》2014年8月7日。

### （三）大学生就业体制改革要着力建构不同利益主体的协同机制

毋庸讳言，传统的大学生就业体制已经发生了根本变化，大学生就业不再是单一的政府行为，多元利益相关者参与大学生就业保障制度建设成为现实选择。实践中，大学生就业以及相关改革政策需要考虑几个关键主体的需求，即"客户的（即学生的）需求，利益相关者的需求，包括政府、雇主、社会合作伙伴和对第三级教育成果极为感兴趣的不同社会角色的需求"①。具体而言，政府的利益诉求就是追求高等教育与社会经济之间的和谐发展，以及大学生公平公正就业；大学生（或家庭）希望能够学有所成、学有所就，高等教育投资能够得到及时和持续性的回报；社会或用人单位希望获得合理的人才储备，实现人才的经济效益最大化；人才市场和中介机构旨在协调政府与市场的关系，降低大学生就业压力，同时获得必要的就业服务回报；高校借以检验人才培养质量，提升社会声誉和核心竞争力。可见，不同主体之间利益诉求不尽一致，甚至存在冲突。也正因为如此，不同主体之间非常具有协同合作的必要性。同时，高等教育与未来就业之间的不确定性，以及不同利益主体各自行为能力的有限性，也决定了解决大学生就业问题是一项需要协同合作的系统工程。

促进大学生就业是一项系统工程，全社会都应该共同参与改善就业环境、完善人才培养机制。政府要进一步推动产业结构调整，大力发展高新技术产业，为大学生就业创造更宽广的平台，同时应大力发展民营企业、中小企业、外资企业，缩小国有企业与中小企业之间的收入和待遇差别。企业和社会组织要积极参与高校人才培养过程，为大学生提供实习实训平台；企业为大学生提供实习见习岗位，一方面可以帮助大学生积累工作经验、增加对企业的认同和了解；另一方面可以帮助企业发现人才、搭建选人用人的平台，进而实现大学生就业和企业需求的无缝对接。高校要通过完善人才培养过程、创新人才培养模式来提升大学生

---

① 谢维和：《重新定义第三级教育》，高等教育出版社2002年版，第2页。

就业能力，同时通过学校和院系层面的就业服务组织为就业困难大学生提供切实的帮助和指导。

当前，大学生就业体制改革的关键是要合理定位不同利益主体的角色及其角色关系，避免不同主体在大学生就业过程中"越位""缺位"与"错位"。其中，政府在大学生就业的政策导向、市场规制、保障平等、服务连续性等方面应发挥主导作用；就业市场和中介组织在搜集大学生就业信息、确保就业服务质量等方面的作用不可或缺；社会和用人单位在就业保障、参与高校就业实习和人才培养、创新人才选拔制度等方面应有所担当。当然，多主体参与不是"各自为战"，而是建立政府、市场、社会与高校等多元主体之间的协同合作机制。总之，在大学生就业服务和就业保障过程中，仅有政府或其他单一主体参与都是不够的，一个健全的大学生就业保障制度必须同时发挥不同利益主体各自的优势，合理运用行政机制、市场机制和社会机制的综合效能，建立充满竞争和活力的大学生就业保障公共制度体系。

## 四 大学生就业体制改革路径：角色重塑与机制协同

毋庸讳言，大学生就业难问题不可能在朝夕得到解决，大学生就业问题仍将会持续存在。一方面由于受到经济危机和经济发展速度放缓的影响，大学生就业需求不可能在短期内实现大幅度增长，另一方面根据《中长期教育改革和发展规划纲要》，要达到2020年高等教育毛入学率40%的目标，今后大学毕业生规模仍会呈现出稳定增长的态势。因此，要从根本上扭转大学生就业的被动局面，单纯依靠高等教育改革或经济改革都无济于事，必须通过重构政府与市场、高校、社会等多元利益相关者之间的治理边界和制度关系才能实现，尤其是要重塑政府角色、完善市场功能、建立多元利益主体之间协同合作的大学生就业体制。

### （一）重塑政府角色，建设大学生就业的服务型政府

从本质上而言，政府失灵所体现的就是政府有效服务功能的缺失；政府如果仅仅扮演大学生就业"行政促进者"和"市场介入者"的角色，就不可避免地会出现大学生就业利益相关者之间的角色对立和难以协调的局面。因此，要解决大学生就业问题，首先必须重新定位政府的行政角色，建设大学生就业的服务型政府。在大学生就业市场领域，政府要从大学生就业市场运行的控制中退出，赋予市场在大学生就业资源配置中的决定性作用，政府主要承担起保障市场运行秩序、维护公平公正就业环境和就业法制建设之责；在大学生就业的促进政策领域，政府要承担起大学生人才资源供需宏观规划、协调高等教育人才培养与经济发展需求之间的关系之责。

在中国这样一个政府一直占主导地位的社会里，大学生就业矛盾的化解、就业质量的提升和就业结构的调整，服务型政府建设、政府职能转变势在必行。当然，政府职能转变并不是放弃政府责任，而是强调就业过程中的学生本位、权利本位和社会本位。服务型政府的主要特征包括三个方面：一是政府服务的公共性。政府职能在于为大学生、用人单位等相关主体提供公共服务，包括为大学生就业市场建设投入更多的资源支撑，搭建更有效的就业公共服务平台。二是政府职责的公共性。政府行政的基本目标就是实现和保障大学生公平公正就业，使大学生就业权利得到有效维护和保障。三是政府权力的有限性。政府只是大学生就业治理主体之一，必须与行业企业、中介组织、高校等构成就业治理的网络关系结构；也就是说，不同利益相关者共同参与大学生就业治理和就业服务，任何单一主体都不可能解决大学就业问题。总之，服务型政府的目标是保障和维护大学生就业权益，其职能是为大学生就业的利益相关主体提供优质的公共就业服务。当然，政府的公共就业服务也需要多样化，既可以是政策服务和政策帮扶，也可以是多部门联合开展大学生就业服务项目，还可以通过政府购买服务，为大学生就业开发更多的基层管理和服务领域的就业岗位。

### （二）完善市场机制，提高大学生就业效率

从根本上来说，市场交易是建立在"自愿"基础上的契约行为，是一种最有效率的、最公正的制度安排，因为市场的效率来源于市场机制所实现的生产要素配置优化，而要素的配置优化来源于要素的自由流动。[①] 就中国大学生就业体制改革的目标而言，就是要通过完善大学生就业市场的竞争机制、价格机制和供求机制，实现大学生人才资源的自由流动和优化配置。当然，大学生就业市场的有效运行是以政府与市场之间的分化为前提的。尤其是在中国经济转型时期，大学生就业市场尚不完善，行政管理的逻辑"惯性"较大，与市场经济相适应的就业市场机制仍处于形成过程之中。

因此，大学生就业市场机制建设一方面离不开政府自上而下的推动，尤其是在培育大学生就业市场主体及其行为规范、维护市场秩序方面，政府可以发挥积极作用；另一方面，政府推动并不是干预大学生就业市场，而是创造大学生就业市场有效运行的制度环境。从理论上而言，一个完善的劳动力市场具有四个基本特征：一是劳动力市场的同质性，即劳动力具有相同的技能、知识和工作态度，可以相互替代；二是就业条件的均等性，即劳动者无论受雇于哪家企业，其工作条件与待遇，获取利益是相等的；三是劳动力供给方式的分散性，即没有单个劳动力或劳动力团体能够控制劳动力供给，从而影响工资率变动；四是劳动雇佣双方的相对独立性，即每个用工单位的劳动力数量在劳动力总需求中份额较小。[②] 虽然大学生就业市场与普通劳动力市场而言，具有自身的特殊性，但就大学生就业市场及其运行机制而言，还远远没有达到理想标准。大学生就业市场的功能失调和运行机制不畅，不仅造成人才资源的浪费，而且导致市场机制的扭曲；不仅加剧大学生求职的难度，减少了择业机会，而且影响大学生就业市场自身的良性发展。实际上，

---

① 刘飞跃：《政府、市场与社会关系视阈下的我国政策文化特征》，《中国行政管理》2008 年第 12 期，第 38—40 页。

② 黄安余：《经济转型中的中国劳动力市场》，上海人民出版社 2010 年版，第 338 页。

大学生就业难，不仅是因为大学毕业生的供求结构性失调，而且也与大学生就业市场所存在的制度性障碍有关。凡是涉及城乡、行业、身份、户籍、性别、民族等影响大学生公平就业的相关制度，都可以归结为制度性障碍，这些制度性障碍不仅违背了劳动力市场人才自由流动的规律，而且也抬高了大学生就业成本，导致就业不公平。当前，中国政府已经采取措施设法消除毕业生在不同地区、不同单位之间流动就业的障碍。国务院办公厅印发《关于做好 2014 年全国普通高等学校毕业生就业创业工作的通知》明确强调，用人单位招聘不得设置民族、种族、性别、宗教信仰等歧视性条件，省会及以下城市用人单位招聘应届毕业生不得将户籍作为限制性条件，等等。

当前，大学生就业市场机制建设的关键是要切实达成两个核心目标：一是就业市场的自由化。大学生不同于一般的劳动力，其就业质量和就业行为与所接受的高等教育的过程密切相关。在大学生就业市场化过程中，高校人才培养自主权、大学生自主专业选择权与学习方式选择权首先要得到确立和切实保障；其次是大学生就业市场化就要消除就业歧视和特权，确立平等契约、平等竞争、平等参与的市场化规则。二是就业市场的一体化。大学生就业市场的一体化旨在打破大学生就业市场的多重分割状态，建立起全国统一的就业市场，包括大学生能在国家法律规定下自由流动、自主择业；建立合理的大学生工资收入调节机制，主要根据工作质量，以及就业市场的供求关系来确定工资收入差异；确保就业信息的及时、准确和畅通，以及就业服务的规范化和标准化；健全大学生就业社会保障制度和对弱势大学生群体的就业援助机制。

**（三）多元主体参与，建立大学生就业协同机制**

当前，中国大学生就业难，表面上是由于大学生就业市场的供需失衡，本质上则源于利益相关者之间的矛盾和冲突所导致的体制机制不畅。因此，协调利益冲突、解决结构性失衡是大学生就业体制改革的当务之急。实际上，大学生就业难不能被简单地归结为单一因素或原因，随着大学生就业市场化的发展，大学生就业问题的产生与堆积都有强大的外部肇因，解决大学生就业问题不仅仅是某一主体的责任，而且成为影响社会发展全局的公共责任。依据公共治理理论，单纯的行政机制、市场机制和社会自治机制各有其优势和缺陷①，只有实现对不同机制的整合优化，才能有效突破大学生就业困境。

就实践层面而言，大学生就业过程中的协调可以归为四个方面：一是多元主体之间的利益协调，主要包括校企之间的利益协调、学生与用人单位之间的利益协调、区域和行业之间的利益协调、政府与高校之间的利益协调等。二是体制间的均衡协调，主要包括政府与高校之间的关系协调、高校与市场之间的关系协调、中央与地方、大学生就业管理部门的关系协调等。三是就业结构协调，主要包括区域结构协调、产业行业结构协调、学科专业结构协调、人才培养的层次和类型结构协调等。四是产业结构与高等教育结构之间的协调，主要包括大学生就业的供需协调、产业结构与高等教育结构之间的协调、高等教育与经济发展之间的规划协调等。这些协调关系互为依存，相互影响，只有综合协调，整体推进，才能真正实现大学生就业体制机制的畅通。当然，这些关系的有效协调都必须在政府与市场之间清晰的行为边界和制度框架中予以实现。因此，以政府与市场之间的协调机制建设为核心，构建多元利益相关者之间的协同机制是大学生就业体制改革的最终旨归。

值得强调的是，多元主体之间的协同是以各相关利益主体履行好自身的使命为前提的，是在各安其位、各尽所能、各负其责下的相互协同。随着大学生就业市场化，以及市场在大学生人才资源配置中主导性作用的发挥，无论是政府、高校还是社会相关组织都不承担大学生就业的无限责任。在这种制度环境下，大学毕业生必须摆脱"等""靠""要"的依赖性就业思维模式，主动提升就业能力，自觉接受人才市场的"筛选"。当然，政府、高校、社会相关组织并不是对大学生就业

---

① 姚迈新：《公共治理的理论基础：政府、市场与社会的三边互动》，《陕西行政学院学报》2010 年第 1 期，第 21—25 页。

"撒手不管"、推诿责任，无论是从政府本应承担的公共责任，还是从高校可持续发展以及承担的教育责任而言，对大学生就业承担的责任不是少了，而是更多了，要求也更高了，只不过是承担的职能和任务发生了转变，从过去的安排就业的责任向服务就业的责任转变。因此，政府、高校和社会相关组织要把该做的事情做好，切实推进人才市场建设、专业建设、就业服务、法制建设、维护市场公平，等等；其次才是通过协同机制建设、营造多元主体共同服务于大学生就业的制度环境。

# 五　小结

在计划经济体制下，政府"计划分配""计划就业"，政府是唯一的责任主体，随着"市场导向，政府调控，学校推荐，学生和用人单位双向选择"的就业体制的形成，大学生就业由政府作为单一的责任和利益主体向政府、高校、学生和用人单位等多元责任和利益主体转变。实践中，大学生就业体制还处于转型过程之中，相关利益与责任主体之间的关系与协同机制还处于磨合状态，主要表现在高校人才培养与产业结构之间的矛盾、政府干预与市场机制之间的矛盾、大学生就业期待与用人单位实际需要之间的矛盾几个方面，因此，大学生就业体制改革的根本目标就是建立多元责任主体之间的协同机制与合作机制，有效促进大学生充分就业。具体而言，通过政府职能转变，建立大学生就业的服务型政府；通过完善大学生就业市场机制，提高人才资源的市场配置效率；通过促进大学生发展，提升大学生就业能力。

# 结语 大学生就业保障制度体系建设：仍然在路上

## 一 大学生就业保障制度体系建设：方向与模式选择

中国特色的大学生就业保障体系由诸多方面和层面构成，与中国长期形成的高等教育体制、文化传统以及现实环境密切相连，是具有实践特色、理论特色和时代特色的选择。具体而言，中国大学生就业保障制度建设，必须是基于中国国情的选择，必须对建设主体、建设模式、可依赖资源、建设方向等问题进行综合考量。只有对上述问题进行系统和针对性分析后，才能更好地探寻大学生就业保障制度体系建设之道。同时，大学生就业体制正处于转型过程之中，大学生就业保障制度体系建设不可能一蹴而就，必须根据就业环境以及毕业生供求关系的变化，及时进行针对性调整。因此，大学生就业保障制度体系建设，必须处理好顶层设计与针对性改革、建设目标与具体措施之间的关系。

### （一）大学生就业保障制度体系建设主体的选择

在市场经济条件下，制度建设主体的选择成为影响中国大学生就业保障制度体系建设的主要因素。要确定大学生就业保障制度体系建设的主体，遵从"有能力、有责任"的原则，相应地就必须回答以下两个问题：第一，是否具有促进和保障大学生就业的能力。主要是看该主体是否具备促进大学生就业的技术、人财物资源、政策支持、制度保障能力等。第二，是否通过大学生就业获得了收益。也就是说，帮助和促进大学生就业是否值得去做，是否符合该主体自身的利益需求。第三，是否有促进大学生就业的责任。如果该主体通过大学生就业获得了收益，那么按照"谁受益、谁负责"的责权结合原则，该主体就应该负有大学生就业的责任。这三个方面也就是管理学理论中所说的责、权、利一致的原则。只有实现三者的统一，该主体的大学生就业促进职能和积极性才能得到充分发挥。

在"计划体制"下，大学生就业体制内的相关主体是高度同构的，具体表现为政府包管大学生就业的一切事务，既是权利主体，也是责任主体，其他相关主体都是无任何责、权、利的被动存在，只是执行和完成政府的就业计划而已。随着市场经济的建立和大学生就业体制的市场化转型，这种高度同构的大学生就业体制开始分化，由政府一元权利主体分解为包括政府、高校、用人单位、大学生等多样化的权利主体。与此相适应，大学生就业保障也由政府一元责任主体向多元责任主体转变。在这种背景下，一方面政府要转变政府职能，由行政管理转向宏观管理，由集权控制转向分权管理；另一方面要赋予其他相关主体相应的权利，培育其他相关主体对大学生就业的责任意识，健全大学生就业责任机制。在政府职能转变过程中，尽管政府的目标不再是用政府的判断来代替学生、高校、用人单位等主体的判断，但并不是说政府对大学生就业可以放手不管，或是把大学生就业作为完全的市场行为。在市场经济环境下，由于政府不再包揽所有一切资源，高校、企事业单位拥有越来越多的人才培养自主权和用人自主权，政府的作用在于有选择、有方向地对大学生就业进行因势利导、宏观调控，从而规避市场失灵的风险，优化大学生人才资源配置的效率和质量。

根据不同主体所拥有的责、权、利配置的不同关系，我们可以把大学生就业保障主体之间的关系作如下分析。总体而言，虽然大学生就业保障的相关主体逐渐实现了责、权、利的统一，但责、权、利在不同主体身上的体现表现出较大差异。具体表现为政府的行政干预职能开始弱化，但政府作为公共利益的代表，优化配置大学生人才资源仍然是政府不可推卸的责任；学生是大学生就业的主体、选择职业的主体，但仍然需要相关制度保障自身的权益；高校不仅是人才的培养者，还有责任把人才"推销"出去，进而实现高校的良性发展。但在实践中这些相关主体的责任机制还很不完善，主要体现为还没有建立人才培养与推动就业的联动体系，人才培养与社会需求脱节，就业服务质量较低等问题；社会用人单位是接受大学生就业的主体，也是人才资源的最大受益者，但长期以来用人单位仅仅是使用人才、选择人才，缺乏保障和促进大学生就业的责任意识和责任机制，具体表现在用人选人不公平，缺乏自我规制和监督规制，游离于高校人才培养、创新创业、实习实践过程之外这些方面。因此，实践中的关键问题是：一是要合理界定不同主体之间的关系，建立不同主体之间相互衔接、相互合作的体制机制；二是通过体制机制改革，赋予不同主体应有的权益，发挥相关主体促进和保障大学生就业的积极性。

### （二）大学生就业保障制度体系建设模式的选择

一个国家的高等教育体制、经济体制以及科技发展的基础、产业结构不同，对大学生就业保障制度体系的建设模式也不可能与他国完全一致。而且，就一国而言，建设模式的选择在不同时期、不同地域也会有所不同。现阶段，中国大学生就业所面临的问题和环境比较复杂，必须根据中国经济发展和高等教育发展的国情，根据大学生就业的现状和特点，选择合适的大学生就业保障制度体系建设模式。

所谓建设模式，是指根据中国经济发展背景、大学生人才资源供需状况和大学生就业工作的战略地位，针对大学生就业存在的问题，确定大学生就业保障的具体目标、实现途径以及所依赖资源的利用方式。目前，根据大学生就业过程中所依赖的资源或主导就业权力的不同来源，大学生就业保障模式可以分为市场调节模式、政府安置模式、就业援助模式；按照大学生就业保障所依赖的资源和权力组合方式的不同，可以分为独立模式和合作模式。不同的模式具有不同的特点，适用于不同区域、不同时期的就业环境，以及不同类型的毕业生群体。要有效促进大学生就业，我们就必须选择适应中国高等教育或经济发展实际的大学生就业保障模式。由此，建设模式选择必须确定以下两个基本原则：其一，是否适应国家或区域经济发展实际；其二，是否与不同主体所能提供的资源和能力相匹配。

当然，上述不同模式在大学生就业实践中都在发挥作用，或不只是一种模式单独起作用，而是多种模式在实践中联合发挥作用。大学生就业环境不同、不同个体或群体的就业需求不同，就业保障模式也不同。具体而言，可以根据以下两个方面做出判断和说明。

第一，政府推动还是市场调节。大学生就业行为是由就业市场的供需状况决定的，当大学生就业市场供大于求，同时原有的就业渠道保持相对不变时，仅仅靠市场调节，必然会有一部分毕业生不能就业或失业，那么就需要政府依靠行政权力来推进就业，如政策激励、托底安置、结构调整等，以弥补可能的市场失灵；如果大学生就业市场供不应求或大学生就业问题不那么突出，那么，市场调节就是保障大学生就业的主要模式，政府的介入就不十分必要和迫切；当大学生就业市场供求大致平衡时，政府的作用就在于维护市场秩序、保障市场机制的充分发挥。应该说，政府推动和市场调节是推动大学生就业的两股最重要的力量，两者的良性互动有助于推进大学生就业工作。一方面，没有市场调节，政府推动就缺乏方向和着力点；另一方面，政府推动有利于节约大学生就业市场的交易成本，将潜在的市场需求转化为现实的就业推动力。政府推动和市场调节任何一方的缺失，都将使大学生就业保障体系失去平衡。实际上，大学生就业工作机制就是实现政府推动和市场调节的有机结合。

实践中，政府推动抑或是市场调节，如果选择失当，或有失偏颇，会造成增加就业成本、降低就业工作效率、就业结构失衡诸多问题。鉴于市场调节和政府推动的结合点是不一致的，何时由政府推动，何时由市场调节，是大学生就业保障体系运行的核心问题。如果仅仅片面强调政府推动或市场调节都是一种误导，对于不同的大学生就业群体、不同区域就业状况而言，政府推动和市场调节的作用可能会有所侧重。一般而言，大学生就业具有很大程度的公共产品的属性，大学生充分就业有利于经济发展与社会和谐稳定，因而离不开政府的政策推动和引导，以及政府支持的大学生就业公共服务体系建设。然而，政府所能利用的资源也是有限的，大学生充分就业不仅依赖于政策支持力度和经济发展所能提供的就业空间，还与大学生和用人单位的招聘行为、招聘观念，以及用人单位接受就业的能力和大学生就业市场的发育程度密切相关，因此政府的盲目干预往往是不得要领的，在市场经济条件下，市场调节应该是促进大学生就业的主导模式。

第二，学生自由择业还是政府保障就业。大学生就业保障制度体系建设的最终目的是使每一个大学生就业，使每一个毕业生"有业可就"。在市场经济条件下，大学生就业机制是"双向选择、自主择业"，大学生是就业的主体，职业必须是经过学生自己选择和接受的，不可能强制就业或包办代替就业。从这个意义上说，大学生就业过程就是大学生自主选择职业的过程，或者说是大学生自身资本在人才市场上实现自身价值的过程。然而，市场是公平的也是无情的，一方面通过市场实现了大学生人才资源的流动和配置，大部分毕业生在人才市场上实现了就业；另一方面经过市场的"选拔"之后，不可避免地还有一部分毕业生没有实现就业，或没有及时就业，尤其是由于自身素质结构不符合用人单位要求，以及市场就业信息不充分而导致大学毕业即失业。

因此，大学生自主择业、自由就业是第一位的，但仅仅把大学生就业看作学生自己的事情也是不负责任的行为。除了前述政府推动大学生就业外，高校在促进大学生就业过程中的保障功能是不可或缺的。大学生自主择业并不是学校"只管培养，不管就业"，简单地把学生推向市场、推向社会。实际上，"招生—培养—就业"已经成为不可分割的连续体，现代高等教育的竞争也已经体现为"招生—培养—就业"整个过程的竞争，一所学校如果没有好的就业质量，不仅会影响招生，同时也说明人才培养质量存在问题；不关注就业和就业市场需求状况，高校人才培养也会缺乏针对性和改革动力，自然也就没有高质量。当然，高校"管就业"但不是"包就业"，在市场经济条件下，高校没有包就业的资源，也没有包就业的能力。高校能做的并且必须要做好的事情就是为大学生就业提供保障条件，包括搭建就业平台，提供就业信息，提高就业服务和就业教育质量，完善以就业为指向的人才培养体系，等等。

第三，单一主体的责任还是多元主体的责任。大学生就业是一项系统工程，涉及因素复杂。高校不能不关注社会以及人才市场对大学毕业生的需求，"闭门"进行人才培养，实际上，社会需求是多元化的，高校人才培养也是分层分类的，这就涉及人才培养的定位、服务面向，以及相应的人才培养模式等学校层面的改革问题。社会以及人才市场对大学毕业生的需求既有惯性也有变化，这主要与经济产业结构、技术结构的稳定与变革状态密切相关。当前，产业结构与技术结构的"变"大于"不变"，"变"是主要特征。同时，在市场经济条件下，高校向社会"输送"毕业生的机制由"计划分配"向"市场调节"转变，这就要求完善就业服务体系，加强就业市场机制建设。可见，大学生就业仅仅依靠单一主体的责任是难以达成的，而必须建立政府、高校、社会等相关主体的责任协同机制。

尤其值得关注的是，随着中国高等教育内涵式发展、经济转型升级战略的推进，以及劳动就业社会保障体系建设，政府以及社会各界对大学生就业问题的关注将从关注能否就业向关注就业质量转变。与就业率等就业数量指标不同，就业质量包含就业岗位、工作环境、薪酬与社会保障、职业发展与培训等内容。[①] 使用就业质量作为评价大学生就业水平的主要标准，相应地，大学生就业保障制度体系建设也应该从保障就业向保障就业质量转变。因此，大学生就业质量不仅仅与高校人才培养质量相关，更多的是与社会为大学生提供的就业保障质量以及毕业生可持续发展的质量相关。从这个意义上说，保障大学生就业也是大学生就业相关者的共同责任，而非单一主体的责任。

### （三）大学生就业保障制度体系建设方向的选择

当前，中国经济发展已进入"新常态"。所谓新常态就是相对于以

---

① 黄锐：《如何提升大学生就业质量》，《光明日报》2015 年 8 月 22 日第 7 版。

往的经济发展状态而言的。当前，学术界或网络媒体对新常态的认识主要有两个方面：一是经济增长的速度；二是经济增长动力。[①] 关于经济增长速度，21 世纪前 11 年中国经济基本上都以 10% 左右的速度增长，2012—2013 年，由于受金融危机的影响，经济增长率有所下降，分别为 7.7% 和 7.8%。党的"十八大"以后，新一届中央领导集体调整了经济发展战略，"不再以 GDP 论英雄"，2014 年将积极增长率确定为7.5%。2014 年末中央经济工作会议，提出 2015 年经济增长目标为7%。据预测，2016—2020 年为 5.7%—6.6%，2020—2030 年为5.4%—6.3%。可见，积极增长放缓是新经济的一个主要特征。关于经济增长动力，主要有三个方面的政策与实践取向：一是强调由投资驱动转向消费驱动，由出口主导转向扩大内需；二是强调通过产业转型升级、提升产品科技附加值，以及培养和扶持高科技、高成长和创业能力带动经济增长；三是强调通过走新型城镇化或产业的区域转移来实现经济发展。可见，新常态是政府力求平衡改革与增长之间的关系，虽然经济增长速度放缓但仍然是一个可控的过程，虽然经济增长速度变慢但追求质量更高的状态。[②] 经济新常态必然会对中国大学生就业以及大学生就业保障体系建设产生深刻影响；新常态背景下经济规模不断扩大，经济结构不断优化，产业生产技术不断转型升级，既对高等教育人才培养模式改革提出了新要求，也为大学生就业开拓了新领域和新环境。

其一，受经济增速放缓的影响，大学生就业需求也将明显减少，或短期内大学生就业问题将会更加突出。在这种背景下，用人单位接受大学毕业生的条件会更高、更苛刻，而毕业生由于仍然固守原来的就业观念，不愿意"低就"，进而导致招聘双方都喊"难"。因此，大学生就业保障体系建设要及时做出适应性调整，一是要引导学生及时更新就业观念；二是要加大就业辅导力度，积极开展职业规划培训，让学生对自身和用人单位都有一个清晰的定位。各级政府要进一步完善和落实毕业

---

① 叶初生、闫斌：《经济新常态呼唤发展经济学的新发展》，《光明日报》2014 年 12 月17 日。

② 《新常态下挑战多，经济增速减慢但质量更高》，《参考消息》2015 年 1 月 1 日。

生就业促进计划和创业引领计划，加强政策和服务的针对性和灵活性，实现"精准帮扶"和"个性化帮扶"，尤其要引导毕业生到中西部地区、城乡基层和中小企业就业，切实解决毕业生基层就业所面临的实际问题和困难。

其二，产业转型升级、结构调整要求大学生就业质量的提升和就业结构的调整。产业转型升级的核心是产业技术的升级、技术的更新改造，或者说，由原来的较低水平的企业技术层级迈向更高的技术层级。这就要求对中国高校人才培养模式、教学内容与课程体系进行适应性改革，并且这种改革不是"蜻蜓点水"式的，而是人才培养体系的"综合改革"。从根本意义上说，大学生就业保障制度体系建设的核心是人才质量保障体系建设，没有高质量的毕业生，就不可能有高质量的就业。产业结构调整主要是指所有制结构、产业结构和区域结构的调整。随着经济发展进入新常态，以及改革持续深化，中国所有制形式将会日趋多样，其中混合经济将成为最大亮点，这种所有制结构的变化在某种程度上决定着大学生就业流动的方向和规模；产业结构从第二产业向第三产业移动，相应地，大学生在第三产业就业的总体人数比例将不断提高；随着国家政策支持西部发展、支持东北老工业基地发展，毕业生流入东部沿海地区的速度正在放缓，而进入西部以及东北地区的毕业生人数明显增长。因此，大学生就业保障制度体系建设的方向仍然要重视基层就业政策的落实、自由流动就业的制度建设、大学生就业市场建设、社会服务体系建设、高校专业结构的适应性调整机制建设等。

### （四）大学生就业保障制度体系建设机制的选择

大学生就业保障制度体系建设都需要相应的资源条件，包括人力、物力、财力和权力的支持和匹配。大学生就业保障制度体系从涵盖的范围来分，可以分为国家层面的、区域层面的、学校或院系层面的。不同层面的大学生就业保障制度体系所能覆盖的范围不同、发挥的功能不同。当然，不同层面的大学生就业保障制度体系，建设主体、建设机制也不相同。从大学生就业保障制度体系建设不同主体之间的关系及其所拥有的资源条件来分析，大致可以分为自上而下的政府推动机制和基层自主建设机制。

一般而言，自上而下的政府推动机制，主要是指政府利用行政权力、政策导向等带有强制性的建设机制，且需要更多、更高的资源条件投入。实践中，由政府推进机制有助于推进大学生就业保障制度体系及其运行规则的根本性改变，且学生受益面较大。同时，由于大学生就业市场发育较晚、运行机制不够成熟、社会保障体系不健全，政府自上而下的推动力必不可少。但政府推动已经不再是"一刀切"式的强制执行模式，而是更多地利用政策导向、投入激励、法律规范等途径推进大学生就业保障体系建设。当然，除了国家层面的政府推动机制外，近年来开始更多地倾向于"中间驱动"的建设机制，主要表现为省（市）政府根据区域经济发展和大学生就业状况出台就业政策、建设就业平台，因地制宜地促进大学生就业。但值得指出的是，区域性的大学生就业政策不能自我隔离、自我保护，而要着力于为大学生流动就业创造宽松的环境。基层自主建设机制是指基层单位，如高校、用人单位等出于自身发展和实际利益的需要，不断优化大学生就业保障和服务体系。相对而言，自主建设机制所需投入的资源条件相对较少，主要是基层单位根据自身实际情况的创新或改造，具有自主、自动的特征。这种迈小步、不停歇的建设机制，有利于提升高校或用人单位的利益，提高人才培养质量和人才招聘质量。

现阶段究竟应侧重于政府推动机制还是基层自主机制，既与一国的经济发展和高等教育发展状况有关，又与大学生就业保障制度体系的阶段性特征相关。政府推动机制往往基于宏观的大学生就业状况和发展趋势，涉及就业规则和就业政策上的突破，因此需要做好顶层设计，实践中主要由国家和省级政府推动。一方面，从政府职能改革的方向和政府所拥有的资源和能力看，政府已经不再具备安置大学生就业的行政能力，如果过于偏重政府推动的建设机制，所面对的阻力比较大，也不符合中国大学生就业市场化的发展方向。侧重于基层自主建设机制可能更具有务实性，更符合当前政府的职能定位。当然，作为促进大学生就业的基层组织，必须在政府的相关法律和政策框架内行事，同时通过高等教育体制和大学生就业体制改革，提升基层组织对大学生就业的责任意识。另一方面，从大学生就业保障制度体系的阶段型特征看，目前大学生就业市场不成熟阶段，更多地需要"有效率"地推进大学生就业。从某种程度上说，政府的行政推动机制不可或缺，但同时必须注意到，不同区域、不同高校、不同群体的大学生就业状况各有差异，大学生就业保障制度体系建设需要大量适应基层实际的自我建构和自我完善。

当然，我们并不是人为地割裂政府推动机制与基层自主建构机制之间的关系。实际上，大学生就业保障体系建设是政府推进和基层自主建构相结合的过程。因此，在政府职能转变、大学生就业市场化、经济发展进入新常态以及大学生就业难的背景下，我们既要重视政府的推动机制，以实现大学生就业的高效率，又需要市场调节机制与基层自主建构机制，以实现大学生就业机制的上下联动，进而实现大学生人才资源的优化配置。尤其是在政府大力倡导"双创"的背景下，大学生就业工作重心必然从"以就业为主"向"就业创业并重、以创业带动就业"转变，大学生就业保障制度体系建设的着重点也必然从保障大学生就业向保障大学生高质量就业转变。

## 二　大学生就业保障制度体系<br>建设研究：结论与不足

### （一）本书研究的主要结论与建树

本书经过理论研究、政策分析、实证调查、比较研究等方法和途径，取得了丰富的研究成果，形成了具有创新性的观点和理论，以及完善大学生就业保障制度体系的具体路径和方法。这具体表现为研究内容的实践性、政策建议的可行性、研究方法的互补性、理论研究的新颖性。

**1. 较为完整地论证了中国大学生就业保障制度体系**

以往关于大学生就业保障制度的研究经验总结，就事论事的研究居多，理论研究和系统性研究相当薄弱。本书在学术界较早提出了"大学生就业保障制度"的概念，并从大学生就业政策、大学生就业体制、大学生就业市场、大学生就业服务体系等方面论证大学生就业制度保障体系的具体内涵，从政府、高校、社会、市场等视角研究了大学生就业保障制度体系的运行机制。

**2. 研究视域开阔、研究视角新颖**

本书将大学生就业保障制度体系建设置于高等教育大众化、高等教育全面深化改革、经济发展放缓、产业结构转型升级、经济发展模式转型背景下进行研究。本书认为，大学生就业保障体系建设是一项系统工程，解决大学生就业问题、促进大学生充分就业必须跳出就业看就业的窠臼，任何一个单一主体都不可能完善地解决大学生就业问题，实践中，必须建立利益相关主体各司其职、责权清晰、相互协同的大学生就业体制机制。

**3. 研究方法的创新**

多学科研究法：大学生就业保障制度建设是一项系统工程，大学生就业及其保障制度的研究涉及经济学、社会学、管理学、教育学等多学科领域，本书打破了单一学科视野的局限，力争从多学科聚焦于大学生就业保障制度体系的理论与实践问题的研究。

规范分析与实证分析相结合：一方面，运用规范分析方法，分析了大学生就业制度转型发展的背景以及大学生就业难的实践和政策困境，提出了大学生就业保障制度建构的价值取向与系统化途径；另一方面，运用调查分析方法，从政府、高校、市场三个视角实证分析大学生就业保障制度的缺陷，进而提出了大学生就业保障制度体系的优化策略。

**4. 大学生就业保障制度正处于深化转型期**

转型背景：高等教育大众化向深度发展，大学毕业生待就业人数逐年增多；产业结构调整、经济发展模式发生转换；市场机制逐步完善，市场在人才资源配置中的决定性作用逐渐显现。这些既是转型的困境，也是转型的机遇。

转型标志：更加注重人才市场在大学生人才资源配置过程中的决定性作用，更加重视大学生就业市场对高等教育人才培养的引导功能、调节功能、资源优化功能；大学生就业体制由政府或高校等单一主体向政府、高校、社会（雇主、家庭、中介组织）等多元主体协同机制转变。

5. 完整地阐述了大学生就业市场及其与中介组织建设相关的问题

中国大学生就业市场及其中介组织是伴随着市场经济和劳动力市场的发展而发展的。大学生就业市场除具有一般劳动力市场的共性之外，还具有自身的特殊性：从就业市场分割状态而言，大学生就业市场不仅具有制度性分割、区域性分割因素，还具有就业时间和就业经验的分割；从供求主体而言，大学生人才市场是层次相对较高的人才市场，不仅表现在供给主体的知识和技能层次较高上，而且表现在需求主体的岗位技术层次要求相对较高上。当前，中国大学生就业市场及其中介组织运行的内在矛盾和制度困境抑制了大学生就业的市场化进程，大学生人才资源配置效率不高，大学生就业难和失业问题十分突出。当前的关键是要打破劳动力市场的多重分割，建立利益相关者协同合作的就业市场运行机制；加强大学生就业中介组织建设，促进大学生充分就业。

6. 较为完整地论证了产业结构转型、大学生就业与专业结构之间的关联，以及大学生就业保障制度建构的思路

大学生就业难不是大学生就业群体的整体表征，而只是某些学科专业和部分毕业生的局部现象；不同的学科专业和不同的学生个体甚至表现出完全不同的就业境遇。就现状而言，一方面，由于中国产业结构重心较低和技术含量不高，产业发展对拉动大学生就业需求受到很大限制。另一方面，当产业结构变化或变化已经成为一种必然趋势时，大学生就业结构应该与产业结构的变化相适应，否则，就可能会因为缺乏人才支撑而导致产业结构转型困难或动力不足。实践中，各级政府需要从

产业结构与高等教育专业结构协同调整的角度，采取有针对性的引导政策，促进产业结构调整和大学生人才资源供给的结构性平衡。

7. 构建了大学生就业保障制度体系，提出了大学生就业保障制度体系建设的机制与模式

建设主体：政府不再是大学生就业保障体系建设的唯一主体，高校、学生、雇主、中介组织也是大学生就业保障制度体系建设的利益相关者；建设模式：根据大学生就业过程中所依赖的资源或主导就业的权力来源不同，大学生就业保障模式可以分为市场调节模式、政府安置模式、就业援助模式；不同模式在大学生就业实践中都发挥着作用，或不只是一种模式单独起作用，而是多种模式在实践中联合发挥作用。建设方向：偏重于基层就业政策的落实、自由流动就业的制度建设、大学生就业市场建设、社会服务体系建设、高校专业结构的适应性调整机制建设等。建设机制：国家层面的自上而下的政府推动模式、区域层面的中间驱动模式、基层自主创新模式。究竟侧重于政府推动机制还是基层自主机制，既与一国的经济发展和高等教育发展状况有关，又与大学生就业保障体系的阶段性特征相关。

## （二）本书研究的不足与努力方向

1. 聚焦"中国特色"大学生就业保障体系内涵研究

中国大学生就业问题既有世界大学生就业问题的共性特征，也有中国大学生就业问题的特殊性。就大学生就业保障制度体系而言，何谓"中国特色"？"中国特色"与"国际共性"的关系是什么？如何吸收和借鉴国际经验？虽然本书对之做了一些探索，但仍然缺乏系统化的研究与思考。在中国特色的高等教育制度背景下，今后需要着力加强大学生就业保障制度体系之"中国特色"内涵的研究，在此基础上着力探讨大学生就业保障制度改革的短期效应与长期目标。

2. 加强针对性研究和案例研究

"大学生就业难"只是就现时期和总体状况而言的。实际上，从经济结构调整与发展模式转型的长远趋势来看，大学生就业未必永远就是

难题，从这个角度而言，本书主要偏重大学生就业问题的现状分析，而缺乏对高等教育人才培养的预测性以及战略性研究；当前的大学生就业难只是对部分大学生、部分专业、部分院校而言的，不是所有大学生都存在就业困难问题，但本书主要偏重于总体性研究，针对性研究或案例研究有待加强。近年来，不同层次高校都进行了大学生就业服务与就业管理改革的探索，积累了丰富的改革经验，大学生就业保障制度体系建设的后续研究，不仅要重视共性问题的规律研究，而且也要重视个性问题的案例分析。

3. 大学生就业保障制度建设是一个由多主体联动和受多因素影响的系统工程

就单一的大学生个体而言，也许导致就业困境的因素并不复杂，且仅仅具有个体性特征；但就不断增长的大学生就业难或失业群体而言，导致大学生就业困境的影响因素就具有了普遍的统计学意义。在中国高等教育制度以及大学生就业制度转型时期，大学生就业由原来的政府"大包大揽"的无限责任到强调高校的帮扶责任以及大学生本人的自主性责任，大学生就业制度体系正处于多主体缺乏协同的"分治"状态。从这个意义上而言，大学生就业制度改革仅仅从高校层面入手是很难奏效的，我们在强化高校和大学生的就业主体责任的同时，政府以及社会层面的支持和改革是必不可少的。因此，建立多元主体协同、责任分担、利益共享机制会持续成为大学生就业保障制度体系建设的研究主题。

# 附录　大学毕业生就业保障制度体系建设调查问卷

亲爱的同学们：

　　您好！感谢您参与此次大学生就业保障制度体系建设状况的调查！

　　为了解我国大学生就业保障制度体系建设及其运行状况与存在的主要问题，为促进大学生就业提出政策建议，我们设计了此份调查问卷。问卷调查结果只用于课题研究，敬请如实填写。请您认真阅读各个问题并回答，或在相应的选项中打"√"。再次感谢您的合作与支持！

"大学生就业保障制度体系建设"课题组

1. 您的性别？

　　①男　②女

2. 您所学的专业？

　　①工科　　②理科　　③文科　　④医科　　⑤农科　　⑥艺术

　　⑦经济、管理　　⑧军事、体育　　⑨其他

3. 您毕业的学校层次？

　　①"985 工程"大学　　②"211 工程"大学　　③一般本科院校

　　④民办高校、独立学院　　⑤高职高专院校　　⑥其他

4. 您的学历？

　　①专科　　②本科　　③硕士研究生　　④博士研究生

5. 您现在的就业状况？

　　①应届毕业生尚未找到工作　　②应届毕业生已找到工作

③往届毕业生尚未入职　　④往届毕业生已经在职

⑤其他

6. 您是否了解国家或地方政府出台的大学生就业政策？

　　①非常了解　②比较了解　③不太了解　④不了解

7. 您认为您不了解国家出台的大学生就业政策的原因是什么？（可多选）

　　①宣传力度不够　　②自己不关注　③学校就业指导缺位

　　④对就业帮助不大，不感兴趣　　⑤其他

8. 您对目前政府出台的保障大学生就业的哪些政策比较了解？（可多选）

　　①应征入伍政策

　　②鼓励毕业生到基层和中西部就业政策

　　③科研项目吸纳毕业生就业政策

　　④中小企业吸纳毕业生就业政策

　　⑤困难学生就业帮扶政策

　　⑥鼓励毕业生自主创业政策

　　⑦都不了解

9. 您对国家出台的关于大学生创业相关扶持政策的了解程度如何？

　　①非常了解　②比较了解　③不太了解　④不了解

10. 您是否愿意参加"选调生""三支一扶""农村义务教育特设岗位""志愿服务西部计划"等项目？

　　①是　②否　③不了解这些项目，不确定

11. 国家提倡到农村就业或当村官，您会选择去农村工作吗？

　　①是　②否　③不确定

12. 您不愿意到中西部或边远地区和农村工作的原因是什么？

　　①工作环境差　②工作待遇低　③去而不能复返

　　④发展机会少　⑤社会保障制度不健全

　　⑥同学之间攀比，面子放不下　　⑦其他

13. 如果毕业后找不到合适的工作，您是否会到相关部门登记失业？

①会　②不会　③不确定

14. 根据您对相关保障就业政策与措施及其实践状况的了解，您认为这些政策和措施与大学生的实际状况和需求是否吻合？

①非常吻合　②比较吻合　③存在较大差距　④存在很大差距

15. 您希望政府提供哪些宏观层面的就业信息？（可多选）

①地区人才供需状况　②行业人才供需状况　③地区工资情况

④地区产业发展状况　⑤全国不同地区的人才供需状况

⑥其他

16. 您对学校提供的就业指导满意吗？

①很满意　②满意　③一般　④不满意　⑤很不满意

17. 您认为学校就业指导工作对促进就业的作用如何？

①非常大　②比较大　③一般　④没有作用

18. 您曾经接受过创业知识与创业能力方面的培训吗？

①从来没有培训　②偶尔培训　③经常培训

19. 您是否有自我创业的意向？

①正在进行创业　②有，但方向很模糊

③没有，不会选择创业

20. 您觉得阻碍大学生自主创业的最主要因素是？

①资金以及风险问题　②没有好的创业项目

③政策扶植力度不够　④家人或朋友不支持

⑤其他

21. 您认为现行高校人才培养模式对大学生就业有哪些影响？（可多选）

①教学内容和课程体系陈旧　②专业设置不适应社会需要

③专业实践教学薄弱　④就业指导与创业教育工作不力

⑤忽视大学生综合素质教育

22. 您最希望得到学校哪些方面的就业指导和服务？（可多选）

①应聘技巧培训　　②就业政策解读和指导

③职业规划辅导　　　　　④用人单位毕业生需求信息

⑤个性化的就业心理辅导　⑥本专业发展和就业前景

⑦向社会发布毕业生就业信息　⑧组织毕业生双向选择洽谈会

⑨其他

23. 您对哪种就业指导方式最感兴趣？（可多选）

①课堂教学　②专题讲座　　③案例分析

④现场模拟　⑤邀请成功人士来学校座谈　⑥其他

24. 您对社会人才市场的满意程度如何？

①非常满意　②比较满意　③一般　④不太满意　⑤不满意

25. 在就业市场建设方面，您觉得哪些措施对您就业更有帮助？
（可多选）

①开拓就业渠道　　　②加大信息资源建设，实现网络共享

③加强就业教育，引导大学生就业

④完善管理机制，加强就业市场管理

⑤加强法制建设，保护毕业生合法权益

26. 您对大学生公共信息平台建设的看法是？（可多选）

①建立区域性就业信息平台

②建立大学生就业信息登记制度

③建立全国性的就业信息平台

④实现与国内国际人才市场联网

⑤建立健全大学生就业中介服务机构

⑥其他

27. 您认为用人单位最关心毕业生的哪些条件？（可多选）

①专业成绩　②专业技能　③综合能力　④学校名气

⑤社会经验　⑥发展潜力　⑦思想品德　⑧学历层次

⑨其他

28. 您在就业过程中是否遭遇过这类事情？（可多选）

①专业歧视　②学校歧视　③地域歧视

④性别歧视　⑤外表歧视　⑥其他

29. 您在求职时遇到的最大困难是什么？（可多选）

　①专业能力不强　　②综合素质不足，欠缺求职方法技巧

　③就业信息不足　　④学校就业指导不够

　⑤就业政策的限制　⑥缺乏实践和工作经验

　⑦不公平竞争　　⑧用人单位选拔不公正　⑨其他

30. 您一般通过什么途径获取就业招聘信息？（可多选）

　①报纸期刊等专业媒体　　②学校就业指导中心

　③求职网站和宣传册　　　④校园就业双选会、专场宣讲会

　⑤参加社会招聘会　　　　⑥亲戚朋友等社会关系

　⑦其他

31. 您认为当前毕业生就业保障中存在的主要问题是什么？（可多
　　选）

　①大学生就业保障政策难以落实

　②大学生就业保障法律不完善

　③人才市场运行机制不健全

　④高校就业指导不够全面和深入

　⑤其他

32. 您是否同意下列说法？（可多选）

　①大学生就业求职应该完全市场化

　②大学生就业应该得到更多的政策倾斜

　③课程体系和教学内容与社会需求脱节

　④政府应该确定大学生最低工资标准

　⑤户籍制度是制约大学生就业的主要障碍

33. 您认为政府、高校和社会等利益相关主体在促进大学生就业过
　　程中有哪些环节和措施需要改进？

# 参考文献

傅进军：《大学生就业力促进与职业发展》，科学出版社 2005 年版。

［美］范随、艾伦·汉森、戴维·普瑞斯：《公共就业服务：变化中的劳动力市场》，中国劳动社会保障出版社 2002 年版。

樊钉：《变革中的中国大学生就业制度》，中国人民大学出版社 2004 年版。

冯煌：《中国经济发展中的就业及其对策》，经济科学出版社 2002 年版。

［美］菲利普·阿特巴赫等：《全球高等教育趋势——追踪学术革命轨迹》，江有国等译，上海交通大学出版社 2010 年版。

黄敬宝：《就业能力与大学生就业——人力资本理论视角》，经济管理出版社 2008 年版。

黄安余：《经济转型中的劳动力市场》，上海人民出版社 2010 年版。

［英］亨克尔·里特：《国家、高等教育与市场》，谷贤林等译，教育科学出版社 2005 年版。

高嵩：《美国社会经济转型时期的就业与培训政策（1945—1968）》，人民出版社 2011 年版。

康小明：《人力资本、社会资本与职业发展研究》，北京大学出版社 2009 年版。

刘社建：《中国就业变动与消费需求研究》，中国社会科学出版社 2005 年版。

刘帆：《中国高校毕业生失业研究——劳动力市场分割的视角》，知识产权出版社 2011 年版。

梁茂信：《美国人力培训与就业政策》，人民出版社 2006 年版。

林晓云：《美国劳动雇佣法》，法律出版社 2007 年版。

罗润东：《当代就业问题透视》，经济科学出版社 2005 年版。

赖德胜、孟大虎等：《中国大学毕业生失业问题研究》，中国劳动社会
　　保障出版社 2008 年版。

马丁·卡诺：《西方教育经济学流派》，曾满超等译，北京师范大学出
　　版社 1990 年版。

马力：《大学生职业发展和就业指导》，中国劳动社会保障出版社 2012
　　年版。

宁湛：《中国劳动力市场动态研究》，经济科学出版社 2004 年版。

瞿振元等：《2001—2002 年中国高等学校毕业生就业形势的分析与预
　　测》，北京师范大学出版社 2002 年版。

乔磊：《美国教育地平线》，暨南大学出版社 2010 年版。

王伯庆：《高校毕业生就业报告》，社会科学文献出版社 2012 年版。

王伯庆：《高校毕业生就业报告》，社会科学文献出版社 2011 年版。

王霆：《我国高校毕业生结构性失业问题及对策研究》，中国政法大学
　　出版社 2011 年版。

彭薇、王旭东：《多学科视野下的就业保障研究》，中山大学出版社
　　2011 年版。

孙长缨：《当代高校毕业生就业研究》，高等教育出版社 2008 年版。

谢维和、王洪才：《从分配到择业：大学毕业生就业状况的实证研究》，
　　教育科学出版社 2001 年版。

［美］尹兰伯格、史密斯：《现代劳动经济学》，中国人民大学出版社
　　2004 年版。

杨宜勇：《中国转轨时期的就业问题》，中国劳动社会保障出版社 2002
　　年版。

曾湘泉：《变革中的就业环境与大学生就业》，中国人民大学出版社
　　2004 年版。

张抗私：《就业问题：理论与实际研究》，社会科学文献出版社 2007 年版。

张彦、陈晓强：《劳动与就业》，社会科学文献出版社 2002 年版。

张然：《欧盟灵活保障就业政策研究》，中国社会科学出版社 2010 年版。

陈成文、杨歌舞、谭日辉：《就业政策与大学毕业生就业的关系——基于 2008 届大学毕业生的实证研究》，《高等教育研究》2008 年第 11 期。

陈成文、孙淇庭：《大学生创业政策：评价与展望》，《高等教育研究》2009 年第 7 期。

陈均土：《美国大学生就业能力培养机制及其启示》，《教育发展研究》2011 年第 19 期。

陈迎明：《影响大学生就业因素研究十年回顾：2003—2013——基于 CNKI 核心期刊文献的分析》，《现代大学教育》2013 年第 4 期。

柴天姿：《大学生就业区域流向：是外力推动还是内力驱动?》，《高等工程教育研究》2014 年第 5 期。

董兆波：《大学毕业生结构性失业的现状与个体应对策略》，《现代管理科学》2008 年第 1 期。

费军、姚山季：《社会资本与大学生就业：理论框架及实证分析》，《南京社会科学》2014 年第 7 期。

风笑天：《我国大学生就业研究的现状与问题——以 30 项重点经验研究为例》，《南京大学学报》（哲学 人文科学 社会科学版）2014 年第 1 期。

冯淑娟：《从大学生就业模式改变看高等教育改革》，《中国高等教育》2009 年第 3—4 期。

范明、安戈锋：《我国高校毕业生就业困难的结构性原因分析》，《教育探索》2009 年第 3 期。

傅鸿飞：《从高校毕业生就业难看中国人才结构培养失衡》，《市场研究》2007 年第 1 期。

黄敬宝：《高等教育体制与大学毕业生就业》，《江苏高教》2007 年第
　　1 期。

黄紫华、李雪如：《美国大学生就业状况及其启示》，《黑龙江高教研
　　究》2005 年第 1 期。

黄忠庸、周建民、陈令霞：《我国大学生就业政策演变的价值分析》，
　　《教育研究》2006 年第 8 期。

胡海蜓、孙淇庭：《高等教育体制与大学毕业生就业的关系：基于
　　2009—2013 届大学毕业生的实证研究》，《大学教育科学》2014 年第
　　5 期。

胡永青：《大学生就业能力结构与社会需求的差异研究》，《国家教育行
　　政学院学报》2014 年第 2 期。

洪艳：《我国"就业难"与"用工荒"现象并存的原因探究》，《华东
　　师范大学学报》2006 年第 2 期。

侯锡林：《企业家精神：高校创业教育的核心》，《高等工程教育研究》
　　2007 年第 2 期。

贾利军、管静娟：《大学生就业能力结构研究》，《教育发展研究》2013
　　年第 Z1 期。

靳海燕：《国外大学生就业指导工作对我国的启示》，《黑龙江高教研
　　究》2005 年第 2 期。

姜世健：《产业结构与就业弹性对大学生就业影响的实证分析》，《教育
　　科学》2014 年第 4 期。

蒋凯、范皑皑、张恬：《大学生就业预期匹配程度研究：以北京市为
　　例》，《高等教育研究》2014 年第 3 期。

凯瑟琳·兰佩尔：《美国大学生就业新趋势》，《就业视窗》2011 年第
　　4 期。

赖德胜：《论劳动力市场的制度性分割》，《经济科学》1996 年第 6 期。

赖德胜：《劳动力市场分割与大学毕业生失业》，《北京师范大学学报》
　　2001 年第 4 期。

刘金雄：《浅析我国大学生就业政策 》，《高等工程教育研究》2010 年

第 1 期。

刘勇：《高校科技创新效益的政策研究——基于 2000—2009 年北京地区五所部属高校的数据分析》，《教育科学研究》2011 年第 12 期。

刘江勤：《美国高等教育适应社会发展的特色及启示》，《教育发展研究》2001 年第 7 期。

李存岭、李光红、孔晓晓：《大学生就业力结构模型的重构与启示》，《教育与经济》2014 年第 6 期。

李清贤、曲绍卫、范晓婷：《后金融危机时代我国大学生就业走势研究》，《教育与经济》2014 年第 1 期。

李晓峰、薛二勇：《我国大学生就业政策协同问题研究》，《教育发展研究》2014 年第 5 期。

刘志坚：《英国大学生就业工作及其对我国的启示》，《江苏高教》2006 年第 4 期。

刘金雄：《浅析我国大学生就业政策》，《高等工程教育研究》2010 年第 1 期。

罗建河：《有限政府视角下的大学生就业政策选择》，《江苏高教》2010 年第 3 期。

罗三桂：《精英与大众化：大学毕业生就业特征比较分析》，《清华大学教育研究》2005 年第 4 期。

林毓铭：《大学生失业的政府保障模式与市场保障模式》，《高等教育研究》2007 年第 8 期。

马廷奇：《大学生就业中介组织发展的制度创新》，《教育发展研究》2013 年第 Z1 期。

马廷奇：《大学生就业市场的发育、实践困境与创新路径》，《中国人民大学教育学刊》2013 年第 3 期。

马廷奇：《人才培养模式、劳动力市场与大学生就业》，《高等教育研究》2013 年第 3 期。

马廷奇：《产业结构转型、专业结构调整与大学生就业促进》，《中国高等教育》2013 年第 Z3 期。

马廷奇：《利益相关者与大学生就业体制改革》，《高等工程教育研究》
　　2015 年第 1 期。

马廷奇：《大学生就业援助：模式选择与制度创新》，《江苏高教》2014
　　年第 3 期。

马廷奇：《大学生就业保障制度实践与政策创新》，《高校教育管理》
　　2014 年第 5 期。

马廷奇：《大学生就业保障制度建设：困境与出路》，《江汉大学学报》
　　（社科版）2014 年第 6 期。

马廷奇、彭忱：《劳动力市场多重分割与大学生就业制度创新》，《煤炭
　　高等教育》2012 年第 6 期。

马廷奇、付姗姗：《后金融危机时代英国大学生就业保障制度创新》，
　　《煤炭高等教育》2011 年第 3 期。

马书臣：《"政府治理"理念与大学生就业机制》，《河南社会科学》
　　2008 年第 6 期。

闵维方：《产业与人力资源双结构调整背景下的大学生就业》，《北京大
　　学教育评论》2012 年第 1 期。

倪宁：《大学生就业促进政策的失业治理针对性研究——基于政策文本
　　的内容分析》，《高等教育研究》2014 年第 5 期。

闫瑾：《德国高校毕业生就业的管理与服务》，《世界教育信息》2008
　　年第 10 期。

孙泽厚：《高等教育大众化国家避免毕业生就业难题的成功模式》，《教
　　育科学》2002 年第 3 期。

吴立保、张斌：《日本和美国大学生就业促进政策及其启示》，《教育发
　　展研究》2011 年第 9 期。

吴克明、赖德胜：《预期收益最大化与高校毕业生就业期望偏高》，《西
　　北师范大学学报》（社会科学版）2006 年第 1 期。

吴克明、赖德胜：《高校毕业生自愿性失业的经济学分析》，《高等教育
　　研究》2004 年第 2 期。

武毅英、杨珍：《大学生就业竞争力差异分析——基于社会性别的视

野》,《大学教育科学》2013 年第 1 期。

王永珍、苏煜:《大学毕业生就业意向的调查分析与思考》,《高等教育研究》2006 年第 3 期。

王洪才、陈娟:《促进学生就业:当代高校一项重要新职能》,《江苏高教》2010 年第 4 期。

王景琳:《大学生就业取向的代际传承研究》,《东北师范大学学报》(哲学社会科学版)2014 年第 6 期。

王霆、张婷:《扩大就业战略背景下我国大学生就业质量问题研究》,《中国高教研究》2014 年第 2 期。

王颖、倪超:《中国产业结构与大学生就业的关联性分析——基于省级面板数据的实证研究》,《国家教育行政学院学报》2014 年第 6 期。

王志华、贝绍轶、董存田:《我国产业结构与高校专业结构协调性分析——兼论大学生就业难与"技工荒"问题》,《经济问题》2014 年第 10 期。

温玲子、魏雷:《美国大学生就业服务体系及其对我国的启示》,《教育视野》2010 年第 2 期。

许静娴、吴克明:《高校毕业生就业收益偏低的经济学分析:劳动力流动的视角》,《教育科学》2007 年第 1 期。

薛泉、刘园园:《从我国经济发展的阶段性特征看大学生就业难问题》,《教育发展研究》2010 年第 7 期。

谢勇:《大学毕业生失业保障:制度选择与政策启示》,《现代教育科学》2007 年第 5 期。

谢维和:《对口与适应:毕业生就业与高等教育发展:多学科的视野》,《北京大学教育评论》2004 年第 4 期。

谢作诗、杨克瑞:《高校毕业生就业难问题探析》,《教育研究》2007 年第 4 期。

杨伟国:《大学生就业选择与政策激励》,《中国高教研究》2004 年第 10 期。

杨一平:《大学生就业形势变化与高校就业指导模式的变革》,《高等教育研究》2002 年第 5 期。

杨文奇：《劳动力市场与大学生就业——过度教育现象的经济学分析》，《教育发展研究》2006 年第 8A 期。

杨雄：《当前大学生就业形势与社会稳定》，《社会科学》2005 年第 2 期。

杨怀祥：《美国大学生就业服务体系研究及对我国就业指导工作的启示》，《学校党建与思想教育》2010 年第 1 期。

杨国军：《从欧美经验看我国大学生就业服务体系的完善与创新》，《职业教育研究》2008 年第 6 期。

杨伟国：《大学生就业选择与政策激励》，《中国高教研究》2004 年第 10 期。

杨方方：《构建中国的就业保障体系》，《北京行政学院学报》2004 年第 2 期。

杨光玮：《西方发达国家就业指导的启示》，《中国大学生就业》2004 年第 8 期。

杨江涛：《大学生就业期望及影响因素的调查与分析》，《中南大学学报》（社会科学版）2010 年第 4 期。

阳荣威、朱婉莹、赵利：《用人单位究竟需要什么样的毕业生？——基于用人单位视角的大学生就业力调查》，《大学教育科学》2015 年第 5 期。

闫广芬：《大学生就业、创业教育研究的逻辑起点》，《南开学报》（哲学社会科学版）2013 年第 3 期。

姚裕群、伍晓燕：《高校毕业生扩招与就业难的讨论》，《首都经济》2003 年第 10 期。

余国林：《国外促进大学生就业的政策措施及对我国的启示》，《教育探索》2009 年第 8 期。

岳昌君、丁小浩：《受高等教育者就业的经济学分析》，《高等教育研究》2003 年第 6 期。

朱新秤：《论大学生就业能力培养》，《高教探索》2009 年第 4 期。

朱生玉：《大学生就业力调查，基于用人单位与毕业生的视角》，《教育发展研究》2009 年第 2 期。

朱勤：《产业升级与大学生就业能力的构成要素实证研究：基于浙江省327 家企业的问卷调查》，《中国高教研究》2014 年第 5 期。

郑晓明：《美国高校大学生就业指导工作评析》，《外国教育研究》2004 年第 2 期。

郑晓飞：《高校大学生就业质量提高方法初探》，《山西师范大学学报》（社会科学版）2014 年第 S5 期。

赵频、丁振国、马向平：《大学生就业排斥与政府责任》，《中国地质大学学报》（社会科学版）2009 年第 5 期。

赵频、丁振国：《大学生初次就业中的市场排斥研究》，《江苏高教》2008 年第 5 期。

赵俊英：《经济增长与大学生就业质量的非一致性分析——基于需求视角》，《湖北社会科学》2015 年第 1 期。

张彤、刘铸：《国外大学生就业力模式研究及对我国的启示》，《现代教育管理》2016 年第 5 期。

张进：《提升就业能力：缓解大学生就业难的重要选择》，《高等教育研究》2007 年第 12 期。

张良、刘子瑜：《高等教育对美国大学生就业的影响》，《北京大学教育评论》2012 年第 1 期。

Alejandro Portes. "Social Capital：Its Origins and Application in Modern Sociology." *Annual Review of Sociology*，1998（24）.

Brahim Boudarbat. "Job-Search Strategies and the Unemployment of University Graduates in Moroeeo." *International Research Journal of Finance and Economics*，2008（14）.

Burt，R. S. *Structural Holes：The Social Structure of Competition*. Cambridge：Harvard Univ. Press，1992.

Bertrand，M. & Mullainatham，S. "Are Emily and Greg More Employable than Lakisha and Jamal？A Field Experiment on Labor Market Discrimination. " *American Economic Review*, 1994 (4).

Caro, F. & Fitzgerald, K. Access to Training for Mature Workers through One-Stop Career Centers in Massachusetts. Boston, MA: Gerontology Institute, University of Massachusetts Boston, 2004.

Coleman, James S. "Social Capital in the Creation of Human Capital. " *American Journal of Sociology*, 1988 (1).

Council on Government Relations. The Bayh-Dole Act: A Guide to the Law and Implementing Regulations. http://www. cogr. edu/docs/Bayh _ Dole. pdf, 1990.

David J. Weerts. *State Governments and Research Universities: A Framework for a Relationship Partnership.* New York: Routlege Falmer, 2002.

Department of Education, Science and Training of Australian Government, 2006. "Employ Ability: From Framework to Practice".

Derek Bok . Harvard University to by a United States of Growth: The Growth of College Students' Employment System. San Francisco: Jossey-Bass Publishers, 1994.

Francis G. Caro, PhD, Andrea Tull, MA. "Enhancing Employment Opportunities for Mature Workers Through Training: Case Studies of Employment Services in Massachusetts. " *Journal of Labor Economics*, 2009 (2).

Finkle, T. A. "Graduates' Employment of American Universities Instruction Work. " *Journal of Small Business Management*, 2006 (2).

Fox, M. "Is It a Good Investment to Attend an Elite Private College?" *Economics of Education Review*, 1993 (12).

Gray, A. "The Comparative Effectiveness of Different Delivery Frameworks for Training of the Unemployed. " *Journal of Education and Work*, 2000 (3).

Grubb, W. N. "Postsecondary Vocational Education and the Sub-Baccalaureate Labor Market. " *Economics of Education Review*, 1993 (12).

Hartog, J. " The Overeducated Worker? The Economics of Skill

*Utilization.*" *Economics of Education Review*, 2002（2）.

Harvey, Lee. "Embedding and Integrating Employability." New Directions for Institutional Research, 2005（128）.

Julian, R., Betts. "What do Students Know about Wages? Evidence form a Survey of undergraduates." *Journal of Human Resource*, 1995（2）.

Jerry, A. Jacobs, 2000. "Gender and the Expectations of College Seniors." *Econ Omics of Educations Review*, 229-243.

Ketchen, D., Ireland, R., Snow, C. "Strategic Entrepreneurship, Collaborative Innovation, and Wealth Creation." *Strategic Entrepreneurship Journal*, 2007（1）.

Knight, P. & Yorke, M., 2002. "Employability and Good Learning in Higher Education." *Teaching in Higher Education.*

Luonde Cholwe. Exploring Youth Unemployment in a Restructured African Economy: The Case of Zambia's University Graduates. Submitted for the degree of MA. Dalhousie University, Halifax Nova Scotia, 2007.

Liu, X., Thomas, S. & Zhang, L. "College Quality, Earnings, and Job Satisfaction: Evidence from Recent College Graduates." *Journal of Labor Research*, 31（2）.

Laukkanen, M. Exploring Alternative Approaches in High-level Entrepreneurship Education: Creating Micro-machanisms for Endogenous Regional Growth. *Entrepreneurship and Regional Development*, 2000（12）.

Luonde Cholwe. Exploring Youth Unemployment in a Re-structured African Economy: The Case of Zambia's University Graduates. Submitted for the Degree of MA, Dalhousie University, Halifax Nova Scotia, August 2007.

Lenz, Sampson, Peterson, etc. Career Development and Planning: A Comprehensive Approach. Higher Education Press, 2005.

Mantz Yorke, Peter T. Knight. *Embedding Employability into the Curriculum.* York: The Higher Education Academy, 2006.

National Academy of Engineering（USA）. *Educating the Engineer of* 2020:

*Adapting Engineering Education to the New Century*. Washington DC：National Academies Press，2005.

Philip W. G. Altbach. *Higher Education in American Society*. New York：Pormetheus Book，1981.

Pegg，A. ，Waldock，J. ，Hendy-Isaac，S. ，Lawton，R. *Pedagogy for Employability*. New York：The Higher Education Academy，2012.

Richard I. Moiller. *American Higher Education：Issues and Challenges in 1990's*. San Francisco：Jossey-Bass Publishers，1990.

Rudolph. *The History of American College and University*. Northampton，MA：Edward Elgar，2006.

Smith，Herbert，L. and Beian Powll ．"Great Expectations：Variations in Income Expectations among College Seniors. " *Sociology of Education*，1990.

Shane，S. A. *Economic Development through Entrepreneurship：Government，University and Business Linkages*. Northampton，MA：Edward Elgar，2006.

Streeter，D. H. ，University-wide Industrial Education：Alternative Models and Current Trends. http：//epe. cornell. edu/downloads/WP2002 – final. PDF，2002.

Thorstein Veblen. The Higher Learning in America. New Bronswick：Transaction Publishers，1993.

Teichler. "New Perspectives of the Relationships between Higher Education and Employment. " *Tertiary Education and Management*，2000（6）.

Thomas，S. & Zhang，L. "Post-baccalaureate Wage Growth within Four Years of Graduation：The Effects of College Quality and College Major. " *Research in Higher Education*，2005（4）.

Thomas，S. "Longer-term Economic Effects of College Selectivity and Control. " *Research in Higher Education*，2003（3）.

Williams，Gareth. "Graduate Employment and Vocationalism in Higher Education. " *European Journal of Education*, 1985 (2-3).

Yorke, Mantz. "Formative Assessment in Higher Education: Its Significance for Employability, and Steps towards Its Enhancement. " *Tertiary Education and Management*, 2005 (3).

# 后　　记

　　本书是在国家社会科学基金项目"中国特色的大学生就业保障制度体系建设研究"（10BGL040）研究成果的基础上修改而成的。本项目研究期间正值中国高等教育大发展之后大学生就业问题和矛盾最为突出的时期。我仍然记得当初立项研究的初衷：一是面对纷繁复杂的大学生就业困境，力图从制度层面对大学生就业问题进行深入思考和理性解读；二是当时学术界对如何促进大学生就业、如何保障大学生就业，较多的研究成果仍然停留于实践或经验总结层面，我则试图从多学科的视角进行系统化理论研究。但真正进入大学生就业问题的研究领域，才深切感受到此乃"横看成岭侧成峰，远近高低各不同"的难解之题。尤其是近年来，随着大学生待就业人数逐年递增，以及受全球性金融危机和经济发展放缓的影响，大学生就业岗位需求相对减少，与此同时，产业结构和经济发展方式又处于深度调整和快速转型过程之中，高校现行人才培养模式、学科专业结构与这种"深度调整"和"快速转型"背景下的人才市场需要之间的不适应性又十分突出。多种因素的交织与叠加使得大学生面临"毕业即失业""最难就业季"的窘境。这就为本项目研究"大学生就业保障制度体系建设"提供了较为宏观的社会经济发展背景与大学生就业难的现实背景。

　　大学生就业保障制度体系建设是一项系统工程，实践中所涉及相关利益主体与大学生就业影响因素的复杂性决定了研究的难度和复杂性。项目研究团队从最初的文献研究、政策研究到实践调查、比较研究，再到系统的理论研究，以及研究报告和政策建议的提炼和总结，每一阶段都取得了比较丰富的研究成果。回顾研究的 5 年历程，没有课题组成员的通力合作，没有众多人给予我们的支持，本项目不可能顺利完成！因此，我们最想说的就是"感谢"。

感谢国家社会科学基金委对本研究的立项资助！有了这一资助，才使得我们对大学生就业保障制度体系建设实践的零星思考转化为系统化的理论研究成果。

感谢课题组成员的无私支持和配合！该项目成果是课题组成员共同辛劳的结晶。本课题组由大学生就业的理论研究工作者、就业实践工作者以及我所指导的有志于从事大学生就业问题研究的研究生组成。项目研究由我进行整体设计、分工组织和研究实施，项目组成员分别从自己的经验、学识、精力和时间等方面给予了课题研究最大程度的贡献和支持。感谢赵北平教授、雷五明副教授、李静荣副教授，他们从大学生就业指导工作实践经验的视角为本研究提供了丰富的案例和学术思想。感谢我的研究生们！他们先后参与了本项目研究的资料搜集、研究报告和本书部分章节的初稿撰写工作（孙娜：第一章第二节、第二章第三节；刘曙光：第三章第一节；王俊：第四章第一节；王珉：第四章第二节；周姝彤：第六章；付珊珊：第八章），项目研究过程见证了他们的成长与学业进步。

感谢在本项目立项与结题评审、中期检查以及研究过程中诸多匿名专家和学者提出的宝贵意见，以及我所在单位领导和同事的热情帮助和支持！感谢我的导师华中科技大学教科院张应强教授！虽然已毕业十年有余，但张老师一直关注我的学术进步，每一次与张老师的交流，都让我受到鼓舞，得到温暖与深受感动。

2012 年 9 月至 2013 年 9 月，受国家留学基金委资助，我赴英国伦敦大学教育学院（IOE）做访问学者，虽然客观上耽搁了本项目的研究进度，但也促使我带着对中国大学生就业问题的困惑与思考，有机会观察与了解英国大学生就业保障制度的实践与经验。感谢英国伦敦大学教育学院自由与浓厚的学术氛围，让我有如沐春风之感！感谢访学期间的英方合作导师 Temple Paul 教授，以及 Claire Callender 教授、Peter Scott

教授！他们对我的研究提供了许多具有启发性的见解和帮助！

在高等教育大众化背景下，大学生就业问题每年都是一个最值得关注的社会性话题，大学生就业保障制度体系建设也是一个系统的理论与实践建设工程；本书的出版既是对我们以往大学生就业问题研究成果的总结，也是一个新的深化和拓展研究过程的开始。由于作者学术能力和视野所限，本书定有诸多不足和疏漏之处，敬请各位方家批评指正。

马廷奇

2017 年 1 月于武昌马房山